U0725782

Stefan Zweig

ERASMUS VON ROTTERDAM:
TRIUMPH UND TRAGIK

鹿特丹的伊拉斯谟

辉煌与悲情

斯蒂芬·茨威格 著

舒昌善 译

生活·讀書·新知 三联书店

Simplified Chinese Copyright © 2018 by SDX Joint Publishing Company.
All Rights Reserved.
本作品简体中文版权由生活·读书·新知三联书店所有。
未经许可，不得翻印。

图书在版编目（CIP）数据

鹿特丹的伊拉斯谟：辉煌与悲情／(奥)茨威格著；舒昌善译．—北京：
生活·读书·新知三联书店，2018.7 （2024.1 重印）
（茨威格人物传记）
ISBN 978－7－108－06136－2

Ⅰ.①鹿…　Ⅱ.①茨…②舒…　Ⅲ.①爱拉斯谟（Erasmus, Desiderius
1465-1536）－传记　Ⅳ.① B503.914

中国版本图书馆 CIP 数据核字（2018）第 011907 号

责任编辑　樊燕华
装帧设计　蔡立国
责任校对　常高峰
责任印制　董　欢
出版发行　**生活·讀書·新知** 三联书店
　　　　　（北京市东城区美术馆东街 22 号　100010）
网　　址　www.sdxjpc.com
经　　销　新华书店
制　　作　北京金舵手世纪图文设计有限公司
印　　刷　河北松源印刷有限公司
版　　次　2018 年 7 月北京第 1 版
　　　　　2024 年 1 月北京第 2 次印刷
开　　本　787 毫米×1092 毫米　1/32　印张 11
字　　数　228 千字　图 38 幅
印　　数　6,001－9,000 册
定　　价　49.00 元
（印装查询：01064002715；邮购查询：01084010542）

1616 年的鹿特丹。伊拉斯谟约于 1469 年 10 月 27 日至 28 日夜间在鹿特丹出生。

16 世纪荷兰豪达附近的斯泰恩修道院。伊拉斯谟于 1485 年进入该修道院。

16世纪的巴黎。箭头所指是蒙太古神学院。伊拉斯谟于1495年夏末进入该学院修读神学。

16世纪尼德兰的卢万（Lovvain）。

伊拉斯谟于1514年至1521年在卢万居住和写作，并在卢万大学教课。

伊拉斯谟编纂的《古代西方名
言辞典》于 1500 年在巴黎出版
第 1 版的封面

托马斯·莫尔（1478—1535）肖像
（小荷尔拜因作）。伊拉斯谟于 1505
年秋第二次去英国时会见莫尔。

教皇尤利乌斯二世

《基督徒军人之手册》1518 年版封
面，由弗罗本在巴塞尔出版。此书
第 1 版于 1503 年面世。

16 世纪上半叶的罗马（无名氏油画）。伊拉斯谟于 1506 年首次去意大利。

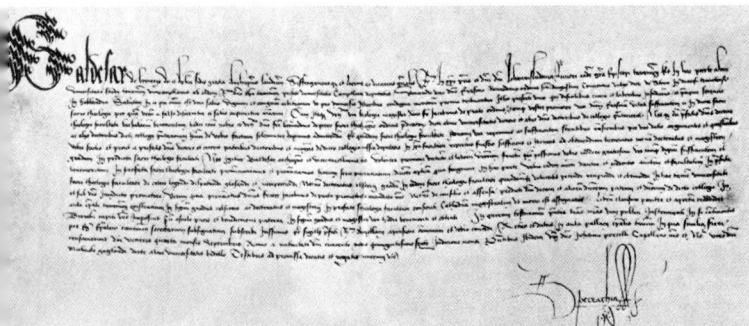

1506 年 9 月 4 日，意大利都灵（Torino）大学授予伊拉斯谟神学博士学位的证书。

1486 年的威尼斯。伊拉斯谟于 1507 年在威尼斯的阿尔定（Aldine）印刷所督导印刷自己的译著。

英国国王亨利八世

《赞美傻气》中的傻女在演讲（小荷尔拜因作）

i tantā uerborū farragine effuderim. Ve
..ona συμπόταμ. Nouū hoc, μισῶ μνάμονα ἀκρο
..e, plaudite, uiuite, bibite, Moriæ celeberri
..MΟΡΙΑΣ ΕΓΚΩΜΙΟΝ Feliciter absolutum.
Odi memore... ...poto...
Odi memore... auditore...

《赞美傻气》中的傻女走下讲台（小荷尔拜因作）

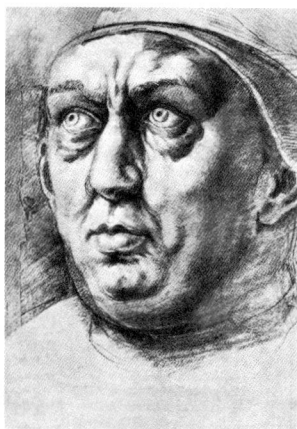

教皇利奥十世

时年约 21 岁的德意志神圣罗马帝国
皇帝卡尔五世（油画像）

BASILEA.

1493 年的巴塞尔。伊拉斯谟于 1515 年夏首次在巴塞尔短住，自 1521 年至 1529 在巴塞尔居住和工作，1536 年 7 月 11 日至 12 日夜间在巴塞尔逝世，遗体安葬在巴塞尔大教堂。

伊拉斯谟译并注疏的《圣经·新约》希腊语拉丁语双语文本第 1 版封面（1516 年由弗罗本印行）。

伊拉斯谟译并注疏的《圣经·新约》希腊语拉丁语双语文本 1516 年第 1 版中的《马太福音》首页。

教皇利奥十世推荐伊拉斯谟译并注疏的《圣经·新约》希腊语拉丁语双语文本的教谕

巴塞尔著名出版家约翰内斯·弗罗本（小荷尔拜因作于 1522 年至 1523 年的油画）

伊拉斯谟编著的《拉丁语常用会话》第 1 版封面（1518 年由弗罗本印行）

马丁·路德（1526 年油画像）

宗教改革家菲利普·梅兰希顿
羽毛笔肖像
（阿尔布雷希特·丢勒作）

乌尔里希·冯·胡滕著有激烈反对教皇
的书：《反对教皇之战》，此图是该书
封面。封面中间的两幅肖像：左为马
丁·路德，右为胡滕，下面是猛烈攻击
众教皇的图像，曾遭到最强烈的谴责。

激进的宗教改革家
乌尔里希·冯·胡滕木刻画
（佚名，作于 1521 年）

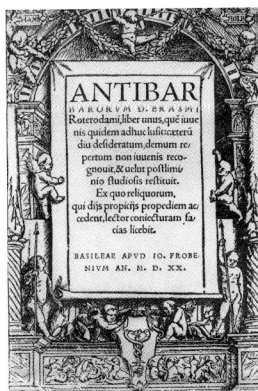

伊拉斯谟的著作《反对蒙昧主义》于
1520 年在巴塞尔由弗罗本出版。此图
为该书封面，由小荷尔拜因设计。此
书完成于 1494 年夏，但当年没有出版。

宗教改革家乌尔里希·茨温利
（1484—1531）

教皇特使海罗尼姆斯·亚里安达
（1480—1542）肖像

马丁·路德的庇护人——德意志萨克
森选帝侯弗里德里希三世（1463—
1525）肖像（丢勒作）

1527年出版的《圣经·新约》希
腊语拉丁语双语文本首页。这是伊
拉斯谟生前的最后版本。

伊拉斯谟时代的弗赖堡

方济各修士街3号（Franziskanerstraβe
3），伊拉斯谟在弗赖堡最初几年的寓所。

瑞士宗教改革家约翰内斯·胡斯
根·奥科兰帕迪乌斯（1482—
1531）画像

巴塞尔小树巷 18 号楼房，伊拉斯谟自 1535 年重返巴塞尔至 1536 年 7 月 12 日病逝时居住的寓所。

艺术品收藏家博尼费修斯·阿默巴赫画像（小荷尔拜因作），他是伊拉斯谟遗嘱和遗产的执行人。

伊拉斯谟生前最后的画像（小荷尔拜因作于约 1532 年）

伊拉斯谟的签名

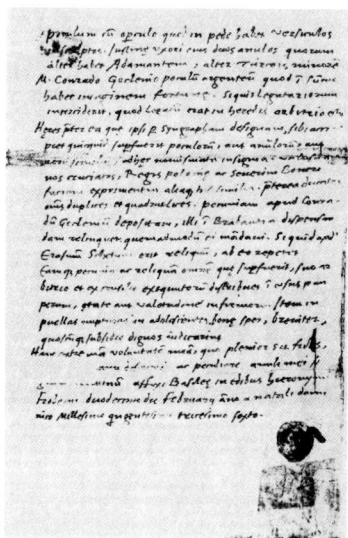

伊拉斯谟于 1536 年 2 月 22 日写下的遗嘱的最后一页

我曾想知道，鹿特丹的伊拉斯谟是否属于某个派别，但是一个商人回答我说："伊拉斯谟从来都是特立独行。"

——《蒙昧人书简》，一五一五年

目 录

第一章　使命感和人生的意义

我们无可否认，我们今天几乎已不再知道鹿特丹的伊拉斯谟这个人的名字，而他当年可是他自己的那个世纪最负盛名和最受推崇的人。他的数不胜数的著作今天静悄悄地安睡在各家图书馆。这些著作是用人文主义者[1]的语言——当时超越国界而今已被忘却的拉丁语写成的。这些著作当时遐迩闻名，却几乎没有一本走进我们今天这个时代，就连伊拉斯谟本人的形象和其他参与宗教改革的气宇轩昂的世界名人相比，也显得黯然失色，因为伊拉斯谟对自己的身世往往语焉不详[2]——闪烁其词和前后矛盾。关于他的私人生活，很少有趣闻轶事可资闲谈。一个寡言少语和孜孜不倦工作的人很难会留下一部引人入胜的传记。甚至连他的真正业绩也会被掩埋和隐藏在现代意识之下，就像基石总是被掩埋和隐藏在已经竣工的大厦之下一样。正因为此，但愿我能在这里预先简明扼要地说清楚：是什么使我们觉得，鹿特丹的伊拉斯谟——这位被忘却了的伟大人物在今天仍然弥足珍贵，而且恰恰是在今天。那就是他是西方所有从事著述和创作的人当中第一个有欧洲

意识的欧洲人、第一个因为爱好和平而备受争议的人。他
是人文主义者的理念——一种善待世人和善待思想界的理
念——的一个十分能言善辩的辩护人。除此以外，他在为
争取以更加公正和更能被世人赞同的方式营造我们的精
神世界的斗争中还往往是一个失败者。不过，他的这样
一种悲情命运只会使我们对他怀有更加真诚的兄弟情感罢
了。伊拉斯谟爱好我们也同样爱好的许多事情。他爱好写
诗，爱好哲学，爱好书籍和艺术品，爱好各种语言和各个
民族。他对所有世人一视同仁，不抱任何偏见，为的是要
完成他自己的使命——提高人的品德。他只憎恶人世间一
件事：狂热。他将狂热视为是真正违背理性的幽灵。纵使
这个在所有凡人当中最不狂热的伊拉斯谟也许并非是最顶
尖的思想精英，但他无疑具备最渊博的知识；纵使他的仁
慈之心也许并非感人至深，但他与人为善的诚意毋庸置疑。
在伊拉斯谟看来，任何一种不能包容异己的信念，不管采
取何种形式，皆为我们这个尘世的传统恶习。按照伊拉斯
谟的信念，人与人之间和各民族之间的一切冲突几乎都可
能通过不使用暴力的互相容忍而平息，因为所有的人都受
人性支配嘛。任何一种纷争几乎都可能得到比较合情合理
的解决，因为挑起纷争的人和偏激的人并非自始至终剑拔
弩张。所以，伊拉斯谟反对任何狂热，无论是宗教的狂热，
还是民族的狂热，抑或是意识形态的狂热，他都一概反
对。他把狂热视为是达成任何谅解的致命和天生的破坏因
素。他憎恶一切固执己见的人和思想片面的人，不管他们
身上披的是教士的长袍还是教授的外衣。他憎恶一切刚愎
自用的思想家和宗教狂人，不管他们来自哪个阶层和哪个

种族，因为这些人处处要求世人盲目服从他们自己的看法。这些人把任何一种不同的观点都轻蔑地斥之为异端邪说或者越轨行为。所以，正如伊拉斯谟本人不愿意将自己的观点强加于他人一样，他坚决抵制别人把某种宗教信条或者某种政治信条强加于他自己。对他而言，思想上的独立是天经地义的事。伊拉斯谟——一位崇尚思想自由的人杰始终认为，如果有人无论是站在教堂的布道坛上还是站在大学的讲台上喋喋不休地只谈论他自己个人的真谛——好像是天主亲自向他传授而且是单独向他传授福音似的——那么，天主创造的世界的丰富多彩也就不复存在。因此，伊拉斯谟毕生竭尽其光芒四射和令人信服的智慧的全部力量在一切领域向那些刚愎自用、发疯似的狂热分子作斗争。伊拉斯谟仅仅是在极其罕见的好心情的时刻才会将狂热分子戏谑调侃一番。伊拉斯谟在自己心态相当平和的短暂时刻觉得，偏狭的狂热其实也无非是令人惋惜的头脑不开窍而已——是"傻气"的无数形式中的一种罢了。他在自己的戏谑作品《赞美傻气》[3]中对形形色色的傻气表现做了分门别类并以夸张和诙谐的方式进行调侃。真正没有偏见——正直公正的伊拉斯谟理解并且甚至同情世人顽固不化的敌人——狂热。不过，他在内心深处却始终清楚，狂热是人的本性中无可救药的幽灵，狂热将会扰乱伊拉斯谟自己相当温情的精神世界和他自己的生活。

　　伊拉斯谟认为自己的使命和人生的意义就是通过讴歌人性调和各种对立。他天生就是一个善于兼容并蓄的人，或者用歌德[4]的话说，是一个"善于沟通的人"。歌德像伊拉斯谟一样拒绝一切极端的思想。伊拉斯谟觉得，任何使用暴力的变革、任何"动乱"、任何群众性的不明不白的口水仗都违背世人的理性[5]的清楚本质。他觉得自己有义务成为一名静悄悄的忠诚使者启迪世人的理性。他觉得,战争尤其违背世人的理性,因为战争是解决内在对立的最粗野和最滥用暴力的方式,战争和有道德观念的世人格格不入。在具有忍耐天赋的伊拉斯谟看来,真正的力量是这样一种难能可贵的艺术:通过善意的互相理解使冲突得到缓和,使是曲直得到澄清,使纠纷争端得到平息,使有分歧的各方重归于好,使离群索居的人获得更广泛的人际关系。他的同时代的人把这种多方面起作用的寻求谅解的意愿称为"伊拉斯谟精神"[6]。伊拉斯谟立志要为"伊拉斯谟精神"赢得天下。由于伊拉斯谟自己集诗人、古典语言学家、神学家、教育家——各种创作形式——于一身,所以他认为,在整个天地之间即便是看似不可调和的事物也能够互相融合。没有一个领域是他的调和艺术始终不能涉足的,或者说不敢尝试的。在伊拉斯谟看来,在耶稣基督和苏格拉底[7]之间、在基督教教义和古希腊古罗马的智慧之间、在虔诚信仰和行为规范之间并不存在道义上的对立——一种不可逾越的对立。这个曾被授予天主教教士圣职[8]的伊拉斯谟本着宽容思想曾将非基督徒纳入他自己的思想王国,并将他们像兄弟般似的引领到基督教教会之父面前[9]。在伊拉斯谟眼里,哲学无非是另一种神学而已——是一种像寻求神一样的纯洁形式。伊拉斯谟怀着感激之情仰望希腊的奥林匹斯山[10],其诚笃之心并不亚于仰望耶稣基督的天国。伊拉斯谟并不像加尔文[11]和其他宗教狂人那样觉得享受人生和使感官得到愉悦的文艺复兴是宗教改革的敌人，而是觉得文艺复兴是比宗教改革更崇尚自由的孪生姐妹。伊拉斯谟并不在某一个国家定居而是以四海为家[12]，他是第一个有世界主义[13]意识的欧洲人，他从不认同这一个国家比另一个国家更优越[14]，并且由于他曾使自己的头脑养成这样的习惯：根据各个国家自己认为是最高尚和最完美的思想精英——各个国家自己的栋梁之材——作为评价各个国家的唯一标准，所以他觉得所有的国家都值得爱戴。于是他认为自己的真正人生目标是这样一种崇高的尝试：把来自一切国家、一切种族、一切阶层的所有心地善良的人结合成一个有教养者的大联盟。伊拉斯谟还通过把拉丁语——超越一切语言的语言——提升为一种新的艺术形式和互相沟通的语言，从而为欧洲各民族创造出一种超越国界的统一思维方式和统一表达方式，以便能把对世界具有重要意义的时刻永载史册——这是他的令人难以忘怀的业绩！伊拉斯谟以渊博的知识怀着感激之情回顾历史，他以基督徒的悟性深信不疑地瞻望未来。但他对世上的野蛮行径——一再恶毒而又笨拙地对天主的安排进行充满敌意的扰乱——则嗤之以鼻。只有社会中高尚的人——堪称表率和有创造力的人方能像兄弟般吸引他。伊拉斯谟认为，扩大和拓宽这个社会阶层是每一个有识之士的任务，从而使这个社会阶层有朝一日犹如天国的纯洁光辉，不抱偏见地遍及天下。因为伊拉斯谟及其同道们认为，通过启迪理性就有可能促使世人进步，并希望通过更加广泛地普及教育和扩大高等教育以及更加广泛地传播著述和书籍，使个人和全体民众的教育水平得到提高——这正是欧洲早期人文主义者们最核心的信仰呀，然而，这样一种美好的信仰却是一个悲剧性的错误。这些早期的理想主义者们有一种令人感动的和几乎是宗教般的信念,他们深信:通过坚持不懈地培养学习和读书的习惯,就能使人的本性变得高尚。一味相信书本万能的学者伊拉斯谟从未怀疑过道德是完全可以教育和可以学会的。他觉得,生活的完全和谐——这个问题已经通过由他几乎是完全梦想出来的所谓"世人的人性化"而得到保障。

这样一种崇高的梦想大概曾经深受欢迎吧,就像强有力的磁铁一般吸引过所有国家的时代精英。是呀,在有道德感的伊拉斯谟看来,倘若他自己的人生没有这样一种给人以慰藉的想法——一种要使人的心灵变得豁达大度的理想——那么,他自己的人生就会始终显得苍白和不充实。他说,即便他是单枪匹马,他也会怀着自己的理想工作,为世人普遍有道德而做出一些贡献。他还说,我们眼前的生活只不过是为一个更高的完美阶段——为一种完美得多的人生历程做准备而已。是呀,谁懂得用一种新的理念去印证世人对自己的道德进步充满希望和动力,这个人就会成为他的那一代人的引路人。伊拉斯谟就是这样一个人。伊拉斯谟所处的时代对他要通过讴歌人性达到欧洲的精神统一十分有利,因为十五世纪末十六世纪初的各种伟大发现和发明、由于文艺复兴而焕然一新的各种科学和艺术早已重新成为全欧洲的一种令人欢欣鼓舞和超越国界的集体经历。西方世界在经历了令人压抑的无数岁月之后第一次重新对自己的使命充满信心。欧洲所有国家的最优秀的理想主义者都对人文主义趋之若鹜。每一个人都愿意成为这样一个有教养的国度中的公民——欧洲的公民。皇帝们和教皇们、邦国的君主们和教士们、艺术家们和政治家们、青少年们和妇女们都竞相学习各种科学和艺术。拉丁语成为他们共同的兄弟语言——思想界的第一种世界语[15]：自从古罗马的文明衰落以来，共同的欧洲文化通过伊拉斯谟的学者共和国[16]又第一次重新形成——让我们赞美伊拉斯谟的这样一种业绩吧！一个亲如兄弟的理想主义者人群的目标第一次不再着眼于为单独一个国家的成就而沾沾自喜，而是着眼于所有世人的福祉。思想精英们的这样一种要求在思想界是相通的，各种民族语言的思想精英们要求用一种超越本民族语言的语言互相沟通。各个国家的思想精英们要求在超越国界之中彻底解放自己——以上种种都是理性的胜利，也是伊拉斯谟的胜利，是他的具有世界历史意义的神圣时刻，然而，却是短暂的时刻和已经一去不复返的时刻。

为什么一个如此纯洁、有教养的国度不可能持久呢？——这是一个令人痛心的问题。按理说，一些崇高而又符合人性的理念——要求思想界互相沟通的理念应该获得普遍的赞许才是，可是为什么"伊拉斯谟精神"却在尘世只有如此微弱的力量呢？——原来尽管世人早就有过教训：一切敌对行为都不理智。可惜我们不得不清楚地认识到并承认：广大民众从来就不会完全满足于一种仅仅着眼于公共福祉的理念；在芸芸众生的心目中，除了爱情的力量之外，仇恨也要求有施展自己力量的不可告人的权利呢。个人的利己主义只想从任何一种理念中迅速获取个人的好处。具体的事物——近在咫尺的事物往往要比抽象的事物更容易被民众接受。因此，任何一个不是宣扬理想的口号而是宣扬敌对的口号的人在政治领域中往往最容易找到追随者。而树立对立面则唾手可得，玩于股掌之上，可以是一个社会阶层和另一个社会阶层的敌对，一个种族和另一个种族的敌对，一种宗教和另一种宗教的敌对，因为狂热最容易点燃起自己罪恶的仇恨火焰，与此相反的是，一种仅仅起到凝聚力作用的理想——一种超越国界的理想、一种所有世人的理想，像伊拉斯谟这样的理想，对虎视眈眈面对自己对手的年轻人来说，显然缺少视觉上的深刻印象，像伊拉斯谟这样的理想从不会像傲慢的乖戾之人[17]那样给年轻人带来巨大的诱惑。傲慢的乖戾之人任何时候都会指出自己国界那一边的敌人和自己宗教团体之外的敌人。因此，这类派别的思想鼓吹者总是比较容易将人们永远不满的情绪引领至某种特定的方向。然而，人文主义——不给激烈的仇恨情绪留下任何空间的伊拉斯谟精神——却像英雄般似的将自己坚韧不拔的努力放在一个遥远和几乎看不见的目标上。话又说回来，只要民众依然是伊拉斯谟精神梦幻之中的民众，只要统一的欧洲还一直没有成为现实，伊拉斯谟精神是而且始终是一种精神贵族的理想罢了。所以，这样一些追求世人最终将会互相理解的人——他们既是理想主义者同时又是深知人的本性的智者——他们必然明白：他们的事业一直会受到永远是非理性的狂热思想的威胁。他们必须怀着献身精神始终意识到：在各个时代，汇聚在人的本能最深处的狂热思想的洪流将会气势汹汹地一再淹没和冲垮理性世界的各种堤坝——几乎每一代新人都要经历这样一番挫折，而每一代新人在道义上的义务就是要内心毫不困惑地经受住这种挫折。

伊拉斯谟个人命运的悲情恰恰在于：他——这位众人之中最不狂热的人和最反对狂热的人被卷入到历史上群众性宗教狂热最野蛮的一次发泄之中[18]，而恰恰又是在超越国界的理念[19]第一次以胜利的光辉普照欧洲的时刻。一般说来，那些我们称之为具有重大历史意义的事件根本不会被当时活着的民众意识到。即便是战争的狂风巨澜在人类早期的若干世纪内也仅仅冲击到个别的部落、个别的地区。况且一般说来，像伊拉斯谟这样的有识之士是能够在社会的大动荡或者宗教的大辩论中成功地置身于混战之外的，他能以冷漠的心态对政治狂热视而不见——歌德就是这样做的一个最好范例。歌德在拿破仑战争的乱世之中依然能不受干扰地从事自己在精神领域的创作。不过，有时候——这在历史的长河中非常罕见——对立双方的紧张局势会达到如此白热化的程度，以致整个世界就像一块布似的被撕裂成两半，而这样一个巨人的裂缝就会横亘在每一个国家、每一座城市、每一幢房屋、每一个家庭和每一个人的心中间。来自狂热民众的巨大压力将个人团团围住，个人无力抵挡，个人面对集体的疯狂无法拯救自己。面对这样一种惊涛骇浪的猛烈冲击就不可能还会有安全的避风港——不可能还会有任何僻静的栖息之地。这样一种处处把世界完全分裂成两半的现象很可能是起因于一个社会问题，起因于一个宗教问题，或者起因于任何一个其他的思想理论问题所产生的对立双方的摩擦，但是，不管起因于哪个问题，从根本上来说始终是狂热思想在作祟，是狂热思想在煽风点火，是狂热思想要煽起积蓄的仇恨力量。而恰恰是在民众疯狂到了好像是世界末日降临的这样一些时刻，战争狂魔最容易挣脱理性的枷锁，毫无顾忌和幸灾乐祸地肆虐于天下。

个人的意志在民众疯狂和世人分成宗派的时刻无能为力。有识之士想要远离尘嚣静心观察思考，纯属徒劳。时代会迫使他卷入乱哄哄的纷争之中，不是属于右派就是属于左派，不是加入这一派就是加入另一派，不是赞成这一派的口号就是赞成另一派的口号；所以，凡是遇上这样的时代，在数十万乃至数百万的好斗者中间，已不再会有人还有勇气、还有力量、还有道义上的决心愿意成为一个公正的人——一个不愿意屈服于宗派疯狂的人和一个不愿意屈服于思想偏激的人。而伊拉斯谟个人命运的悲情正是在这样一种状态中开始。作为第一个德意志宗教改革家的他[20]曾寻求按照理性的法则对天主教会进行改革——其实他是唯一的一位宗教改革家，因为其他的人与其说是宗教改革家不如说是宗教革命家。然而命运却使他——一个目光远大、善于思考的哲人兼进化论者遇上了马丁·路德[21]——一个诉诸行动的人和革命家：一个具有魔力而被德意志民众的暴力暗中牵着鼻子走的人。马丁·路德博士用农民般粗壮的铁拳一下子就粉碎了伊拉斯谟用一只仅仅能握住笔杆的纤巧的手[22]勉力而写的婉约生动的一切思想言论。尔后，基督教的天下——欧洲的天下出现四分五裂的局面长达数百年之久。天主教徒和新教徒互相对抗，北欧和南欧互相对抗，日耳曼人和罗曼语族人[23]互相对抗——而在这样的时刻，对一个德意志人——一个西方人来说只有一种选择——一种抉择：不是站在教皇这一边就是站在路德这一边，不是崇奉天主教会的赦罪权就是崇奉福音之道[24]。但是，在引领时代的人物当中，唯独伊拉斯谟拒绝采取宗派立场——这正是值得后人缅怀的行为呀！他既不站在教会这一边，也不站在宗教改革这一边。因为他对双方都难以割舍，他不能割舍福音派的教义，因为是他出于信念第一个要求有福音派教义并促使福音派教义的产生，他也不能割舍天主教会，因为他要在天主教会内部捍卫一个濒临崩溃的统一天下的最后精神形式。可是，在他的右边是偏激，在他的左边也是偏激，在他的右边是狂热，在他的左边也是狂热。而他——一个始终不渝反对狂热的人——既不愿意为这一边的偏激效劳，也不愿意为另一边的狂热出力，只愿意崇奉公允——这是他自己的永恒尺度。为了从这样一种纷争中拯救普遍的人性——共同的文化财富，伊拉斯谟要站在中间——因而也是最危险的位置——充当调解人，然而无济于事！他试图赤手空拳调和冰炭——使这一边的狂热分子和那一边的偏激分子都不计前嫌：这样的努力纯属白费力气，因而也是加倍的了不起！起初，两个阵营里的人都不明白他的态度并且都希望能够争取他站到自己这一边来，因为伊拉斯谟一贯言辞委婉。可是，当两个阵营里的人刚一明白，自由自在的伊拉斯谟不会对任何自己不了解的看法表示尊重和效忠以及不愿意袒护任何教条时，憎恨和嘲讽便从左右两个阵营劈头盖脸向他袭来。由于伊拉斯谟不愿意依附任何一派，所以他和两派都闹翻了。伊拉斯谟说："在教皇派看来，我是皇帝派，在皇帝派看来，我是教皇派。"[25] 新教的马丁·路德厉声诅咒伊拉斯谟的名字，天主教会则再次将伊拉斯谟的全部著作列入"教廷禁书目录"。不过，没有哪种威胁和哪种咒骂能够使伊拉斯谟投身这一派或者那一派。伊拉斯谟说，我不愿意属于任何一派。他始终将自己的座右铭——"人就是要为自己而思想独立"——付诸行动直至生命的最后。按照伊拉斯谟精神，有识之士在面对政治人物——面对那些将民众引向偏激的领导者和误导者们的时候就有义务成为一个明白人和一个调解人——一个冷静克制、持中间立场的人。有识之士不应该站在任何一条阵线上，而唯独应该反对各种狂热——狂热是所有坚持思想自由之人的共同敌人。不过，一个有识之士也不应该远离宗派纷争之外，因为一起感受各种人性的表现乃是有识之士的天职，但他应该超越宗派之上，超越纷争，既向这一边的偏激作斗争，也向那一边的狂热作斗争，并且向一切偏激和狂热共同具有的荒唐的、带来厄运的仇恨作斗争。

伊拉斯谟的同时代人和后辈把伊拉斯谟的这种态度——不作抉择的态度，或者更确切地说，"不愿作出抉择"的态度——干脆称之为怯懦，并且把头脑清楚、考虑再三的伊拉斯谟嘲笑为温吞水和墙头草。事实是：伊拉斯谟并不是一个像温克尔里德[26]似的能敞开胸膛迎向敌人的人。温克尔里德无所畏惧的英雄气概并不属于像伊拉斯谟这种类型的人。伊拉斯谟小心翼翼地厕身于一旁，像一根芦苇似的随风弯腰，时左时右，但仅仅是为了不让自己被折断而随时能够重新挺身直立。他并不自豪地炫耀自己信奉思想独立——信奉"我不愿意属于任何一派"这样的理念——就像要自豪地炫耀自己有一具圣体匣似的，而是将自己的信念像一盏窃贼用的手提灯似的隐藏在斗篷里面。当民众的疯狂导致最野蛮的冲突时，伊拉斯谟有时候会蜷

缩在隐蔽的角落里，有时候会在悄悄溜走的旅途中。但是
他将自己的精神财富——对人性的信念——从自己那个时
代的可怕的仇恨风暴中完整无损地保存了下来。这一点至
关重要。斯宾诺莎[27]、莱辛[28]、伏尔泰[29]以及所有后
来的欧洲人都能够从伊拉斯谟的闪烁着微光的小小火苗上
点燃起自己的火炬。在伊拉斯谟的那一代思想界中，他是
唯一始终忠于全人类胜过忠于某个宗派的人。伊拉斯谟远
离战场，不属于任何一支军队，他在两面夹攻中孤独、寂
寞地死去。寂寞，但却独立和自由——这正是关键之所在。

然而，历史对待失败者并不公正。历史不太喜欢冷静
克制的人——进行调解与平息争端的人；他们可是最富有
人性的人呀！历史的宠儿是充满激情的人——不讲克制的
人、在思想和行为上肆无忌惮的冒险家。所以，历史对这
样一个默默崇奉普世的伊拉斯谟几乎是轻蔑地视而不见。
在宗教改革的巨幅画像中，伊拉斯谟是处在背景的位置上。
其他的人——所有那些醉心于自己的天才和信仰的人——
都以戏剧性的命运而告终。胡斯[30]在熊熊烈火中窒息而
死，萨伏那洛拉[31]惨死在佛罗伦萨的火刑柱上，塞尔维
特[32]被加尔文这个宗教狂热分子推入火刑薪堆。下面的
每一个人也都有他们自己的悲惨时刻：托马斯·闵采尔[33]
被人用烧红的铁钳折磨得死去活来，约翰·诺克斯[34]戴
着脚镣被钉在橹舰上服苦役，马丁·路德用农民般粗壮
的双腿站在德意志的大地上冲着神圣罗马帝国及其皇帝
大声吼叫："我坚持自己的立场，我只能如此。"[35]托马
斯·莫尔[36]的头颅和约翰·费希尔[37]的头颅被按倒在断
头台的行刑砧上，茨温利[38]在卡佩尔的战场上被狼牙棒

打死。这些人物的形象都令人难以忘怀,他们以虔诚信仰的怒火进行反抗,在苦难中销魂,在最后的命运中变得伟大。而在他们身后,宗教狂热点燃的带来厄运的星星之火呈现出燎原之势——在德意志农民战争[39]中被夷为平地的城堡是历史的见证:耶稣基督之道曾被各种宗教狂热分子以亵渎的方式曲解。在三十年战争[40]和百年战争[41]中遭到破坏的城市和被洗劫的田庄——这些世界末日般的景象在苍天面前控诉着尘世的非理性——不愿意互相忍让。然而,在宗教战争的风云人物身后不远处,伊拉斯谟却置身于一片喧嚣之外,他在所有这些人物旁边清楚地露出一张清秀的略带忧伤的脸。伊拉斯谟从未受过刑讯,手中也从未拿过刀剑进行对抗,脸上也从未流露过热烈的激情。不过,他的高瞻远瞩的眼睛——由小汉斯·荷尔拜因[42]的画笔留下的永不消逝的眼睛:一双流露出温柔的蓝眼睛——一双阅尽民众用激情燃烧各种动乱的眼睛——时至今日还注视着我们这个同样动荡不安的时代。他的面容是一副无可奈何、听天由命的神情——是呀,他知道世人永远改变不了这样一种傻气[43]——狂热!不过,他的嘴角却露出一丝淡淡的自信的微笑。阅历丰富的伊拉斯谟知道,一切激情终有一天会感到困倦。任何一种狂热思想的命运必然是自行销声匿迹。理性——永恒的理性:静悄悄、有耐心的理性——能够等待并且能够坚持。有时候,当另类人物如痴若狂不可一世的时候,理性不得不保持沉默,但是,理性的时代终究会到来,而且往往会再次到来。

注　释

〔1〕　此处所说的人文主义者是指欧洲 14 世纪至 16 世纪的人文主义
者。人文主义是历史文化概念，不同时代有不同内涵。1808 年，
德意志教育家尼特哈默尔（F. J. Niethammer）首创人文主义
（Humanismus）一词，因为 19 世纪初的德意志中等教育日益强调
自然科学和工艺技术，这引起尼特哈默尔的忧虑，他认为这样的课
程设置忽略了对人的德育，而教育首先是要教会如何做人，要培养
人的精神品质，所以尼特哈默尔首创的"人文主义"的实质含义原
本是提倡学习古代经典，学习古希腊语和拉丁语，因为如何做人的
许多训谕在希腊语和拉丁语的古典名著中早已有之。学习古代经
典固然是兴起于意大利的文艺复兴的显著特征，但在文艺复兴时期
没有人使用"人文主义"这个术语。人文主义者也仅仅在学习古代
经典这一点上达成共识，而并非他们有共同的意识形态。例如，许
多人文主义者信奉柏拉图主义，也有不少人文主义者推崇亚里士多
德。有些意大利人文主义者表现出近似反宗教的态度，而另一些意
大利人文主义者则是非常虔诚的基督徒。有些人文主义者是共和主
义者，而另一些人文主义者则坚决拥护君主制。人文主义在 20 世
纪基本上是指人本主义哲学，肯定人性的尊严，有很强的世俗主义
色彩，甚至有无神论的色彩。14 世纪至 16 世纪的文艺复兴并非是
18 世纪启蒙运动的先声。14 世纪至 16 世纪的人文主义者都是相当
虔诚的基督徒，他们所关心的是复兴古典文化，而不是废弃基督教
信仰，更不是要废弃教会。Humanismus 同时兼有人文主义、人本
主义、人道主义三个词义。伊拉斯谟的人文主义既有学习古代经典
的内涵，又有人本主义（提倡人性）的内涵。时至当代，人文精神
是指以人为本的文化。

〔2〕　伊拉斯谟是未婚子。参阅本书《伊拉斯谟年谱》（以下简称《年
谱》）1469 年记事。

〔3〕《赞美傻气》是 1509 年伊拉斯谟在伦敦的莫尔家中完成的戏谑作品，以后成为名著，详见《年谱》1509 年记事〔4〕。

〔4〕1749 年 8 月 28 日，德国伟大诗人约翰·沃尔夫冈·冯·歌德（Johann Wolfgang von Goethe，1749—1832），出生于德国美茵河畔的法兰克福一个富裕家庭。他一生从事文学创作，研究自然科学，并参与政治活动。当今世人把歌德视为是继但丁和莎士比亚之后近代西方精神文明最卓越的代表之一。1771 年 8 月，歌德在斯特拉斯堡大学获法学博士学位。1774 年，歌德发表书信体小说《少年维特的烦恼》，小说主人公维特爱上了一位贤淑的姑娘绿蒂，但姑娘已经订婚，维特在绝望中用手枪自尽。小说的重要意义在于它所表现的不仅是一个人孤立的感情和痛苦，而是整个时代的感情、憧憬和痛苦。小说对于"自然"的呼唤，实际上就是反抗不自然的封建社会的呐喊。维特不仅是歌德自身的影子，更是一个代表时代精神的象征性人物。小说使歌德一举成名并使德国文学走向世界。然而在歌德的全部作品中，彪炳千古的则是他的诗体悲剧《浮士德》。悲剧通过浮士德经历的五个阶段象征性地反映了德国和欧洲的新兴资产阶级知识分子探索人生意义和社会理想的道路与历史经验：摆脱中世纪的精神束缚；否定庸俗、停滞、保守的小市民社会；否定把改革社会的希望寄托在封建社会开明君主身上；抛弃用古典美的艺术力量来改造社会的幻想；最后终于得出新社会的理想是争取自由和生存的结论，而这种理想正是 19 世纪初空想社会主义的反映。浮士德这个象征性的艺术形象体现了一种永不满足现状、不断追求探索的精神。歌德的其他重要作品还有：长篇小说《威廉·迈斯特的学习年代》、《威廉·迈斯特的漫游年代》、《亲和力》，自传《诗与真》，诗集《西东合集》等。1832 年 3 月 22 日，歌德在魏玛病逝。

〔5〕何谓理性？思想史上有不同概念。在伊斯拉谟的思想中，理性是一种道德的理性，即用理性来处理人与人之间、人与社会之间融洽相处的和谐关系。茨威格在本书中将这种理性称为世人的理性（Weltvernunft）。

〔6〕"伊拉斯谟精神"的德语原文是"das Erasmische"。

〔7〕公元前 469 年（或公元前 470 年）古希腊哲学家苏格拉底（Sokrates

或 Socrates）在雅典出生。准确日期不详。其父是雕刻匠，早年向父亲学艺，后弃而从事探索伦理哲学，坚持"认识自己"是人的第一要务，认为美德即知识，不重视文字撰述，注重面授，强调口传文化，首创问答教学方法，善辩。其生活年代西方尚未有基督教，故其思想在中世纪被视为是异端思想。苏格拉底在政治上猛烈抨击民主政体，尤其抨击雅典后期的激进民主派，因而被以安尼托（Anytus）为首的民主派于公元前 399 年在雅典借故杀害，命其服毒自尽。苏格拉底本人无著作，其言行主要见诸柏拉图的对话录，对柏拉图的思想有重大影响。故苏格拉底被视为是西方哲学的先声。

〔8〕 1492 年 4 月 25 日，伊拉斯谟在荷兰乌得勒支（Utrecht）被授予天主教教士圣职。参阅《年谱》1492 年记事〔1〕。

〔9〕 1500 年，伊拉斯谟的《古代西方名言辞典》在巴黎出版。此书包括体现古代非基督教思想的古代希腊语和古代拉丁语经典作家的名言和《圣经》名句以及基督教教会之父的名言。参阅《年谱》1500 年记事〔1〕。

〔10〕 奥林匹斯山（Olymp），是希腊神话中以宙斯为首的众神生活居住之地，也是古希腊的标志。古希腊是世界文明的摇篮，是西方哲学的发祥地之一。身为学者的伊拉斯谟仰望奥林匹斯山，以感激的心情缅怀古希腊哲学家，但他们均非基督徒。

〔11〕 1509 年 7 月 10 日，16 世纪欧洲宗教改革家、加尔文教派创始人让·加尔文（Jean Calvin，1509—1564）在巴黎附近皮卡第（Picardie）地区的努瓦永（Noyon）小城出生。1536 年 3 月，加尔文的《基督教要义》拉丁文第 1 版在巴塞尔出版。1536 年 5 月 25 日，日内瓦居民公开集合投票，宣誓接受福音派教义。是年 7 月，加尔文应邀前往日内瓦，是年 9 月 5 日，加尔文在日内瓦被任命为圣·皮埃尔大教堂（St. Pierrecathédrale）布道师（Prediger），实为日内瓦新教领袖。1538 年 2 月 3 日，日内瓦的爱国志士，秘密的天主教徒和一个主张宗教信仰自由的团体——自由党（Libertins）的成员在新一届日内瓦行政公署的选举中获得多数，因为日内瓦人虽然习惯于接受宗教统治，但过于严厉和苛刻的宗教统治使他们难以接受。过去在天主教统治下，道德要求很宽，他们尚且感到不便，如

今新教的规定使他们动辄得咎，于是他们便准备反抗了。新的行政公署命令教士不得过问政治。加尔文和他的副手法雷尔一方面声称新的行政公署为非法，同时又声称，如果行政公署不收回成命，他们就不举行圣餐礼。1538年4月23日（也有文献记载为4月21日复活节），行政公署举行公民投票表决，决定解除加尔文和法雷尔的布道帅圣职，同时命令他们三天之内离开日内瓦。日内瓦市民对行政公署的决定表示支持。加尔文随后前往斯特拉斯堡，居住至1541年。但是，日内瓦市民在加尔文离开后又恢复了宗教改革前的放逸生活。赌博、酗酒、斗殴和奸淫事件经常发生。到处充满靡靡之音，人们赤身露体招摇过市。领导驱逐加尔文和法雷尔的四名官员中有一个因谋杀罪被判处死刑，有一个因伪造文书受罚，有一个犯了叛国罪，有一个因拒捕被杀。左右行政公署的工商界人士发现行政公署一团糟，日内瓦城由于缺乏领导人而秩序混乱，而这种混乱的秩序使工商业无从发展。居民普遍害怕被驱逐的天主教主教复辟。行政公署的官员们怕被复辟的主教撤换或被逐出教会。他们斟酌再三，决定还是请加尔文回来。1541年5月1日，日内瓦行政公署撤销过去对加尔文和法雷尔的驱逐令，并宣布恢复他们的名誉。1541年9月13日，加尔文接受隆重邀请重返日内瓦。1542年，加尔文在日内瓦建立教会纪律监督委员会（consistoire），自任主席。该委员会实际上是政教合一的日内瓦城市共和国最高统治机构。1558年，加尔文创办日内瓦学院（日内瓦大学前身）。1564年5月27日，加尔文在日内瓦去世。而日内瓦城市共和国的新教政权则持续了250年，直至18世纪末法国大革命的军队进入日内瓦后才告结束。加尔文身后有《加尔文全集》52卷传世。新教加尔文宗和新教路德宗接近，均主张"因信得救"，反对天主教会的教阶制和圣事的繁文缛节，同时允许经商致富，贷钱取利，并以民主与共和的原则创建一个政教合一的神权城市共和国，加尔文向欧洲各国派出传教士，传播他的新教伦理，促进16世纪欧洲乃至美洲殖民地的资本主义发展。但加尔文对再洗礼派（农民和城市平民的教派）持敌视态度，还曾以异端罪名处死西班牙神学家塞尔维特等五十余人。加尔文生性严厉冷酷，和伊拉斯谟的温和善意形成鲜明对照。

〔12〕 伊拉斯谟一生并不在某个国家定居，参阅《年谱》1536 年记事〔3〕。

〔13〕 16 世纪的世界主义是指欧洲人应有统一的精神文明，而不是指今天的全球意识。

〔14〕 公元 962 年，德意志国王奥托一世（Otto I.，912—973，旧译：鄂图一世）在罗马由教皇加冕称帝，是为德意志民族神圣罗马帝国（Heiliges Römisches Reich Deutscher Nation，962—1806）之始，其最大疆域，除德意志本土外，还曾包括意大利北部和中部、捷克、勃艮第、尼德兰（领土大致是今荷兰和比利时）、瑞士以及奥地利等。后皇权式微，皇帝逐渐失去对帝国境内的其他国王、诸侯和自由城市的约束力。13 世纪意大利脱离。15 世纪瑞士独立。1806 年 8 月，拿破仑一世强迫皇帝弗朗茨二世（Franz Ⅱ.，1768—1835）退位，德意志民族神圣罗马帝国最终灭亡。

16 世纪的欧洲各国之间，边界完全不像今天似的壁垒森严，不需要护照、不需要办理任何手续就可以自由来往和自由居住。文人学士都用拉丁语写作，沟通思想没有任何语言障碍，所以伊拉斯谟认为，从学术的角度看不存在这一个国家（例如瑞士）比另一个国家（例如勃艮第）优越。当时，伊拉斯谟在欧洲大陆所到之处大部分在名义上皆属于德意志民族神圣罗马帝国，皇宫设在奥地利的维也纳。

〔15〕 此处的"世界语"原文是：Esperanto，"世界语"是 1887 年由波兰医生柴门霍甫（L. L. Zamenhof）创始的一种人造的国际辅助语言，曾风行一时。后逐渐式微，此处所说的世界语是指拉丁语。

〔16〕 "学者共和国"德语原文是 Gelehrtenrepublik，是指伊拉斯谟所期盼的人文主义思想界。

〔17〕 "傲慢的乖戾之人"，是斯蒂芬·茨威格暗喻加尔文、希特勒等这样一类人。

〔18〕 这是指文艺复兴后期兴起的宗教改革，在狂热的天主教徒和狂热的福音派新教徒之间展开激烈的流血斗争。

〔19〕 超越国界的理念是指文艺复兴时期以人文主义统一欧洲精神文明的理念。

〔20〕 15 世纪和 16 世纪的荷兰名义上属于德意志民族神圣罗马帝国的版

图。伊拉斯谟出生于 1469 年，马丁·路德出生于 1483 年。由伊拉斯谟翻译注疏的《圣经·新约》于 1516 年出版，马丁·路德于 1517 年 10 月 31 日公布抨击教皇出售赎罪券的《九十五条论纲》。故斯蒂芬·茨威格说伊拉斯谟是第一个德意志宗教改革家，当然仅限于这样一种特殊的含义。

〔21〕 1483 年 11 月 10 日，16 世纪德意志宗教改革的发起者和领导者马丁·路德（Martin Luther, 1483—1546）在德意志萨克森选帝侯国的艾斯莱本（Eisleben）出生。父亲是矿主。马丁·路德早年在马格德堡（Magdeburg）和爱森纳赫（Eisenach）求学，1501 年进入爱尔福特（Erfurt）大学修读法学，1505 进入爱尔福特的奥古斯丁修道院并研究神学，1507 年成为教士，1508 年在爱尔福特大学教哲学，1512 年获神学博士学位，同年任维滕贝格（Wittenberg）大学哲学与神学教授，1517 年 10 月 31 日公布《九十五条论纲》，从而拉开德意志宗教改革的序幕，成为基督新教路德宗创始人。路德宗的主要信条是：教士不是世人与天主之间的中介，教徒仅凭信仰，灵魂就可得救，而不必通过由教士主持的各种宗教仪式（所谓"圣事"）；强调《圣经》的权威，轻视教皇颁布的敕令。1546 年 2 月 18 日，马丁·路德在艾斯莱本去世。参阅本章注〔35〕。

〔22〕 马丁·路德体魄粗壮，伊拉斯谟身材瘦小。

〔23〕 罗曼语族人，包括今天的葡萄牙人、西班牙人、法兰西人、意大利人、罗马尼亚人等。

〔24〕 新教信奉《圣经·新约》福音书中所记载的耶稣基督之道（福音之道），故新教又称福音派。

〔25〕 中世纪的欧洲有两大敌对的政治派别：归尔甫派（Guélfo）支持罗马教皇；吉伯林派（Ghibelline）支持德意志民族神圣罗马帝国皇帝。

〔26〕 温克尔里德（Arnold von Winkelried, ? —1386），传说中的瑞士英雄。传说在瑞士反对奥地利的森帕赫战役中，温克尔里德将敌军的许多长矛拖住扎进自己的胸膛，从而帮助战友冲开缺口，大败奥军。

〔27〕 1632 年 11 月 24 日，17 世纪荷兰哲学家贝内迪克特·德·斯宾诺莎（Benedictus de Spinoza, 1632—1677），出生于阿姆斯特丹的

一个犹太人家庭。家境清贫，以磨镜片为生。1656年因反对犹太教教义而被开除教籍。1670年移居海牙。斯宾诺莎从自然界是自身的原因这一基本论点出发，提出"自因"（拉丁语Causa Sui）的概念，"坚持从世界本身说明世界"。肯定"实体"即自然界，是一切事物的统一基础，否定超自然的神存在，但又把"实体"称为"神"，从而给唯物主义披上泛神论的外衣。反对唯心主义的目的论和反对笛卡尔的自由意志说。强调自然界的一切都是必然的。意志自由的想法是出于想象和无知；理性和意志不是相对立的，而是同一的，"认识必然性"就是自由。在认识论方面，斯宾诺莎是"唯理"论的主要代表之一。主要著作有《神学政治学论》、《论笛卡尔的〈哲学原理〉》《伦理学》、《知性改进论》等。斯宾诺莎于1677年2月21日在海牙（Den Haag）去世。

〔28〕 1729年1月22日，18世纪启蒙运动时期德国思想家、剧作家、文艺批评家戈特霍尔德·埃弗拉伊姆·莱辛（Gotthold Ephraim Lessing，1729—1781）在德国的卡门茨（Kamenz）出生。1779年，莱辛在晚年的贫病交困中完成著名诗剧《智者纳旦》，其中的戏剧冲突表明基督教三大教派互不相容，而最顽固最狂热的是天主教徒。但批判矛头主要针对路德教派。剧情发展到最后一幕，真相大白：这些不同宗教信仰的人原来是一家人。此剧的主题和伊拉斯谟反对宗教狂热的思想一脉相承。莱辛的其他主要代表作有《拉奥孔——论画与诗的界限》、《汉堡评剧》、《萨拉·萨姆逊小姐》、《明娜·冯·巴尔赫姆——军人之福》、《爱米丽雅·伽洛蒂》等。1781年2月15日莱辛在德国不伦瑞克（Braunschweig）因脑溢血去世。

〔29〕 1694年11月21日，18世纪法国启蒙运动领军人物、哲学家、历史学家、文学家伏尔泰（Voltaire，1694—1778）在巴黎出生。他原名弗朗索瓦·玛丽·阿鲁埃（François Marie Arouet）。伏尔泰是自然神论者，提倡对不同的宗教信仰采取宽容态度，终生与宗教偏见作斗争，但又认为宗教作为抑制人类情欲和恶习的手段是必要的。伏尔泰的思想和伊拉斯谟的思想有不少相通之处。伏尔泰有《全集》100卷传世，1778年5月30日在巴黎去世。在他的

文学作品中哲理小说评价最高，哲理小说的代表作是《老实人》（Candide，1759）。故事情节是：老实人是森特·登·脱龙克男爵的养子，寄居在男爵府上。府上的家庭教师邦葛罗斯是一位乐观主义者，认为世上的一切已相当完美。老实人憨厚淳朴，很相信这位教师的说法。一天，男爵发现老实人竟和自己的女儿居内贡恋爱，勃然大怒，遂将老实人逐出家门，老实人开始浪迹天涯。他到过保加利亚、里斯本、巴拉圭，然后到了黄金国，那里的财宝俯拾皆是，物阜民安，人人温文尔雅。老实人在那里深受厚待。一个月后，老实人带着黄金国国王赠送的钱财离开黄金国，继续去寻找居内贡。只不过他离开黄金国后再也找不到黄金国了。老实人最后在君士坦丁堡找到了居内贡，她因受生活的折磨已变得奇丑无比，但老实人忠于自己的诺言，和居内贡结婚。和他们相聚在一起的还有死里逃生的邦葛罗斯、居内贡的哥哥和朋友加刚菩。他们从一个土耳其庄稼汉那里得到启示：劳动可以免除饥寒、烦恼和奢望。小说的最后结论是：唯有劳动，日子才好过，并以"种咱们的园地要紧"的名言结束全书。小说试图以曲折的情节和生动的形象否定当时在欧洲流行的乐观主义哲学（莱布尼茨、波林勃洛克等人的信条），揭露当时欧洲社会专制统治的罪恶和教会的倒行逆施，启发人们的正义诉求。小说中的黄金国是启蒙主义者理想中的"理性王国"。小说以讽喻手段达到警世目的，其艺术效果和伊拉斯谟的《赞美傻气》相似。

〔30〕 1369 年（或 1370 年），15 世纪捷克宗教改革家扬·胡斯（Jan Hus）在波希米亚（捷克）南部的胡西内茨（Husinec）出生，准确日期不详。胡斯曾任布拉格大学校长和布拉格伯利恒教堂传教士。领导捷克民众反对教会占有土地（捷克教会主要由德意志教士控制），不仅得到市民和捷克中小贵族的支持，还一度得到捷克国王瓦茨拉夫四世的保护。1412 年，胡斯指责教皇约翰二十三世在捷克出售赎罪券，和罗马教廷的冲突激化。捷克国王瓦茨拉夫四世转向教廷，将扬·胡斯逐出布拉格。胡斯到捷克南部农村传教，并将《圣经》译成捷克文。1414 年，康斯坦茨宗教会议召胡斯与会，斥为异端分子，1415 年 7 月 6 日在康斯坦茨（Konstanz）被火刑处

死。胡斯的殉难激起捷克民众的极大悲愤，促使胡斯战争大爆发。

〔31〕 1452 年 9 月 21 日，意大利政治家、宗教改革家、天主教布道师吉罗拉莫·萨伏那洛拉（Girolamo Savonarola，1452—1498）在意大利费拉拉公国的费拉拉（Ferrara）城出生，早年在当地获得文理科硕士学位后转修医学，1475 年放弃学业，在博洛尼亚加入多明我修士会，1491 年任佛罗伦萨圣马可修女院布道师。传说由于他的不断苦行和圣灵的启示，他能在幻觉中见到神，故他往往以先知的口吻布道，布道时抨击教皇与天主教会的腐败，揭露梅迪奇家族的暴政，反对富人的骄奢淫逸。1494 年他领导佛罗伦萨民众起义，推翻梅迪奇家族的统治，恢复佛罗伦萨共和国，并采取一系列改革措施，如对不动产征收累进所得税，驱逐高利贷者，发放低利息贷款等；同时将许多华丽服饰、珠宝、奢侈品、艺术品和书籍（其中包括但丁、薄伽丘和彼特拉克的著作）付之一炬，禁止演奏世俗音乐，代之以圣歌。1497 年教皇亚历山大六世宣布革除萨伏那洛拉教籍。梅迪奇家族的支持者也竭力进行反对共和国的活动。1498 年 5 月萨伏那洛拉在战斗中失败后被俘，5 月 23 日以异端分子罪名在佛罗伦萨被火刑处死。

〔32〕 1553 年 10 月 27 日，西班牙人米盖尔·塞尔维特（西班牙语：Miguel Serveto；拉丁语：Michael Servetus，1511？—1553）在日内瓦以异端分子罪名被火刑处死。塞尔维特的出生年份有两说：1511 年或 1509 年，均出自他的供词，出生地点也有两说：出生于西班牙纳瓦尔（Navarre）的图德拉（Tudela）或西班牙阿拉贡（Arragon）。塞尔维特青年时代到法国，在图卢兹（Toulouse）大学研读民法，并对宗教改革家们的争论发生浓厚兴趣，1531 年出版一本小册子《论神的三位一体之谬误》，挑战正统教义。冒犯了天主教徒和新教徒，不得不改名换姓。1536 年在巴黎学医，结业后成为一名医师。1541 年定居法国里昂以南一座小镇维埃纳（Vienne），成为当地主教的一名随身医生。1553 年将自己的神学思想写成《再论基督教教义》，挑战加尔文的《基督教要义》。1553 年 8 月 13 日到日内瓦，次日即被拘捕，在加尔文的幕后策划下于 1553 年 10 月 27 日被火刑处死。

〔33〕 1525 年 5 月 27 日，16 世纪德意志宗教改革家和德意志农民战争
领袖托马斯·闵采尔（Thomas Müntzer, 1489？—1525）被杀
害。托马斯·闵采尔约于 1489 年或 1490 年在德意志的哈尔茨山
（Harz）的施托尔贝格（Stolberg）出生，准确日期不详，1512 年
入奥得河畔法兰克福大学，获文学硕士和神学学士学位，曾任隐
修院院长，1518 年起在布伦瑞克中等学校任教，后放弃教师职位，
专事宗教改革，一度支持马丁·路德，后因组织秘密团体，领导德
意志农民战争而与路德决裂。1525 年 5 月 15 日，他领导的起义军
在与占优势的诸侯联军战斗中失败后被捕，受尽酷刑，5 月 27 日
在米尔豪森（Mühlhausen）被杀害。

〔34〕 1572 年 11 月 24 日，16 世纪苏格兰宗教改革家约翰·诺克斯（John
Knox，约 1514—1572）在爱丁堡逝世。诺克斯约于 1514 年在英
国东洛锡安郡（East Lothian）的吉福德格特（Giffordgate）出生，
准确日期不详。据说诺克斯曾在圣安德鲁斯大学学习，1540 年以
前任司铎，1543 年起任哈尔丁地区教会法庭公证人，经常和苏格
兰宗教改革家乔治·威沙特（George Wishart）相处在一起，很可
能于此时改奉基督教新教。1546 年 3 月，威沙特被圣安德鲁斯大
主教比顿（Beaton）以异端罪判处火刑烧死。1547 年 4 月，诺克
斯率领支持宗教改革者攻入圣安德鲁斯城堡，杀死大主教比顿。
3 个月后，诺克斯成为圣安德鲁斯城堡公认的宗教改革领导人。
1547 年 6 月末，苏格兰总督获得法兰西的援助，迫使圣安德鲁斯
城堡投降；诺克斯等人被押到法兰西橹舰上作为囚徒服苦役。19
个月后，由于英格兰出面干涉，诺克斯获释，但从此体弱多病。
1554 年起在日内瓦任英格兰难民（主要是清教徒）教会牧师。在
日内瓦期间深受加尔文教派影响。1559 年自日内瓦重返苏格兰，
随后被公认为苏格兰宗教改革的领袖。有著作《苏格兰宗教改革
史》传世。

〔35〕 1521 年 4 月 18 日下午，神圣罗马帝国（简称）皇帝卡尔五世在
德意志沃尔姆斯（Worms，今在德国黑森州境内）召开帝国议会
大会，旨在反对德意志宗教改革的倡导者马丁·路德及其教义。路
德本人也应召与会。卡尔五世命马丁·路德对会上提出的各种质

问作出简单明确的回答。马丁·路德说："我坚持自己的立场，我只能如此。"虽然今天有证据表明这句话的真实性存在问题。但马丁·路德所作回答的语气，使全体与会者为之震惊。会场上出现混乱。卡尔五世下令中止对马丁·路德的审判。马丁·路德大踏步穿过拥挤的对手走向自己的朋友，他举起一只手表明自己松了一口气并赢得了胜利。卡尔五世不久发布敕令（世称"沃尔姆斯敕令"），宣告路德为异端，应予逮捕，其拥护者的领地予以没收；禁止传播路德的说教，并责令将其全部著作销毁。但是路德得到一些有势力的大诸侯的支持，拒不悔罪，后避入萨克森选帝侯弗里德里希三世的瓦尔特堡（Wartburg），并着手将《圣经》译成德语。马丁·路德领导的宗教改革引发德意志农民战争爆发，从而使德意志土地上满目疮痍。但马丁·路德本人并不支持德意志农民战争。

〔36〕 1478 年 2 月 7 日，英国人文主义者、政治家、作家托马斯·莫尔（Thomas More，1478—1535）在伦敦出生，1517 年被任命为上诉法院院长，1523 年当选为众议院议长，1529 年任大法官。1534 年亨利八世强迫议会以法令形式宣告自己是英国国教最高首领，莫尔拒不宣誓承认。亨利八世遂下令逮捕莫尔，并于 1535 年 7 月 6 日以叛国罪在伦敦将其送上断头台。后莫尔被追认为天主教圣徒。莫尔的英语著作中重要的有《理查三世史》；拉丁语著作中最著名的是《乌托邦》（1516）。

〔37〕 1535 年 6 月 22 日，英国人文主义者、神学家约翰·费希尔（John Fisher，1469？—1535）以叛国罪在伦敦被斩首。约翰·费希尔约于 1469 年在英格兰约克郡的贝弗利（Beverley）出生，准确日期不详，1504 年任剑桥大学名誉校长和英国罗切斯特（Rochester）主教，以反对路德教义而成为欧洲知名神学家。1531 年反对尊称亨利八世为"英格兰国教会与教士的最高首领"，拒绝接受 1534 年亨利八世颁布的《至尊法案》，1535 年 4 月，他和托马斯·莫尔一起被亨利八世关入伦敦塔，是年 6 月 22 日被斩首。

〔38〕 1484 年 1 月 1 日，瑞士宗教改革家乌尔里希·茨温利（Ulrich Zwingli，1484—1531）在瑞士圣加伦州（Kanton Sankt Gallen）的维尔特豪斯（Wildhaus）出生，1506 年在巴塞尔大学获硕士学位。

他崇敬伊拉斯谟，在 1516 年撰文写道："瑞士人认为一睹伊拉斯谟的风采不胜荣幸之至。"1518 年成为苏黎世大教堂神父，1520年放弃罗马教廷俸禄，尔后领导以苏黎世为中心的瑞士东北各州的宗教改革活动，1523 年发表《六十七条论纲》，否认罗马教廷权威，反对出售赎罪券，主张简化礼拜仪式，解散隐修院并没收其财产，等等。之后，忠于天主教的瑞士各州联盟向茨温利领导的宗教改革派进攻。1531 年 10 月 11 日，茨温利在与瑞士天主教各州联军作战的卡佩尔（Kappel）战役中战死。

〔39〕　1524 年 5 月，"德意志农民战争"（旧译"德国农民战争"）率先在施瓦本南部的黑森林地区爆发，是 1524 年至 1526 年德意志农民反天主教会和反封建统治的大规模武装起义的开端。参加者除农民和城市贫民外，还有市民和矿工。领导人有托马斯·闵采尔（Thomas Müntzer）等。时至 1525 年年初，起义迅速扩展到施瓦本、图林根、萨克森、阿尔萨斯、萨尔茨堡等地。参加者十万人以上，至 1525 年 3 月共有 6 支农民军。起义农民在战争中提出许多纲领性文件，其中主要是《十二条款》和《书简》。《十二条款》是由施瓦本北部农民军在 1525 年 3 月初制定，体现要求自由的愿望：废除农奴制、取消小什一税和死亡税、由村社自由进行宗教活动和选举传教士，实现狩猎、捕鱼和伐木自由，等等。其目的是改善农民的政治和经济地位，而不是要求消灭整个封建制度。《十二条款》是农民战争中温和派的纲领。《书简》是 1524 年年末由托马斯·闵采尔的追随者们制定的北德意志农民运动中激进派的纲领。其核心内容是反对压迫民众的封建统治和实行暴力革命，主张处死压迫者和叛徒，焚毁城堡，没收修道院和教堂。1525 年 7 月，农民战争达到高潮，成千上万的农民摆脱了封建剥削和压迫，成为自己土地的主人，一些贵族和骑士也参加起义。起义农民焚毁了数以千计的贵族庄园、教会隐修院和诸侯宫殿，在德意志西南部和中部的广阔地区建立起自己的政权。但是，在联合起来的诸侯军队的镇压下，农民军先后被各个击破，托马斯·闵采尔被俘，壮烈牺牲。1525 年 8 月，农民起义进入低谷。1526 年 7 月农民起义宣告失败。德意志农民战争从根本上动摇了中世纪末期

天主教会和封建贵族的联合统治，对德意志社会和历史产生深远影响，但也使德意志土地上满目疮痍，大量无辜伤亡。

〔40〕 1618 年 5 月 23 日，布拉格爆发民众起义，民众冲入王宫，把几个王家官吏从王宫窗口扔出去（史称"扔出窗外事件"），史称"三十年战争"即此为开端。这是 17 世纪上半叶 1618 年至 1648 年以德意志疆土为主要战场的一次席卷欧洲的战争，历时三十年。这次战争的历史背景是：16 世纪以后，哈布斯堡皇室统治下的德意志疆土神圣罗马帝国的皇权日益衰微，各邦诸侯割据称雄。信奉新教（路德教、加尔文教）的诸侯和信奉旧教（天主教）的诸侯在宗教纷争掩饰下争夺地盘和反对皇帝专权。双方诸侯分别组成新教联盟和天主教联盟。站在新教盟诸侯一边的有法国、瑞典、丹麦，并得到荷兰、英国、俄国的支持；站在天主教联盟诸侯这一边的有神圣罗马帝国皇帝、西班牙，并得到教皇和波兰的支持。长期战争使各诸侯国的领土满目疮痍，民不聊生。参战各方终于在 1648 年 10 月签署《威斯特伐利亚和约》，宣告战争结束。三十年战争削弱了哈布斯堡皇室和罗马教廷的统治地位，加剧了德意志境内分裂割据的局面；为法国称霸欧洲准备了条件。此后，西班牙的国力下降；瑞典的势力大增，成为北欧强国。

〔41〕 1337 年 11 月，史称"百年战争"爆发。这是指英法两国在 1337 年至 1453 年间断断续续进行的百年战争。英法两国封建主为争夺富庶的佛兰德和英国在法国境内占有的领地是导致战争的基本原因。战争的导火索是王位继承问题。1328 年，法国卡佩王朝绝嗣，支裔瓦罗亚家族的腓力六世继位，英王爱德华三世以法王腓力四世外孙的资格，与腓力六世争夺王位，遂引发战争。1337 年 11 月英王爱德华三世率军进攻法国，百年战争开始。1356 年 9 月普瓦提埃之战，法军大败，法王约翰二世（1350—1364 年在位）及众臣被俘，英国借此向法国索取巨额赎金。1360 年法国王子查理被迫签订屈辱的《布勒丁尼和约》，将加来（Calais）及法国西南部大片领土割让给英国，英王同意放弃对法国王位的要求，约翰二世获释。1369 年，法王查理五世（1364—1380 年在位）通过军事和外交手段几乎收复全部失地，1396 年双方缔结 20 年停战协定。

1415 年 8 月，英王亨利五世（1413—1422 年在位）趁法国统治集团内讧之机，再度领兵进攻法国。1428 年 10 月，英军围攻法国要塞奥尔良城。1429 年 4 月，法国女民族英雄贞德率军击退英军，解奥尔良城之围。1430 年，贞德在战斗中被俘，翌年 5 月 30 日在鲁昂被英军烧死，激发法国民众抗英斗争继续高涨，英军节节败退。1453 年 10 月，驻法国波尔多的英军投降。法军收复了除加来之外被英国占领的全部失地。至此，百年战争以法国胜利而结束。百年战争一直在法国境内进行，致使法国城市被毁，村落荒芜，人口减少。但是，法国战后在政治上出现统一与稳定的局面。

〔42〕　1497 年至 1498 年间的冬季，16 世纪德意志著名肖像画家小汉斯·荷尔拜因（Hans Holbein, Jünger, 1497—1543）在奥格斯堡（Augsburg）出生。准确日期不详。其父老汉斯·荷尔拜因（Hans Holbein, Älter, 约 1465—1524）也是德意志著名画家。小荷尔拜因的素描，笔法精练，生动传神，木版画细致柔韧，有韵律感。著名代表作品有版画集《死神舞》（Totentanz）、《伊拉斯谟肖像》（Erasmus von Rotterdam）、《托马斯·莫尔像》（Thomas Morus）、《法国公使双人像》（The Ambassadors）、《丹麦公主克里斯蒂娜像》（Christina of Denmark）等。约从 1536 年起在伦敦成为英王亨利八世的宫廷画师。小荷尔拜因于 1543 年 10 月 7 日至 11 月 29 日之间某天去世。准确日期不详。1543 年 11 月 29 日在伦敦举行葬礼。

〔43〕　"傻气"，此处引用拉丁语原文：Stultitia，这也是伊拉斯谟在《赞美傻气》中给女主人公（傻女）起的名字。

第二章　时代的脉搏

从十五世纪跨入十六世纪是与欧洲的命运息息相关的岁月。戏剧性的事件接踵而至,只有我们今天的二十世纪能与之相比。欧洲的空间一下子扩大到世界范围。新的发现接二连三。此前数百年间被航海先辈们由于漠不关心或者缺乏勇气所耽误的一切在十五世纪跨入十六世纪期间通过新一代航海家们的大胆冒险而得到补回,就像电钟上数字的跳动:一四八六年,迪亚斯[1]作为第一个欧洲人航行到好望角;一四九二年,哥伦布[2]到达美洲诸群岛;一四九七年,塞巴斯蒂安·卡伯特[3]发现北美的拉布拉多海岸,从而登上美洲大陆,使白种人意识到新大陆的存在。与此同时,伽马[4]的船队已经离开桑给巴尔[5],扬帆驶向卡利卡特[6],开辟通往印度的海路;一五〇〇年,卡布拉尔[7]发现巴西;自一五一九年至一五二二年,麦哲伦[8]终于完成最值得纪念的辉煌壮举——人类第一次环球航行:从西班牙出发再回到西班牙,从而使马丁·贝海姆[9]于一四九〇年制作的第一个地球仪被认为是对的,而当初地球仪刚出现时曾被嘲笑为是傻瓜制作的“泥土苹果”——被认为是一种违背基督教的假说。麦哲伦最勇敢的业绩证实了他自己最大胆的设想。对善于思索的世人来说，人类居住的这一片迄今不甚清楚并且被称之为未知的土地[10]，一夜之间便成为一个在星空中旋转的圆球——对这个圆球的探索和在这个圆球上四处航行已成为现实。海洋，以往仅仅是神话中狂风巨浪不停的蓝色荒漠，如今已成为可以航行、可以测量、可以服务于人类的自然环境。欧洲人的冒险勇气一下子就按捺不住了。此时此刻在为发现世界奥秘的疯狂竞争中再也没有任何喘息的时间。每当加的斯港[11]或者里斯本[12]的礼炮轰鸣欢迎一艘远航归来的大橹舰时，好奇的人群都会涌向码头，听听关于新发现的国家的其他消息，欣赏欣赏那些从未见到过的鸟类、动物和人。他们的目光投向船上运载的大量金银，惊讶不已。消息向欧洲的四面八方传开。欧洲一夜之间由于欧洲白种人的英雄气概而成为整个世界的中心和统治者。另一方面，几乎与此同时，哥白尼[13]正在仔细研究在这个突然变得明亮的地球上空迄今尚未涉足的天体运行轨道。而所有这些关于天地的新知识通过几乎也是同样新发明的印刷术以前所未有的速度传至西方最边缘的城市和最偏僻的村庄。欧洲有史以来第一次集体经历了令人欢欣鼓舞和改善自身生存条件的时代。人类的基本概念——空间和时间在仅仅一代人的时间之内有了迥然不同的尺度和价值，只有我们经历过的十九世纪末二十世纪初的巨变时代能与之比拟——在我们那个跨越世纪的时代，电话、收音机、汽车、飞机突然之间大大缩短了空间和时间的距离。生活的节律由于发明和发现同样需要重新评估。

　　不言而喻，外部世界的空间这样一种骤然的扩大必然会导致心灵世界同样急剧的转变。每一个人都出乎意料地不得不用另外的尺度进行思维和考量，不得不用另外的尺度生活。然而在大脑适应这种几乎不能理喻的转变以前，情感就已经转变——一种不知所措的迷惘：喜忧参半的困惑。如果心灵一旦突然失去自己的尺度——如果心灵迄今赖以立足的一切稳固的规范和形式在急剧的转变之中像幽灵似的消失，心灵的第一反应就往往是这样一种困惑。一切确定无疑的事情一夜之间竟成了有问题。昨天的一切一夜之间好像都已成为千年往事和陈腐不堪。托勒密[14]绘制的世界地图——经历了二十代人的神圣不可侵犯的地图——由于哥伦布和麦哲伦的发现而成为儿童们嘲笑的对象。有史以来怀着虔诚的信仰誊写和被奉为没有差错的关于世界概况、天文学、几何学、医学和数学的著作一夜之间都成为过时和没有用处。以往的一切都由于新时代的热烈气息而枯萎。各种评注、各种学术争论都就此宣告结束。曾经作为令人敬畏的偶像们的古老权威烟消云散。经院哲学像纸糊的塔楼一般坍塌。人们的视野变得自由了。对世界有了新认识的欧洲像人的肌体似的突然获得新的血液，生机勃勃，从而使思想界热烈渴望知识和科学。欧洲发展的节律加快了。原本处于缓慢过渡的各种发展由于这样一种热烈的渴望而突飞猛进。现存的一切好像遇到地震似的发生了动摇。从中世纪继承下来的各种社会秩序发生大变动，有的兴盛，有的衰微，骑士制度没落，城市纷纷兴起，农民生活更趋贫困，而商业和奢侈生活却依靠从大洋彼岸运来的黄金的滋养而充满蓬勃兴旺的活力。于是抱怨之声四起。一场全面的社会重新整合势在必行，就像我们今天自己由于工业技术及其突然引发的劳动力的组织化和合理化的闯入所面临的社会重新整合一样：人类似乎被自己取得的成就所绊倒，并且必须为了重整旗鼓而竭尽全力。十五世纪末十六世纪初的欧洲正处于这样一种典型的历史时刻。

世人的一切生活领域的秩序都被这样一种巨大的冲击所动摇。即便通常在时代风暴中安然无恙的宗教——心灵王国中最内在的信仰——在面临世纪大转折和世界大转变之际也受到巨大的冲击。被天主教会铸成僵化形式的信仰教条曾像山岩一般面对各种风暴而岿然不动。诚惶诚恐听命于教会几乎是中世纪的圭臬。教会一向冷峻地发号施令，教会的权威至高无上。世人怀着虔诚的信仰从下仰望神圣的天主。没有人敢对教士们宣称的真谛产生任何怀疑。一旦什么地方出现反抗，教会就会动用捍卫自己的杀手锏：革出教门。这样一种杀手锏既可以折断皇帝们的刀剑，也可以使异端分子命丧黄泉。这样一种清一色的唯唯诺诺听命于教会——这样一种盲从和心甘情愿地献身于信仰——将各部落、各民族、各种族和各社会阶层结成一个庞大的共同体，尽管他们相互之间是多么不融洽和多么敌对。这个共同体就是天主教的精神世界——西方人在中世纪统一的独一无二的精神世界。中世纪的欧洲安安静静地躺在天主教会的怀抱之中。尽管中世纪的欧洲有时也会被神话般的梦想所触动和激励，但是中世纪的欧洲始终是安静得纹丝不动。任何追求真理和科学的愿望对中世纪的欧洲来说都非常陌生。现在，一种骚动不安的情绪破天荒第一次开始动摇西方精神：既然地球的奥秘已变得能被探究，为什么神的奥秘就不能也被探究一番呢？一些个别的人渐渐地从卑躬屈膝中昂起自己低垂的头，抬起疑惑的目光，在他们的心中已不再是一味的谦恭，而是充满新的思考和质疑的勇气。在当时，除了出现对未知的海洋进行探险的大胆的冒险家——哥伦布、皮萨罗[15]、麦哲伦等人之外还出现了一代涉足精神世界的探险家。他们义无反顾地敢于探索深不可测的精神世界。数百年来，被禁锢在教条之中的宗教威力就像被密封在瓶子里的气体似的突然逸出——宗教的威力离开教士们的各种宗教会议而进入到民众的内心深处。尽管在民众的内心深处依然有宗教的威力，然而精神世界还是要更新自己和改变自己。十六世纪的欧洲人凭借自己久经考验的自信觉得自己已不再是渴求神的恩泽的微乎其微的尘埃——没有意志的尘埃，而是万事的中心、支撑天地的人。谦卑和懵懂突然之间转变为对自我的尊重。我们可以用"文艺复兴"这个词最生动地概括自我尊重的不朽魅力。思想界的导师可以和教士圈内的导师一样平等；学术界可以和教会一样平等。至高无上的教会权威也就从此被打破，或者说，至少被动摇了。中世纪的卑躬屈膝、默不作声的人已不复存在。新一代的人开始崛起，他们以相同的宗教般的热忱进行质疑和研究，就像以前的人热衷于宗教信仰和祈祷一样，求知的欲望从修道院走进几乎在欧洲各国同时出现的大学——进行自由研究的堡垒。大学为诗人、思想家、哲学家——为探索人的心灵的各种奥秘的专家和学者——创造了空间。思想界将自己的力量倾注到其他的各种形式中。人文主义试图不通过教士的中介将神性还原为人性。具有世界历史意义的伟大宗教改革已提出自己的要求，起初是零零散散，但是随后肯定是代表了广大民众。

十五世纪末十六世纪初是伟大的年代——划时代的转折年代：欧洲似乎瞬息之间有了同一个心灵、同一种精神、同一种意志、同一种要求。作为一个整体的欧洲感觉到自己正在被一种尚不清楚明了的使命——要求进行变革的使命大声呼唤。变革的有利时机已经来临。欧洲各国都不安宁。人们心中充满忧虑和焦躁，弥漫于一切之上的唯一愿望就是要在迷惘中倾听挣脱桎梏的言论——确立目标的言论。现在正是思想界使世界获得新生的时刻，要么就会永远失去时机。

注　释

〔1〕 1500 年 5 月末，葡萄牙航海家巴尔托洛梅乌·迪亚斯（Bartolomeu
Diaz，约 1450—1500）在好望角附近海域遇难去世。迪亚斯约生于
1450 年，准确日期和地点不详。1487 年 8 月，他奉葡萄牙国王若奥
二世之命，率船三艘沿非洲西海岸南下，绕过非洲南端，至大菲希
（Great Fish）河口附近，于 1488 年（1486 年恐或是斯蒂芬·茨威格
误记）返航途中发现好望角。1500 年迪亚斯随葡萄牙航海家卡布拉
尔（Pedro Álvares Cabral）率领的船队去印度，5 月末航至好望角附
近遇风暴罹难。

〔2〕 1451 年 6 月 26 日，意大利航海家、第一个发现美洲的欧洲人克里斯
托夫·哥伦布（Christoph Kolumbus，1451—1506）在热那亚出生。他
相信地圆说，认为自欧洲的大西洋岸边一直西行，可到达东方。1485
年哥伦布移居西班牙，航行计划得到西班牙国王斐迪南和女王伊莎
贝拉的资助，1492 年 8 月 3 日率船三艘从西班牙西南海岸的帕洛斯
（Palos）港启航，横渡大西洋，10 月抵达巴哈马群岛，后又航至古巴、
海地等岛，以后又三次西航，驶抵牙买加岛及中南美的加勒比海沿
岸，误认为所到之地乃印度。哥伦布发现美洲并没有给当时的欧洲殖
民者带来巨大财富，因而未受到足够重视。哥伦布晚年贫病交加，于
1506 年 5 月 21 日在西班牙的巴利亚多利德镇（Valladolid）去世。

〔3〕 1497 年 6 月 24 日，为英国和西班牙王室服务的意大利航海家塞
巴斯蒂安·卡伯特（Sebastiano Caboto，约 1476—1557）在随其父
亲——意大利航海家乔瓦尼·卡伯特（Giovanni Caboto）为寻找从
欧洲向西北方向横渡大西洋通往美洲的航线时发现了北美大陆（今
加拿大）的纽芬兰和拉布拉多（Labrador）海岸，当时他们两人误
以为是中国海岸。塞巴斯蒂安·卡伯特约于 1476 年前后在英国的
布里斯托尔（Bristol）或威尼斯出生，准确日期不详。1512 年，塞
巴斯蒂安·卡伯特任英国国王的地图绘制官，并随英军援助西班牙

阿拉贡国王斐迪南二世反对法国人的战争。被授予西班牙海军上校军衔，1520年回英国后被任命为海军军官。他的一张非常著名的世界地图（1544）今收藏在巴黎国立图书馆。塞巴斯蒂安·卡伯特于1557年在伦敦去世，准确日期不详。塞巴斯蒂安·卡伯特的父亲乔瓦尼·卡伯特约于1450年在热那亚（Genua）出生，准确日期不详。据说，他于1495年年底携家眷到英国，定居布里斯托尔，遂改名约翰·卡伯特（John Cabot）。1496年3月5日英王亨利七世为其及其儿子塞巴斯蒂安·卡伯特颁发特许证书，授权他们航行探索尚未发现的土地。1497年5月他们从布里斯托尔出发，绕爱尔兰向前航行，然后向北、往西航行。1497年6月24日首次见到陆地，据说他们是在纽芬兰的拉布拉多南部海岸或者布雷顿角岛（Cape Breton Island）上岸，发现有人居住的迹象，但没看到人，却宣布该地为英王领土，升起英国和威尼斯旗。1497年8月6日他们回到布里斯托尔，错误地以为他们已到达亚洲东北海岸，其实，他们到达的是今北美卡伯特海峡内的北角、圣保罗岛等地。1498年2月3日约翰·卡伯特又获第二次探险特许证书。有某些迹象表明他在第二次探险中再次到达美洲，但当时至少有一条消息说他的探险队在大海中消失。故史书记载，约翰·卡伯特约于1498年去世，准确日期和地点不详。

〔4〕 1497年7月8日，葡萄牙航海家瓦斯科·达·伽马（Vasco da Gama，约1468—1524）受葡萄牙国王曼努埃尔的派遣，率帆船四艘、船员约140人，从里斯本出发，寻找绕道非洲好望角通往印度的航路。1497年11月20日或22日绕过好望角，1498年4月抵达马林迪（Malindi），后由一名阿拉伯水手马吉姆（Ahmed ibn Madjid）领航，于1498年5月20日抵达印度西南部位于马拉巴尔海岸的喀拉拉邦北部港口城市卡利卡特（Calicut），1499年9月返回里斯本。这是欧洲人首次开辟由欧洲绕非洲到印度的航路。伽马约于1468年或1469年在葡萄牙的锡尼什（Sines）出生，准确日期不详。1524年4月，伽马以葡属印度总督身份第三次去印度，1524年12月24日在印度柯钦（Cochin）去世。

〔5〕 桑给巴尔（Zanzibar），印度洋中的桑给巴尔岛，距中非东海岸35

公里。地理学家认为，该岛是非洲大陆的一部分。该岛西岸的港口城市亦称桑给巴尔。1497 年，葡萄牙航海家伽马从非洲东海岸北上，途经非洲大陆东岸的蒙巴萨和桑给巴尔岛西岸的港口城市桑给巴尔前往印度。

〔6〕卡利卡特（Calicut），又称科泽科德（Kozhikode），印度西南部喀拉拉邦北部港口城市，位于马拉巴尔海岸。一度为著名棉织中心。1498 年 5 月 20 日，葡萄牙航海家伽马率队抵此。

〔7〕葡萄牙航海探险家佩德罗·阿尔瓦雷斯·卡布拉尔（Pedro Alvarez Cabral，1467 或 1468—1520）于 1467 年或 1468 年出生，准确日期不详。普遍认为，他是第一个发现巴西的欧洲人。他出身于一个世代为葡萄牙国王效劳的贵族家庭。1500 年他被葡萄牙国王玛努埃拉一世任命为第二次印度远征队司令。1500 年 3 月 9 日，他率领 13 艘舰船从里斯本出航，循着伽马先前的航线出征拓展疆土。1500 年 4 月 22 日发现大洋中一处陆地，命名为"真十字岛"，后来被葡王重新命名为"神圣十字岛"，但最后以"巴西"为名，因为发现当地有一种染料木被称为"包—巴西"。卡布拉尔占据这片土地后，派一艘船回葡萄牙禀报国王。这块土地从此成为葡萄牙的领地并成为从欧洲到好望角和印度洋的中途站。卡布拉尔在巴西住了 10 天后继续率船队驶向印度。航行途中事故不断。1500 年 5 月 29 日绕好望角航行时 4 艘船失事，船员全部罹难。其中包括发现好望角的葡萄牙航海家迪亚斯。1501 年 1 月卡布拉尔率船队从印度返航葡萄牙时，中途又有两艘船沉没。1501 年 6 月抵达葡萄牙时仅剩下 4 艘船。虽然国王嘉奖他发现巴西的功绩，但从此以后没有再委任他任何要职。卡布拉尔引退后在葡萄牙的下贝拉省自己的庄园里度过余生。约 1520 年去世，准确日期不详。1848 年巴西历史学家 F.A. 瓦恩哈根在圣土塔伦认出卡布拉尔的坟墓。1968 年，巴西和葡萄牙联合举行纪念卡布拉尔诞生 500 周年的隆重活动，里约热内卢和里斯本均建立了卡布拉尔纪念碑。

〔8〕费尔南·德·麦哲伦（Fernão de Magalhães，约 1480—1521），16 世纪初第一个实现环球航行的葡萄牙和西班牙航海家。麦哲伦约于 1480 年出生在葡萄牙北部波尔图一个破落骑士家庭。准确日期

不详。1505 年参加葡萄牙第一任驻印度总督阿尔梅达（Francisco
de Almeida）的远征队，服役 8 年，先后到非洲东部、印度、马六
甲等地探险和进行征服活动。他曾向葡王曼努埃尔一世建议，从
欧洲向西航行可以找到通往摩鹿加群岛（今马鲁古群岛）的航路，
但遭到拒绝。1517 年放弃葡萄牙国籍移居西班牙，得到西班牙国
王查理一世的支持和资助。1519 年 9 月 20 日率船 5 艘、水手 265
人，从西班牙的塞维利亚（Seille）省的桑卢卡尔港（Sanlúcar de
Barrameda）启航，横渡大西洋。1520 年 10 月 21 日进入南美大
陆与火地岛之间的万圣海峡（后命名为麦哲伦海峡），11 月 28 日
船队通过海峡，驶向平静浩瀚的大洋，麦哲伦命之为太平洋（Mar
Pacífico）。此时船队只剩下三艘船，历经风暴、暗礁、叛乱、饥
饿、疾病、减员、损船等各种困难，船队在麦哲伦严令下继续西
行，于 1521 年 3 月抵达菲律宾群岛，并与宿务岛（Cebu）上的统
治者结盟，和邻国麦克坦岛（Mactan）发生武力冲突。1521 年 4 月
27 日，麦哲伦在战斗中被麦克坦岛上的居民杀死。麦哲伦死后，只
有两艘船到达摩鹿加群岛。而只有一艘"维多利亚"号在西班牙人
埃尔卡诺率领下横渡印度洋，绕过好望角，于 1522 年 9 月 6 日返
抵西班牙。生还者有 17 名欧洲人和 4 名印第安人。费时近 3 年的
这第一次环球航行证实了地球是圆的；同时也改变了当时西方流行
的观念：从新大陆向西航行，只需几天便可到达东印度。

〔9〕马丁·贝海姆（Martin Behaim, 1459—1507），德意志航海家和地
理学家，1459 年 10 月 6 日在德国纽伦堡出生。早年曾研读数学和
航海学。后从商，并遍游欧洲。约在 1480 年作为佛兰德的贸易商
人初访葡萄牙，自称是纽伦堡天文学家 J. 米勒的学生，遂成为葡萄
牙国王约翰二世的航海顾问。他声称自己在 1485 年至 1486 年间随
葡萄牙探险家康姆（Diogo Cam）的船队沿非洲西海岸作第二次航
行。1490 年回纽伦堡后，在画家 G. 格格肯东的协助下开始制作自
己设计的地球仪，1492 年完成。这是现存最早的地球仪，今收藏于
纽伦堡的德意志国家博物馆。贝海姆的地球仪既受早期地理学家克
劳狄乌斯·托勒密（Claudius Ptolemäus, 约90—约160）的影响，
又试图加入当时新发现的地理知识。他的地球仪固然有许多欠缺，

却为航海家们提供了丰富的想象空间。1507 年 7 月 29 日，贝海姆在葡萄牙的里斯本去世。

〔10〕　"未知的土地"，是中世纪欧洲关于地球的地理观念，此处引用拉丁语原文：terra incognita。

〔11〕　加的斯（Cǎdiz），西班牙西南部安达卢西亚自治区加的斯省省会和主要海港。1492 年哥伦布发现美洲新大陆后，加的斯成为西班牙船队赴美洲的基地。

〔12〕　里斯本（Lisbon，葡萄牙语 Lisboa），葡萄牙首都、葡萄牙最大城市和主要港口。位于欧洲大陆最西端。在地理大发现时期（1415—1578），里斯本是葡萄牙探险家出发远航的基地。

〔13〕　哥白尼（Nicolaus Copernicus，1473—1543），波兰天文学家，1473 年 2 月 19 日在波兰维斯瓦河畔的托伦城（Thorn）出生，18 岁进入克拉科夫大学学习，立志献身天文学研究，1497—1500 年在欧洲最古老的意大利博洛尼亚大学（Bologna）学习，随后又在意大利的帕多瓦大学攻读法律和医学。1503 年在费拉拉大学（Ferrara）获得教会法博士学位，同年从意大利回到波兰，给已任大主教的舅父当助手。1512 年舅父去世后，哥白尼定居弗龙堡（Frombork），任弗龙堡教堂主事，但他把大部分精力放在天文学研究上。哥白尼的主要贡献是其著作《天体运行论》，创立了科学的日心地动说，即太阳居于宇宙的中心静止不动，而包括地球在内的行星都围绕太阳转动。而当时的欧洲正处于宗教信仰的中世纪末期，亚里士多德－托勒密的地球中心说：大地静止不动，是宇宙的中心——是基督教教义的支柱。哥白尼的宇宙体系学说在当时很可能会被视为是离经叛道的异端邪说而遭到哲学家和教士们的攻击。因此哥白尼迟迟不愿公开出版《天体运行论》。1543 年 5 月 24 日，哥白尼在波兰的弗龙堡〔当年是东普鲁士弗劳恩贝格（Frauenburg）〕去世。弥留之际，一本刚印好的《天体运行论》的样书才送到他的病榻前。哥白尼的学说不仅改变了那个时代世人对宇宙的认识，而且从根本上动摇了欧洲中世纪宗教神学的理论基础。

〔14〕　此处的托勒密是指克劳狄乌斯·托勒密（Claudius Ptolemäus，约 100—约 160），他是来自埃及的希腊天文学家和数学家，约

于公元100年出生，准确地点和日期不详，著有《天文学大成》（*Almagest*），集古代天文学之大成，提出"地心说"（太阳围绕地球转），托勒密的非科学的"地心说"得到基督教会的支持，长期统治中世纪欧洲的思想界，直至波兰天文学家哥白尼提出日心说（行星围绕太阳转）后，托勒密的地心说才退出历史舞台。托勒密还著有《地理学》（*Geographie*）八卷，但限于当时的历史条件，在他的《地理学》中没有美洲，也没有太平洋。托勒密约于公元160年之后在埃及的卡诺珀斯（Canopus）去世。准确日期不详。

〔15〕 弗朗西斯科·皮萨罗（Francisco Pizarro，1475?—1541），西班牙探险家兼殖民者，约于1475年在西班牙的卡塞雷斯省（Cáceres）的特鲁西略（Trujillo）出生，准确日期不详。皮萨罗自1524年起两次探险当时的印加帝国（今秘鲁、智利、厄瓜多尔等太平洋沿岸一带的富饶之地），并于1532年以180人之兵力登陆秘鲁，虏获印加皇帝亚塔瓦尔巴，翌年占领其首都库斯科。1541年6月20日，皮萨罗在和政敌的武装力量战斗中身亡。

第三章　语焉不详的早年生活

伊拉斯谟是超越国界、属于所有世人的天才。能体现这一点最具象征意义的是：他没有自己的家园，没有真正的父母之家，也几乎不知道自己是在什么地方出生。鹿特丹的伊拉斯谟这个享誉世界的名字是他自己起的，并非从父辈和祖先继承而来。他一生所说的语言不是家乡的荷兰语，而是后来学会的拉丁语。他出生的日期和出生的情况讳莫如深，迷雾一团，令人好生奇怪。除了一四六六年[1]这个出生年份之外，其他的情况几乎一无所知。对于这样一种遮遮掩掩，伊拉斯谟本人难辞其咎，因为他不喜欢谈论自己的出身。原来他是一个非婚子，而更令人懊恼的是，他还是一个教士的非婚子。"由于非婚子的出身，他害怕自己有罪和害怕受到惩罚。"查尔斯·里德[2]在其著名小说《修道院与壁炉边》中对伊拉斯谟童年具有浪漫色彩的描述当然属于虚构。原来九岁[3]的小德西德里乌斯[4]——这个名字含有"受欢迎的"意思，其实他并不受欢迎——被母亲送进德温特的一所修士会办的学校[5]学习，随后又被送到黑措根布施。伊拉斯谟的父母早早离世[6]。他的亲戚们理所当然急于要尽可能不花什么钱就把这个私生子打发走。于是一四八七年他进入在斯泰恩的圣奥古斯丁修道院。他进这座修道院并不完全出于宗教信仰，而是因为那里有当地最好的古典文献图书馆。一四八八年，该修道院为伊拉斯谟举行了修道士宣誓仪式。据说，他在那几年里曾热衷于要争得虔诚信仰奖——棕榈叶奖[7]，然而，没有文字记载可以印证。人们从他的书信中知道得更多的是，他主要是钻研艺术、拉丁语著作和绘画。但不管怎么说，他毕竟于一四九二年从乌得勒支主教手中接受了天主教教士圣职[8]。

只有很少的人见到过伊拉斯谟在其一生中穿戴过自己的教士衣着。人们往往需要费点神才能想起，这个思想自由、无拘无束进行写作的人实际上直至临终都一直属于神职人员。不过，伊拉斯谟懂得伟大的生活艺术——他善于以委婉的不引人注意的方式摆脱使他感到压抑的一切，而且无论穿戴什么样的服饰和受到什么样的束缚都能够保持自己的内心自由。他以极其巧妙的借口从两位教皇[9]那里获得可以不穿教士长袍的豁免。他凭一张医生的健康证明摆脱了斋戒。尽管修道院的主持不断要求、提醒，甚至警告，但伊拉斯谟再也没有重返修道院过受到严格管束的生活，哪怕一天也没有。

这样，伊拉斯谟性格中一个重要的而且也许是最本质的特征已经显露清楚：他不愿意受任何人和任何事情的束缚。他不愿意长期侍奉王公诸侯，不愿意长期侍奉自己的主人，甚至不愿意长期担任教士侍奉天主。他出于自己本性中对独立自主的内心渴望而必须始终保持自己的自由和不听命于任何人。他在内心深处从未承认过一个可以凌驾于自己之上的人。他觉得自己对任何宫廷、任何大学、任何职业、任何修道院、任何教会都不负有不可推辞的义务。他毕生都一声不吭然而坚韧不拔地捍卫着自己在道义上的自由，就像他捍卫自己的思想自由一样。

和伊拉斯谟的这样一种性格上的本质特征有机地紧密联系在一起的第二个特征是：他虽然是一个执著于独立自主的人，但他绝不会因此而成为一个造反的人——一个革命家。恰恰相反，他憎恶一切公开的冲突。他是一个睿智和讲究策略的人，避免对天底下的各种权势和当权者进行任何无用的对抗。他宁愿同这些人达成默契，而不愿意同他们进行对抗。他宁愿采取委婉曲折的方法而不是通过斗争赢得自己的独立。马丁·路德曾以大胆的、戏剧性的姿态脱下奥古斯丁修道士的长袍[10]，因为教士的长袍对他来说太狭小，太束缚他的心灵。而伊拉斯谟却不像马丁·路德那样，伊拉斯谟宁愿按照私下取得的许可悄悄地脱下教士长袍。身为同乡狐狸列那[11]的优秀学生的伊拉斯谟总能机智而又巧妙地逃脱别人为剥夺他的自由而设置的种种陷阱。伊拉斯谟过于小心谨慎，因而从未成为一名英雄人物。但是，他头脑清醒，善于利用世人的各种弱点为自己的个人发展赢得所需要的一切。他在为自身独立而进行的旷日持久的斗争中赢得了胜利，然而靠的不是勇气，而是靠谙熟世人的心态。

话又说回来，使自己的一生自由而又独立：这样一种了不起的艺术，伊拉斯谟是逐渐学会的——对任何一个有才华的人而言，这是最难掌握的艺术。伊拉斯谟的求学过程可谓艰难而又无趣。他二十六岁时才脱离修道院[12]，修道院的闭塞和思想狭隘已使他忍无可忍。但是，他不是作为一个不信守自己誓言的修道士从自己的上司那里不辞而别，而是在秘密商谈之后以接受康布雷主教委任的名义而离开——这是伊拉斯谟首次尝试运用自己灵活的外交手腕。康布雷主教聘任伊拉斯谟作为自己的拉丁语秘书，目的是要伊拉斯谟陪同他前往意大利。这样，就在哥伦布发现美洲的同一年，曾在修道院里过着囚徒般生活的伊拉斯谟为自己发现了欧洲——他未来的世界[13]。幸运的是，康布雷主教推迟了自己的意大利之行，于是伊拉斯谟就有充裕的时间按照自己的方式享受生活。他不必去做弥撒，却能够坐在主教的宽大的餐桌旁享用佳肴，他能够结识各界有识之士，与此同时，他能够潜心研究拉丁语和教会的经典著作，除此以外，他还能够撰写对话形式的著作《反对蒙昧主义》[14]。顺便说一句，这是他撰写的第一部著作的书名，倘若该书当时能够出版，那么这个书名很可能会列在他的全部著作的榜首——伊拉斯谟在此期间通过陶冶自己的品德和扩大自己的知识，从而不知不觉地开始了自己毕生为反对蒙昧——反对缺乏教养和反对传统的妄自尊大而进行大肆挞伐。然而遗憾的是，康布雷主教放弃了罗马之行，伊拉斯谟的美好时光也就戛然而止，一个拉丁语秘书现在已不再需要。借调而来的修道士伊拉斯谟此时此刻原本应该顺从地重返修道院。可是，此时的他已经尝过享有自由的甜头，他也就不愿意而且永远不想再放弃享受自由了。于是，他假称自己十分渴求更加深入的神学知识。出于对修道院的恐惧，伊拉斯谟使尽浑身解数，并且用自己迅速掌握的洞察世人心理活动的艺术，再三恳求好心肠的康布雷主教说，如果主教能用一笔资助送他到巴黎上大学，那么他——伊拉斯谟就能够在巴黎获得神学博士学位。主教终于开恩允诺。而对伊拉斯谟来说，比主教的祝福更为重要的是他能从主教那里得到一小笔钱作为资助。就这样，修道院院长等待不讲诚信的伊拉斯谟重返修道院，算是白等了。修道院院长将不得不习惯于等待数年和数十年，因为伊拉斯谟早已擅自批准自己终生告假——告别修道士的生活和各种其他的束缚。

康布雷主教向年轻的、有教士身份的大学生伊拉斯谟提供了一笔通常数目的助学金。不过，这笔钱对一个三十岁[15]的成年人来说毫无疑问是拮据了一些。伊拉斯谟曾苦涩地调侃这位节俭的赞助人为"绝非梅塞纳斯"[16]。已经习惯了自由并且在主教的餐桌上被丰盛的佳肴娇惯了的伊拉斯谟不得不心怀莫大的委屈在贫困者之家——口碑不佳的蒙太古神学院安身。神学院奉行苦行主义的各种规章以及该院教士们的严厉管教使伊拉斯谟感到很不自在。蒙太古神学院坐落在巴黎拉丁区圣米歇尔高地上（大概在今天先贤祠[17]附近）。这是一所精神牢狱，蒙太古神学院出于自身的考虑，把对生活的方方面面都充满好奇心的年轻大学生伊拉斯谟和非神学院的大学生们的轻松愉快的生活完全隔绝。伊拉斯谟说，他像因徒一样在蒙太古神学院这所精神牢狱里度过了自己最美好的青年时代。对卫生具有出人意料的现代意识的伊拉斯谟在自己的书信中不断抱怨：学生寝室对健康非常不利，冷冰冰的墙壁，只是光秃秃地刷了一层石灰水，给人像是厕所的感觉，没有人能够

在这样一种"散发着酸臭味的校舍"里长待，要不然就得
身患重病或者死去。饮食也使他难以下咽。蛋肉都已变质，
葡萄酒都已变味。就寝以后，彻夜都会被跳蚤、虱子叮咬
得不能成寐[18]。伊拉斯谟后来在自己编写的《拉丁语常用
会话》中这样调侃：

> 甲：你从哪里来？
> 乙：蒙太古神学院。
> 甲：那你必定头戴桂冠啦？
> 乙：哪里，满头虱子。

　　除此以外，当年修道院和神学院的管教也不怕动用体
罚[19]。而像罗耀拉[19]这样极端的苦行主义者却在蒙太古神
学院这同一幢校舍内得到启迪：若要磨炼意志，就得坦然
忍受荆条和教鞭。罗耀拉在自己主事的耶稣会内贯彻这样
的理念长达二十年之久，但这种理念违背伊拉斯谟自尊自
爱的天性。蒙太古神学院的课程同样使伊拉斯谟十分反感。
他很快就认识到，经院神学的思想实质无非是陈腐的形式
主义——枯燥单调的典籍[20]注疏和不得要领的繁琐考证，
始终令人厌烦。才华横溢的伊拉斯谟怀着愤慨的心情反对
用这样一种削足适履[21]的方式歪曲神学——他虽然不像
后来的拉伯雷[22]那样用嬉笑怒骂抨击经院神学，但他们
两人对经院神学的鄙夷态度如出一辙。伊拉斯谟写道："凡
是经常接触诗歌、音乐、艺术和科学[23]的人或者崇尚美和快
乐[24]的人，没有一个能够领会玄奥的经院神学。你以往所获
得的一切知识[25]必定会在蒙太古神学院变得毫无用处，你汲

取的各种智慧[26]必定会在这里重新丢失。我在蒙太古神学院尽量不说拉丁语，尽量不说风趣的话或者意味深长的话。我在这方面所取得的进步足以期盼有朝一日让蒙太古神学院的同窗们承认我是他们之中的一员。"患病一场终于让伊拉斯谟有了盼望已久的借口：不得不放弃攻读神学博士学位，从而逃离这艘摧残身心的令人憎恶的苦役船——蒙太古神学院[27]。他虽然在短期休养之后重返巴黎，却再也没有回到"散发着酸臭味"的蒙太古神学院，而宁愿给德国和英国的富家子弟当家庭教师和补课[28]作为谋生手段：才华横溢的伊拉斯谟的独立自主就这样在自己的教士心中开始了。

话又说回来，在一半尚处于中世纪的欧洲，那些创造精神财富的人根本不具备独立自主的条件。各种社会等级划分得一清二楚。世俗的诸侯们和教会的主教们、教士们、各个行会的师傅们、军人们、官吏们、做手工的人和务农的人都有自己固定的群体，他们缜密地用森严壁垒防止任何外来者的入侵。在这样一种社会秩序中，对创造精神财富的人——从事写作的人、学者、自由的艺术家和音乐家而言，尚不存在独立生存的空间，因为保障日后独立自主的稿酬当时尚未发明。也就是说，对创造精神财富的人而言，仍然是除了给某个占据统治地位的人效劳——给王公贵族效劳或者侍奉教会——之外别无选择。由于才华还不是一种能够确保自身独立的力量，所以有才华的人不得不向有权有势的人寻求赏识——不得不成为某个乐善好施的主人的门客，谋得一份俸禄并在主人的府上膳宿，其地位和伺候主人的仆役相差无几——这样一种文化景观一直延

续到莫扎特[29]和海顿[30]时代。一个有才华的人如果不想
饿死，他就得用歌功颂德的献词恭维爱慕虚荣的人，就得
用论战性的小册子吓唬胆小怕事的人，就得用央求的信札
巴结有钱的人。一个有才华的人就得这样为自己的每日生
计一再去向一个或者好几个乐善好施的人寻求慷慨解囊，
尽管这样做有失体面而且并非确有把握。然而那些出类拔
萃的才俊们就这样生活了十代人或者二十代人的时光——
从福格威德[31]一直到贝多芬[32]。不过，贝多芬是第一个
以自强精神在权贵们面前维护艺术家自身尊严的人，而且
是一个不顾一切要享有艺术家自身尊严的人。诚然，在一
个像伊拉斯谟这样如此超脱和如此善于自我揶揄的人看来，
大直若屈，大巧若拙——一时的委曲、一时的迁就，并不
意味着是巨大的牺牲。他早已看透世俗社会的底细。他也
不是一个天生叛逆的人，所以他接受世俗社会现行的各种
处世之道，从不抱怨，而仅仅在必要时设法以巧妙的方式
突破和绕开那些世俗的处世之道。诚然，伊拉斯谟这样的
处世方式却不知不觉使自己的成功之路变得相当漫长，并
不特别值得羡慕。他在五十岁以前一直是靠权贵们的慷慨
解囊生活，虽然他已两鬓灰白，但仍旧不得不保持毕恭毕
敬的姿态。他所写的华丽的献词——颂扬的信函不计其数，
占据了他的书信的很大一部分，如果将这些文采飞扬的献
词编辑成册，很可能是一部指导如何写求助信的尺牍经典
呢。伊拉斯谟将自己的求助信写得如此巧妙、如此委婉，
可谓别具一格。或许这样一种貌似缺乏骨气的性格常常会
令人感到惋惜，但是在这样一种性格背后却是一种坚定的
意志——一种为了获得思想独立的伟大意志。伊拉斯谟在

书信中颂扬，是为了能够在自己的著作中更好地说出真话。他不间断地接受馈赠，却从不将自己出卖给某个人——他从不做可能会使自己长期依附于某个特殊人物的事情。他虽然是天底下知名的学者——一生中曾有十几所大学[33]想聘任他去讲课，但他却愿意在威尼斯为阿尔杜斯的印刷所校勘古籍[34]，或者担任英国贵族后代的家庭教师和旅行陪同[35]，或者干脆在有钱的朋友那里当食客。只不过，所有这样的事情究竟会干多久，全凭他是否满意。他从来不会在一个地方待很久。这样一种追求自由的顽强意志——不愿听命于任何人的意志使得伊拉斯谟毕生都是一个居无定所的人。他不停地来往于各国之间，一会儿在荷兰，一会儿在英国，一会儿在意大利、德国和瑞士。在他的那个时代的学者中他是最愿意旅行和旅行最多的人。他既不太穷也不太富，始终像贝多芬一样生活在"不上不下的半空中"。而在具有哲人禀性的伊拉斯谟看来，行万里路胜过困守在自己的家园。他宁可为一位主教担任一段时间小小的秘书[36]而不愿自己一辈子当主教，他宁可偶尔担任某个君主的顾问，得少许杜卡特[37]的俸禄，而不愿当大权在握的宰相。注重精神生活的伊拉斯谟出于内在的本能，反感任何世间的权势——反感任何权贵的趾高气扬。他宁可远离在权贵阴影下的任何俸禄，而愿意单独一人坐在一间安静的斗室里阅读好书和撰写著作，既不向别人发号施令也不当别人的臣仆——这就是伊拉斯谟真正的生活理想。为了这样一种精神上的自由，他摸索着走过许多曲折的道路。然而，所有这些道路都是通向内心的同一个目标：坚持自己写作的思想独立——坚持自己一生的思想独立。不过，伊拉斯谟在五十岁以后可是另一番风光：他不再需要奉承权贵们，而是权贵们奉承他，是教皇们和宗教改革家们有求于他，是出版商们竞相请他赐稿，富豪们都以能将礼品送到他的家中为荣——当然，这些都是后话。

伊拉斯谟三十岁时才在英格兰发现自己的真正天地。此前他一直在散发着霉味的修道院和神学院的斗室里，生活在思想狭隘、孤陋寡闻的人群之中。神学院斯巴达式[38]的管束和经院神学的思想偏执对他敏感、好奇和高尚的心灵而言不啻是真正的残酷折磨。伊拉斯谟高瞻远瞩的精神世界不可能在这样一种禁锢中得到发展。话又说回来，或许这样一种苦涩正是使伊拉斯谟具有追求认识世界和追求自由的巨大"渴"望所必不可少的呢，因为经受长期折磨的伊拉斯谟正是在这样一种桎梏中学会了将一切狭隘的偏见、片面的教条、野蛮的粗暴和专横跋扈永远视为违背人性而深恶痛绝。恰恰是伊拉斯谟还曾有机会以自己的身心如此全面和如此痛苦地亲历了中世纪，所以他才能够成为新时代的先驱。伊拉斯谟三十岁时接受自己的一名年轻学生——芒乔伊四世男爵威廉·布朗特的邀请一起前往英国[39]。伊拉斯谟在英国第一次以无比愉快的心情感受到令人振奋的英格兰文化氛围。因为伊拉斯谟进入这个盎格鲁—撒克逊人的世界时英国正躬逢盛世。曾使这一片国土满目疮痍的几十年连绵不断的玫瑰战争[40]已告结束。英国重又享受到和平带来的物阜民丰。取代战争和政治的是更加自由发展的艺术和学术。身材矮小的伊拉斯谟——曾经在修道院附设学校当过学生和当过补课教师的伊拉斯谟——第一次发现竟然会有这样一个国家。在这里，唯独崇尚思想和知识就是力量。在这里没有人会盘问他的非婚子出身，也没有人会历数他主持过多少次弥撒和祈祷。他在这里纯粹作为一个才华横溢的文人而受到上流社会的崇敬。伊拉斯谟对此不胜欣喜，他深切体会到英国人令人赞叹的好客和不先入为主的高尚情操，正如龙萨[41]赞誉的那样：

> 这些好客的当地主人
> 与人和睦相处，
> 风度翩翩又彬彬有礼，
> 宽宏大量又坚持不渝。[42]

伊拉斯谟渐渐觉得，在这样一个国度里显然会有另一种思维方式。虽然威克利夫[43]早已被人忘却，但是更加自由和更加大胆的神学见解却依然在牛津大学继续流传。伊拉斯谟在英国见到了希腊语的老师[44]——这些老师向他展示了新整理的古希腊典籍；他还见到了当时英国最最优秀的思想精英——最最了不起的人物，他们后来成为伊拉斯谟的赞助人和朋友。他甚至还见到了当时年幼的王子[45]——后来的国王亨利八世。小王子让伊拉斯谟——一个小小的教士作了自我介绍。伊拉斯谟结识的是他的那个时代最尊贵的人——托马斯·莫尔和约翰·费希尔后来成为他的最亲密的朋友，约翰·科利特[46]、大主教威廉·沃勒姆[47]和大主教托马斯·克兰默[48]后来成为他的赞助人。这些人使伊拉斯谟感到一辈子的荣幸，同时也证明伊拉斯谟的待人接物给他们留下了美好的印象。年轻的人文主义者伊拉斯谟在英国如饥似渴地吸取这样一种振奋精神的空气。他利用这样一种热情好客的时光，拓宽自己各方面的知识。他在和这些高贵人士以及和他们的夫人们与朋友们的交谈中也使自己的举止风度日趋斯文。他意识到自己的地位，这有助于他迅速改变自己——一个呆板腼腆的小小修道士倏然俨如一位修道院院长，穿着一身教士长袍，好像是穿着参加社交活动的礼服似的。伊拉斯谟开始精心打扮自己。他学习骑马和打猎。他在热情好客的英国贵族家中养成了贵族似的生活方式。这种生活方式无法和他后来在德意志遇到的当地人文主义者们相当粗俗的言谈举止相提并论，从而给伊拉斯谟平添了几分文化修养至高无上的地位。他在英国置身于政坛的中心，并和教会与宫廷的思想精英们结成莫逆之交，加之他目光敏锐——这些都使他洞察世事既全面又有远见，令后世赞叹不已。同时他也不讳言自己在英国的惬意，他在给一位朋友[49]的信中高兴地写道："你问我是否喜欢英国？如果你以前一直相信我，那么这一回也请你相信我，没有什么会比我在英国更使我感到愉快的了，我觉得这里的气候宜人，有益于健康，这里有丰富的文化和学识，但又不是那种咬文嚼字、陈腐乏味的老一套，而是一种深刻、严谨、有关古典文化的学问，既有用拉丁语写的著作也有用希腊语写的著作。而在意大利无非是有可供观看的景物罢了，所以我不怎么急着想去意大利。每当我在英国听我的朋友约翰·科利特说话时，我觉得，我好像是在听柏拉图[50]自己说话似的，再者，人世间难道什么地方还会有比托马斯·莫尔更善良、更温和、更开朗的人吗？"伊拉斯谟就这样在英国摆脱了中世纪的精神桎梏。

　　然而，伊拉斯谟对英国的一往情深并没有使他成为英国人。从中世纪的精神桎梏中解放出来的伊拉斯谟作为一个世界主义者——作为一个自由、博学、胸怀欧洲的人重又回到巴黎。从此刻起，凡是在欧洲一个属于知识和文化丰富的地方——有书籍和有教养的地方，他都喜欢去。在他看来，不再是国家、河流和海洋将世界划分，也不再是社会地位、种族和等级将世界划分。从此刻起，他只知道两个世界：一个有教养和有思想的高尚世界；一个鄙俗和未开化的蒙昧世界。从现在起，什么地方有书籍，什么地方有"令人信服的言论和见解"[51]，那里就是他的家园。

　　一味将自己局限于精神贵族圈内——局限于一个当时非常狭小的文化人阶层之内，势必会使伊拉斯谟这个人和他的创作显得有点像是无本之木。作为一个真正的世界主义者，他在所到之处始终只不过是一个来去匆匆的过客。他从不在某个地方入乡随俗，也从不说那个地方唯一通用的语言。他的旅行不计其数，但是所有的旅行都是和每个国家的最最本质之处擦肩而过。对他而言，意大利、法国、德国和英国无非是由十几个能与他用典雅的拉丁语进行谈话的人所组成。一座城市无非是由该城的各家图书馆所组成。除此之外，他至多还会注意到，什么地方的客栈最干净、什么地方的人最礼貌、什么地方的葡萄酒最好喝。除了印书的艺术之外，伊拉斯谟对其他的艺术不闻不问，他既不看绘画也不听音乐。他不会去注意有一个达·芬奇[52]、有一个拉斐尔[53]和有一个米开朗琪罗[54]正在罗马进行创作。伊拉斯谟把教皇们热心于艺术斥之为挥霍浪费——斥之为违背福音之道的奢侈。他从未读过阿廖斯托[55]的诗句。他在英国始终不关心乔叟[56]。他在法国也始终不关心法兰西的诗歌。他的耳朵真正听得进去的只有拉丁语。对他而言，古滕贝格[57]的艺术是唯一的缪斯——唯一的艺术，是他真正情有独钟的艺术。伊拉斯谟属于文人中最爱刨根问底的那种类型。在他看来，唯有读书方能了解包罗万象的世界。使伊拉斯谟能和现实生活联系在一起的也几乎全靠书籍，别无其他。他和书籍交往可要比和女人交往多得多。他酷爱书籍，因为书籍轻声细语，不会咄咄逼人，而芸芸众生又未必看得懂。在一个通常毫无权利可言的时代，读书是有教养者的唯一特权。一向节俭的伊拉斯谟唯独在购书方面出手阔绰。如果说，他为别人献诗题词是为了挣钱，那么，他这样做的唯一目的，就是能够为自己购买书籍。书买得越多就读得越多，读得越多就要买更多的书。既要买希腊语的经典著作又要买拉丁语的经典著作。而伊拉斯谟酷爱书籍，不仅仅是由于书的内容，而且也是由于他想要跻身于首屈一指的藏书家的行列。藏书家们欣赏自己藏书的规模和藏书的演变，欣赏自己藏书的珍贵，欣赏自己藏书的使用方便和装帧精美——简直会把自己的藏书奉若神明。对伊拉斯谟而言，写书和编书以及为出书而工作，是他生活中最快乐的时刻。他在威尼斯为阿尔杜斯的印刷所和在巴塞尔为弗罗本[58]的印刷所工作的时候，他就是和印刷工人们一起站在低矮狭小的印刷作坊里，从印刷机上接过油墨未干的纸张，与精通印刷技艺的师傅们一道用削尖的、纤细的鹅毛笔在印张上添加装饰花纹和大写花体起首字母，他像目光敏锐的猎手似的搜寻印刷错误，或者在油墨未干的书页上迅速润色某一句拉丁语短文，使其更加纯正、更具古典风韵——这是伊拉斯谟最自然而然的生活方式。说到底，伊拉斯谟从未生活在某个民族之中，也从未生活在某个国家之中，而是凌驾在各个民族和各个国家之上，生活在更加清澄、更加明亮的天空中——生活在艺术家和学者们的象牙塔之中。不过，伊拉斯谟的象牙塔完全是由书籍和他的勤奋工作建造而成，他好像希腊神话中目光敏锐、能洞察一切的另一位林叩斯神[59]，从天空中好奇地俯视天下，以便自由、清楚和公正地看到并弄明白天底下的人生百态。

弄明白并且要越来越明白天底下的人生百态原本就是伊拉斯谟———位奇特的天才的真正乐趣之所在。因此，从严格的意义上讲，伊拉斯谟也许不能被称作是一个思想深奥的哲人。他不属于那些寻求终极意义的思想家——不属于那些伟大的改天换地的人。那些思想家说不定会给宇宙增添一个自己设想的新星系呢。而伊拉斯谟所谓的真谛其实仅仅是一些清楚明白的事情而已。话又说回来，纵使伊拉斯谟不是一个思想深奥的哲人，他也是知识渊博的人杰中的骐骥，也就是说，纵使他不是一个深奥的思想家，也是一个善于正确思维的思想家——就像伏尔泰和莱辛这样一些头脑清楚和独立自由的思想家一样。伊拉斯谟是一个堪称楷模的明白人和一个也能使别人明白的人——是一个最高尚意义上的启蒙者，而不是启蒙一些鸡鸣狗盗之事。宣扬实事求是和宣扬清楚明白的真谛对他而言是一种天职。任何令人迷惑的事都会使他反感，因而他憎恶一切神秘诡谲的事和玄之又玄的事。他像歌德一样，最深恶痛绝的莫过于"模糊不清的事"。他热衷于知识的渊博，但对高深莫测的学问却不屑一顾。他从不会对帕斯卡尔[60]那样的"深奥"学问产生兴趣，也从不会知道马丁·路德、罗耀拉或者陀思妥耶夫斯基[61]亲身经历过的"灵魂出窍"的体验——没有那样一种在神志不清时死神已经神秘降临的莫名恐惧。凡是夸张虚妄的一切都必定和伊拉斯谟的理性思维格格不入。而从另一方面看，在中世纪，还真没有另一个人能像伊拉斯谟这样不讲迷信的呢。萨伏那洛拉幻觉中的地狱、马丁·路德见到鬼魂显形时的惊恐、帕拉切尔苏斯[62]相信天上的星星皆为神灵——这样一些伊拉斯谟同时代人的心灵扭曲和梦幻恐惧很可能曾使伊拉斯谟觉得有点可笑。伊拉斯谟所能明白的并能使他人明白的仅仅是所有的人都能明白的事，因而他对任何事情一看就能一目了然。凡是他用聚精会神的目光所关注的一切总是很快就会变得清楚易懂和脉络分明。他的思维如水一般清澈透明，他的敏锐感觉一针见血，这就使得伊拉斯谟成为他自己那个世纪的伟大导师——伟大的教育家、时代的评论家和阐释者。只不过，他不仅仅是他自己那一代人的导师，而且也是以后几代人的导师，因为十八世纪的所有启蒙思想家——独立自由的思想家和百科全书派[63]的思想家——乃至十九世纪的许多教育家都继承了伊拉斯谟的衣钵。

诚然，在头脑清醒和富有教益的思想背后总会隐藏着流于庸俗浅薄的危险。如果说，十七世纪和十八世纪的启蒙说教由于夸夸其谈理性主义[64]而令我们反感的话，那么这也并非是他们的导师伊拉斯谟的过错，因为那些后来说教启蒙的人只是一味模仿伊拉斯谟的方法，却缺乏伊拉斯谟的思想。那些思想领域的小小学者缺乏伊拉斯谟式的"机智巧妙的语言"[65]——这是他们的导师伊拉斯谟把握自如的优势，从而使伊拉斯谟的所有书信和对话显得十分轻松闲雅、充满文学情趣。在伊拉斯谟的著作中既有诙谐的调侃又有学者的严肃庄重，两者疏密有致，恰到好处。伊拉斯谟写作时文思泉涌，下笔游刃有余，妙语连珠，主要是他的文风诙谐，不乏调侃，但他的调侃固然令人难堪却不刻薄，他的调侃固然是讽刺挖苦却不怀恶意。后来的斯威夫特[66]以及莱辛、伏尔泰和萧伯纳[67]都继承了他的这种文风。伊拉斯谟是中世纪末和近代开始之初的第一位讲究语言风格的伟大哲人。他知道怎样用窃窃耳语和挤眉弄眼传播某些离经叛道的真理，他懂得怎样突破常规，用别人无法模仿的天才机智描述最出格的事，从而躲避嗅觉灵敏的书刊检查制度。他是一个从不唯命是听的危险的人，但是他穿着一身学者的长袍，或者迅速将学者的长袍翻转过来变成滑稽丑角的外套穿在身上，因而他从未使自己处于危险的境地。伊拉斯谟敢于议论他的那个时代胡作非为的事。如果别人说出他所说的话的十分之一，那些人就会被送上火刑堆，因为那些人说话太露骨、太直白。而伊拉斯谟的著作却会受到教皇们、主教们、国王们和君主们的青睐。他们甚至会赐予伊拉斯谟各种头衔和赠品。其实，伊拉斯谟正是依靠自己这样一种文学的、人文主义的包装将引发宗教改革的全部爆炸物偷运进修道院和国王与君主们的宫殿。伊拉斯谟是娴熟高超的政论随笔的一代宗师——他以自己所写的各种文章而成为开拓政论随笔的先

驱——他的政论随笔风格丰富多彩，有的诗意盎然，有的
轻松活泼，有的冷嘲热讽，有的言辞激昂，催人奋发，这
样一种语言艺术后来在伏尔泰、海涅[68]和尼采[69]的著
作中达到完美的境界。伊拉斯谟和他的效法者们所写的政
论随笔固然是嘲讽各种世俗的和教会的权贵，但对现存制
度而言却往往要比那些一本正经的人所作的直截了当的公
开抨击更危险。文人学士们由于伊拉斯谟领头而第一次在
欧洲成为除了其他各种力量之外的又一种力量。不过，伊
拉斯谟没有把这种力量用于分裂与煽动，而只用于团结与
和谐，这就使得他的名声千古流传。

　　伊拉斯谟并非从一开始就是这样一名伟大的著作家。
像他这样一种类型的人要对世界有所影响，必定是大器晚
成。帕斯卡尔、斯宾诺莎和尼采都年纪轻轻离世却留下深
远影响[70]，因为他们善于将自己的天才思想以高度集中的
形式表述得尽善尽美。而伊拉斯谟则不同，他是一位编纂
家、收藏家、注疏家和评论家，他的思想主要不是来源于
自身，而是来源于外部世界。他对世界的影响不是由于他
的思想精深独到，而是由于他的知识渊博。与其说伊拉斯
谟才华横溢，不如说他技能高超。他才思敏捷，写作只不
过是他谈话的另一种形式而已，无需搜肠刮肚，他自己有
一次声言，他写一部新书比他看一部旧书的校样还省事。
他无需鞭策自己，无需激励自己，他下笔成章，即便奋笔
疾书，也始终赶不上勃发的灵感。茨温利曾在给伊拉斯谟
的信中这样写道："我觉得，我在读你的文章时仿佛是在听
你侃侃而谈，仿佛看到你的虽然矮小却风姿潇洒的身形在

我眼前晃动。"伊拉斯谟写得越是轻松，就越有说服力，书写得越多，就越有影响。

使他成名的第一部作品是《古代西方名言辞典》[71]。这要归功于偶然的巧合，或者更确切地说，要归功于伊拉斯谟在不知不觉之中顺应了时代的氛围。此前，年轻的伊拉斯谟为了教学的目的历时数载替自己的学生汇编了一本拉丁语名言集，尔后，他在有利时机于巴黎以《古代西方名言辞典》的书名印刷出版了这本拉丁语名言集。这样，伊拉斯谟无意中迎合了当年附庸风雅的时尚，因为当年正是拉丁语大流行之际。任何一个以文人自居的人——这种以文人自居的陋习一直延续至我们今天的二十世纪——都以为自己作为一个"有文化教养的人"就势必要在自己的书信、文稿或者讲演中随时引用拉丁语的名言警句。现在，伊拉斯谟精心选编的这本拉丁语《古代西方名言辞典》就为所有附庸风雅的人文主义者省却了自己阅读古代经典的麻烦。如果某个人要写信，他从现在起就无需长时间地翻阅大开本的拉丁语书籍，而是很快就能从《古代西方名言辞典》中找到一句非常妥帖的文采斐然的话。由于古往今来的各个时代都不乏附庸风雅的人，所以他的这本书经久不衰，问世之后在欧洲各国就刊印了十几版，而每一版增补的篇幅几乎都要比前一版多出近一半。遭人嫌弃的私生子伊拉斯谟的名字一下子就在整个欧洲变得家喻户晓。

对一个著作家而言，获得一次成功说明不了什么。但是，如果他接二连三获得成功，而且每次都是在不同的领域获得成功，那么，这就显示出他天资过人——证明在这样一个才俊身上有一种特殊的本能。这样一种本能的力量不可能人为培养，这样一种才华不可能通过学习而获得。即便伊拉斯谟自己也从未有意识地要达到某种预期的成功。而成功却始终一再完全出乎意料地落在他的身上。当初，他作为一名家庭教师私下编写了若干篇拉丁语会话，以便让自己的学生更容易学会拉丁语，不料这些会话后来汇编成册，以《拉丁语常用会话范本》[72]的书名出版，竟然成为当时三代人的读本。当初，他认为在自己的《赞美傻气》中所写的无非是戏谑和调侃，不料他竟然以这本书掀起一场反对一切权威的革命。当初，他重新将《圣经·新约》从希腊语译成拉丁语，并加以自己的注疏[73]，不料一种新的神学竟由此开始。当初，他为一名虔诚的妇女在数天之内编订了一本安慰她的书[74]，因为这名妇女由于她自己的丈夫对宗教冷漠而不胜忧伤，不料这本书后来竟成为福音派新教的教理手册。伊拉斯谟的著作往往都是这样歪打正着。他是一个自由的和不受任何约束、善于思考的人。他的独立思想所涉及的一切对于有各种陈腐观念的世人而言，始终会让他们耳目一新。因为一个进行独立思考的人，他同时也在为所有的人进行最卓越和最有益于心智的思考呢。

注　释

〔1〕伊拉斯谟出生的日期，文献记载为 10 月 27 日至 28 日夜间，出生
年份尚不能确定，记载为 1464 年、1465 年、1466 年的都有。学
术界在 20 世纪 90 年代一般都记载为 1469 年。而此前的文献一般都
记载为"约 1466 年"，参阅《年谱》1469 年记事。

〔2〕查尔斯·里德（Charles Reade，1814—1884），英国作家，1814 年 6
月 8 日在英国牛津郡尹普斯顿府（Ipsden House）出生，1843 年在
牛津大学获得律师资格，但从未执业，1851 年任牛津大学马格达伦
学院（Magdalen College）副院长，但只是一个闲职。里德在数次国
外旅行之后，开始创作舞台剧，后致力于小说创作，写有 14 部长
篇小说。最著名的小说是《修道院与壁炉边》（*The Cloister and The
Hearth*，1861），小说以 15 世纪末欧洲大陆为背景，写伊拉斯谟的父
亲赫拉德（Gerard）的悲剧。故事情节是：赫拉德已和少女玛格丽特
（Margaret）私订终身，但赫拉德的父亲希望儿子从事神职，因而阻
挠他们的婚事。赫拉德遂逃往罗马，希望有所成就后再重返家园。他
在罗马时听到家乡传来消息说，玛格丽特已去世，便毅然出家为多明
我会修士。当他返回荷兰时发现玛格丽特仍然活着，并为他生了一个
儿子。由于赫拉德已身为修士，而修道院和世俗生活是不能有任何联
系的，因而痛苦一生。两人所生之子即为千古留名的学者伊拉斯谟。
文学评论称，小说反映了即将来临的文艺复兴时期的时代精神，谴责
违反人性的宗教禁欲主义。但小说终究是小说，情节是虚构的，而并
非史实。里德的文学创作抨击当时社会的种种不公平，同情不幸的
人。里德于 1884 年 4 月 11 日在伦敦去世。

〔3〕由于斯蒂芬·茨威格在本书中采用"出生于 1466 年"的文献记载，
故年龄的推算和其他文献与本书《年谱》略有不同。按"1466 年出
生"推算是 9 岁，但按"1469 年出生"推算是 6 岁。

〔4〕伊拉斯谟的名叫德西德里乌斯：Desiderius，和拉丁语中的 desiderare

一词同源，后一个词的词义含有"被期盼的"、"受欢迎的"等意思。

〔5〕 伊拉斯谟在父母病逝前，于 1473 年被父亲送到豪达（Gouda）上学，当时不到四岁。1475 年被母亲带到德温特（Deventer），进入著名的圣勒宾（St. Lebuin）分校学习，随后又在黑措根布施（Herzogenbusch）进入共同生活兄弟会办的学校学习，直至 1484 年。父母去世后，1485 年在豪达附近的斯泰恩（Steyn）进入奥古斯丁诵经会的修道院（Kloster der Augustinerchorherren）当修道士。1488 年履行修道士宣誓仪式。

〔6〕 1483 年至 1484 年，伊拉斯谟的父母先后染上瘟疫（鼠疫）病逝，当时伊拉斯谟约 14 岁或 15 岁。

〔7〕 棕榈叶（Palme），在欧洲是胜利的象征。

〔8〕 参阅《年谱》1492 年记事〔1〕。1492 年伊拉斯谟被授予天主教教士圣职，是他生平中的一个节点。此前的生平年表大都属于推算，此后的履历有文字记载。

〔9〕 1506 年 1 月 4 日，教皇尤利乌斯二世（Julius Ⅱ., 1443—1513）特许伊拉斯谟在修道院外过世俗生活。教皇尤利乌斯二世于 1443 年 12 月 5 日在热那亚的阿尔比索拉（Albissola）出生。他原名朱利亚诺·德拉·罗韦雷（Giuliano della Rovere），1503 年 10 月当选为教皇，是历代教皇中最热心赞助艺术者，也是该时代最有权势的统治者之一。任教皇后，以恢复教皇国为要务，与威尼斯交战。他鼓吹意大利人的民族意识，主张将法兰西人驱逐出意大利。在瑞士军援助下，法军终于撤离意大利，教皇国疆土扩大。约在 1503 年，尤利乌斯二世提出在梵蒂冈建造长方形圣彼得大教堂的设想。布拉曼特（Bramante）提出第一份设计方案。大教堂于 1506 年 4 月 18 日奠基。尤利乌斯二世请米开朗琪罗制作"摩西"雕像和在西斯廷教堂绘制穹顶画，请拉斐尔绘制壁画。1513 年 2 月 21 日，尤利乌斯二世在罗马去世。1517 年 1 月教皇利奥十世（Leo Ⅹ., 1475—1521）宽恕了伊拉斯谟违背教会法的行为，准许他不必穿圣奥古斯丁修士会的道袍，特许他过世俗生活，允许他任教士圣职，并不因为他是非婚子而剥夺他任教士圣职的资格。教皇利奥十世于 1475 年 12 月 11 日在意大利佛罗伦萨出生。他原名乔瓦尼·德·梅迪奇

（Giovanni de Medici），是佛罗伦萨共和国统治者洛伦佐的次子，
1492年成为红衣主教，1503年10月参加红衣主教秘密会议，选出
教皇尤利乌斯二世。1513年2月，教皇尤利乌斯二世去世，3月，
利奥十世被选为第218任教皇，时年38岁。利奥十世动用教廷巨
款，同时慷慨捐献自己家族——佛罗伦萨巨富梅迪奇家族的财产，
把罗马重新建成为西方文化中心。加速扩建梵蒂冈教廷的圣彼得大
教堂，梵蒂冈藏书大大增加，艺术创作空前繁荣。1519年，神圣
罗马帝国皇帝马克西米利安一世去世，利奥十世进一步加强政治活
动，宣布对法兰西开战。由于长期耗费巨款，教廷财政日益困难，
利奥十世不得不继续大肆发售赎罪券作为重要财源。早在1517年
年初，多明我会修士在德意志美因茨和马格德堡大主教区推销赎罪
券，从而导致马丁·路德于1517年10月31日在维滕贝格大学教堂
（也是维滕贝格城的主教堂）的大门上张贴《九十五条论纲》，强烈
谴责发售赎罪券的做法。1521年1月，利奥十世宣布马丁·路德为
异端，将其革出教门，结果是促使宗教改革的浪潮席卷欧洲，教廷
无可奈何。不久，利奥十世于1521年12月1日在罗马猝然去世。

〔10〕 马丁·路德早年是天主教修道士和教士，且身材魁梧粗壮如农民。

〔11〕 狐狸列那（Renart Fuchs）是12世纪中叶至13世纪末流传于欧洲
的长篇叙事诗《狐狸列那的故事》（法语 *Roman de Renart*）中的主
人公——一只名叫列那的狐狸。《狐狸列那的故事》的基本情节源
自佛兰德的教士尼瓦尔于1152年用拉丁语写的长诗《伊桑格里谟
斯》。《狐狸列那的故事》是讲述"拟人化"的动物的叙事诗，但
和寓言不同，而是假托写动物世界的故事，实际上反映当时的社
会现实。昏庸的狮王诺勃勒是影射国王。雄狼伊桑格兰等强大的
动物是象征豪门权贵。雄鸡尚特克雷等小动物是象征平民百姓。
而中心角色狐狸列那则代表新兴的市民阶级，总能以其狡黠战胜
对方。《狐狸列那的故事》一译《列那狐传奇》。当时的佛兰德和
鹿特丹同属尼德兰。故斯蒂芬·茨威格谑称狐狸列那是伊拉斯谟的
同乡。

〔12〕 1492年，伊拉斯谟离开在斯泰恩（Steyn）的圣奥古斯丁修道院，
时年约23岁，和本书43页正文的叙述（26岁）不同，这是由于

　　根据不同的出生年龄推算所致，以下如遇这类情况，不再赘述。

〔13〕　哥伦布于 1492 年 10 月发现美洲诸群岛。1492 年年底，伊拉斯谟
　　　　离开在斯泰恩的圣奥古斯丁修道院，因为康布雷（Cambrai，今
　　　　在法国境内）主教贝尔根的亨利聘任他为拉丁语秘书，原打算让
　　　　他陪同主教前往罗马申请红衣主教圣职，但最终并未成行。不过，
　　　　伊拉斯谟却从此再也没有重返修道院。

〔14〕　《反对蒙昧主义》（Antibarbari）是伊拉斯谟于 1494 年春撰写的对
　　　　话形式著作，但当时并未出版，26 年以后，1520 年在对原来的内
　　　　容做了修改后才出版。

〔15〕　伊拉斯谟于 1495 年夏末进入巴黎大学蒙太古神学院修读神学。时
　　　　年约 26 岁。参阅《年谱》1495 年记事〔1〕。

〔16〕　梅塞纳斯（Gaius Maecenas，约公元前 70—公元前 8），古罗马贵
　　　　族，巨富，古罗马第一任元首奥古斯都的密友。梅塞纳斯是著名
　　　　的文学赞助人，十分慷慨，与诗人维吉尔、贺拉斯等友谊深厚。
　　　　"绝非梅塞纳斯"的原文是 Antimaecenas，意谓"和梅塞纳斯背道
　　　　而驰的人"。

〔17〕　先贤祠（Panthéon），这里是指巴黎的先贤祠，于 1757 年开始兴
　　　　建。希腊语"Pantheon"的原意是万神殿。故罗马万神庙的原文亦
　　　　是 Pantheon。巴黎的先贤祠是法国新古典主义建筑风格（具有一
　　　　种严格而合理地恢复使用古典建筑部件的倾向）的代表作。位于
　　　　今巴黎的卢森堡公园东边，沿圣米歇尔林阴大道行走到苏夫洛街
　　　　的尽头便是先贤祠。原本是由路易十五委托苏夫洛设计的圣热内
　　　　维埃夫教堂。该建筑的平面图形为十字形，交叉处有高大的穹顶，
　　　　四翼有较低的覆有坡屋面的扁平圆顶。正面仿照罗马万神庙，东
　　　　翼尽端使用科林斯柱式的柱廊和三角形山墙。1789 年法国大革命
　　　　期间该教堂被改为先贤祠，作为革命英雄的墓地。因而许多窗户
　　　　被堵塞，许多内部装饰被取消，使宽敞明亮的大教堂成为一个阴
　　　　森森的庄严的陵寝。祠内铭文为"国之伟人，永膺感戴"。葬在这
　　　　里的作家有雨果、伏尔泰、卢梭、左拉，还有第二次世界大战期
　　　　间法国抵抗运动领袖穆兰。

〔18〕　伊拉斯谟编著的《拉丁语常用会话》，参阅《年谱》1495 年记事〔1〕

和 1519 年记事〔1〕。

〔19〕 罗耀拉（Loyola, 1491—1556），西班牙人，天主教耶稣会创始人。
1491 年罗耀拉在西班牙巴斯克地区阿兹贝提亚（Azpaitia）的罗
耀拉（Loyola）城堡出生（亦有文献记载为 1495 年）。准确日期
不详。他受洗时被起名为伊尼哥（Íñigo），但来后自己起名为依纳
爵（Ignatius），死后被教皇封为圣徒。故全名是罗耀拉的圣·伊尼
哥（Íñigo López de Loyola），罗耀拉原本是地名。1517 年起他在
纳瓦拉（Navarre）总督——纳赫拉公爵曼里克·德拉腊麾下当骑
士。1521 年 5 月 20 日，他在保卫潘普洛纳（Pamplona）要塞抗击
法军的战斗中被炮弹击伤，尔后在罗耀拉城堡内疗伤期间，因缺
乏骑士故事书而饱读有关基督生平和圣徒生活的书籍，遂立志仿
效圣徒的苦行以赎原罪。1522 年 3 月 24 日至 25 日，他在圣母马
利亚圣像前彻夜祷告后誓言要成为一名耶稣的骑士。1528 年 2 月
他离开西班牙到巴黎，入蒙太古神学院，获文科硕士学位。1535
年年初，他由于健康原因未待完成神学学业而离开巴黎重返西班
牙，尔后在博洛尼亚、威尼斯短期居留，最后移居罗马。1539 年，
罗耀拉和他的同伴决定在罗马成立新的修士会。1540 年，教皇保
罗三世（Paulus Ⅲ., 1534—1549 年在位）正式批准这个新的修士
会，定名为耶稣会（Society of Jesus，又称耶稣连队，源自西班牙
语 Campaña a de Jesu）。总会设在罗马，由代表大会选出的总会长
领导。1541 年，依纳爵·罗耀拉任第一任总会长。该会组织严密，
纪律严明，会士须发誓遵守三愿：安贫（绝财）、贞洁（绝色）、
服从（没有自己的意志），在该会得到教皇保罗三世批准后，又增
加一愿：听命于教皇。会规要求会士仿效耶稣在旷野经受 40 日考
验之事迹，按照罗耀拉所著《精神训练》（*Spiritual Exercise*，旧译
名《神操》）一书之内容，每年要有 40 天摆脱会务俗事，潜心祈
祷、静修，是为"大避静"（另有为一般信徒实行的三天或一周的
"小避静"），日常行为亦须符合"谦逊守则"。耶稣会有系统的会
士培训和教育制度。故耶稣会士常被视为有良好品行和有扎实学
问的人，以致欧洲王公贵族甚至各国君主和教皇本人亦常延请耶
稣会士担任灵修导师。1556 年 7 月 31 日，罗耀拉在罗马去世。

〔20〕 典籍，此处原文是 Talmudismen，此词源自 *Talmud*（《塔木德》），这是一部注释、讲解犹太教律法的典籍。

〔21〕 削足适履，此处原文是 Prokrustesbett（普洛克路忒斯之床）。普洛克路忒斯是希腊神话中的强盗。他开设一家黑店，拦劫行人，将投宿黑店的旅客安置在一张床上，将身高者截其足，将身矮者强行拉长其足，以适应床铺的长度。

〔22〕 弗朗索瓦·拉伯雷（François Rabelais，约 1494—1553），文艺复兴时期法国著名小说家，拉伯雷约 1493 年（或 1494 年）在都兰省希农城（Chínon）附近的拉德维尼埃村（La Devinnière）出生，准确日期不详。父亲是富有的地主，在希农城当律师。拉伯雷成人后进入修道院成为教士，并成为人文主义者。所著长篇小说《巨人传》（*Gargantua und Pantagruel*，1532—1552）以夸张手法塑造了理想君主——巨人卡冈都亚及其儿子庞大固埃的形象，以弘扬人文主义精神。这是一部寓言式的讽喻小说，笔调诙谐戏谑，故事离奇夸张，通篇笑话不断，以致有人误以为拉伯雷只是一个很会讲笑话的滑稽丑角而已，将他的小说当作一本闲书看待。小说曾一度以"猥琐"的罪名被查禁，但后来读者领会到小说中除宣扬拉伯雷重视实践、重视德智体全面发展的新教育思想之外，字里行间是对当时的经院哲学、巴黎神学院、教会、修道院、法官和教育机构等的嘲讽和批判，由于小说毕竟是用讲寓言说笑话的暗喻方式，教会难以作为确凿的证据定罪。拉伯雷于 1553 年 4 月 9 日在巴黎去世。

〔23〕 诗歌、音乐、艺术和科学，伊拉斯谟在此处所使用的原文是：Musen（缪斯诸女神）。缪斯（Musae）原是希腊神话中的歌唱女神，后来成为司诗歌、艺术、舞蹈和科学的女神。荷马史诗中有时说缪斯是一位，有时说是三位，后来又传说是九位。

〔24〕 崇尚美和快乐，伊拉斯谟在此处所使用的原文是：Grazien（美惠女神）。希腊神话和罗马神话中的美惠女神（Graces）起初是丰饶女神，后来是司美丽和快乐的女神。

〔25〕 知识，伊拉斯谟此处所使用的原文是拉丁语：bonae litterae。

〔26〕 各种智慧，伊拉斯谟此处所使用的原文是：Quellen des Helikons

（赫利孔山的泉水），在希腊神话中，缪斯们住在赫利孔山上，这里的泉水会赐予人以灵感和智慧。

〔27〕 1496 年春，伊拉斯谟疾病缠身，决定结束在蒙太古神学院的学习，离开巴黎。参阅《年谱》1496 年记事〔2〕。

〔28〕 1496 年秋，伊拉斯谟重返巴黎，但没有再回蒙太古神学院，而是靠给富家子弟私人授课谋生。参阅《年谱》1496 年记事〔3〕。

〔29〕 18 世纪奥地利著名作曲家沃尔夫冈·阿玛丢斯·莫扎特（Wolfgang Amadeus Mozart, 1756—1791）于 1756 年 1 月 27 日在萨尔茨堡（Salzburg）出生。他幼年随父学音乐，显露非凡音乐才能，三岁学钢琴，五岁开始作曲，六岁在维也纳、慕尼黑等地公演小提琴与键盘乐，七岁随父及姐到欧洲各国旅行演奏，十岁（1766）回萨尔茨堡，已写成作品三十余部，1769—1771 年在意大利师从马蒂尼（Martini, 1706—1784），回国后任萨尔茨堡大主教宫廷乐师并从事创作，1777 年再次旅行巡演，次年至巴黎，七月丧母，回萨尔茨堡，任宫廷及教堂管风琴师，后与主教意见相左，于 1781 年离职，移居维也纳，次年与韦伯小姐结婚。他在维也纳的最后十年生活境遇艰难困苦，但相继与出大量优秀作品。莫扎特最著名的代表作品有歌剧《后宫诱逃》、《唐璜》、《魔笛》、《费加罗的婚礼》、《哈夫纳交响曲》、《土耳其进行曲》以及各种独奏乐器的协奏曲、钢琴奏鸣曲和未完成的《追思曲》。莫扎特是维也纳古典乐派的最杰出的代表人物之一，对后世西方音乐的发展有巨大影响，1791 年 12 月 5 日在维也纳逝世。

〔30〕 18 世纪奥地利著名作曲家，维也纳古典乐派三大代表人物之最年长者弗朗茨·约瑟夫·海顿（Franz Joseph Haydn, 1732—1809）于 1732 年 3 月 31 日在奥地利的布尔根兰州（Burgenland）的罗劳（Rohrau）镇出生。其父先后当过修车匠、教堂杂役、管风琴师和男高音歌手。海顿五岁时随堂兄学小提琴、歌唱以及拉丁语，后入维也纳圣斯特凡教堂唱诗班。十六岁时因变声退出唱诗班，不久成为声乐教师波尔波拉的助手，1759 年任摩尔辛伯爵的音乐领班，1761 年起长期任匈牙利领主埃斯特哈齐家族（Esterházy）的音乐师。1790 年至 1792 年和 1794 年至 1795 年海顿在伦敦工作，

在伦敦时创作 12 部《伦敦交响曲》。然后一直在维也纳进行创作，1781 年和莫扎特相识，情谊甚笃。1798 年与 1801 年海顿分别创作《创世记》与《四季》。后因健康状况不佳，停止创作。1808 年 3 月 27 日《创世记》在维也纳演出，海顿由门生搀扶抱病出场，与好友告别。当时贝多芬亦在场。1809 年 5 月，拿破仑进攻维也纳，炮火连天，海顿受惊，于 1809 年 5 月 31 日在维也纳去世。海顿是交响曲与室内乐的奠基人。作品有交响曲 108 部，弦乐四重奏 83 部以及其他许多作品。

〔31〕 瓦尔特·冯·德尔·福格威德（Walther von der Vogelweide，约 1170—1230），中世纪奥地利诗人，宫廷抒情诗的代表人物。

〔32〕 路德维希·范·贝多芬（Ludwig van Beethoven，1770—1827），伟大作曲家。德意志人，1770 年 12 月 16 日（或 17 日）在德国波恩（Bonn）出生。父亲是宫廷合唱队歌手。贝多芬幼年随父学音乐，后师从内费（Neefe，1748—1798），11 岁写出最早出版的三首钢琴奏鸣曲，1784 年任选帝侯宫廷管风琴师，1787 年赴维也纳，拜访莫扎特，受赞赏，是年因丧母重返波恩，1792 年移居维也纳，向海顿请教，1795 年以钢琴家身份登台演出，1798 年开始患有重听症，演奏事业受挫，遂专心于创作，至 1820 年两耳全聋，但在此期间相继创作出千古流传的音乐作品。贝多芬最著名的代表作品有《第九交响曲》（《合唱交响曲》），该交响曲最后以根据德国诗人席勒的《欢乐颂》诗歌谱成的独唱与合唱作为结尾。《第三交响曲》（"英雄"）、《第五交响曲》（"命运"）、《第六交响曲》（"田园"）、《哀格蒙特序曲》、《月光奏鸣曲》等。贝多芬的音乐雄伟深湛，集西方古典乐派之大成，开浪漫派音乐之先河，是维也纳古典乐派三大代表人物之最具影响者，对近代西方音乐贡献巨大。贝多芬于 1827 年 3 月 26 日在维也纳逝世。

〔33〕 1517 年 4 月 9 日，伦敦威斯敏斯特教区的圣斯蒂芬教堂举行教皇利奥十世的赦免礼，宽恕了伊拉斯谟违背教会法，特许他过世俗生活。此后不久，盛情的邀请和慷慨的允诺蜂拥而至。芒乔伊四世男爵邀请他去英国讲学，法国著名学者布多伊斯反复敦请他移居法国。西班牙托莱多（Toledo）大主教希梅内斯（F. Ximenes，

1436—1517）想聘请伊拉斯谟到他自己创立的西班牙阿尔卡拉
（Alcala）大学执教。萨克森选帝侯弗里德里希三世邀请他到莱
比锡大学任教授。德意志著名人文主义者皮克海默（Willibald
Pirckheimer，1470—1530）邀请他到纽伦堡（Nürnberg）讲学。

〔34〕 1507 年底至 1508 年 12 月，伊拉斯谟在威尼斯为印刷商阿尔杜
斯（Aldus）的阿尔定（Aldine）印刷所校勘希腊语和拉丁语古籍。
参阅《年谱》1507 年记事〔1〕、〔2〕和 1508 年记事〔2〕。

〔35〕 1508 年底，伊拉斯谟担任苏格兰国王詹姆斯四世的私生子亚历
山大·斯图亚特（Alexander Stewart）的家庭教师。参阅《年谱》
1508 年记事〔3〕。

〔36〕 伊拉斯谟自 1493 年至 1495 年夏任康布雷教区主教贝尔根的亨利
的拉丁语秘书。参阅《年谱》1493 年记事〔1〕。

〔37〕 杜卡特（Dukaten），14 世纪至 19 世纪在欧洲通用的金币名。

〔38〕 斯巴达，古希腊著名城邦。"斯巴达式"（Spartanisch），是指斯巴
达人所崇尚的简朴、刻苦、禁欲、律己和黩武的生活方式。

〔39〕 1499 年 5 月，伊拉斯谟接受一名自己私人授课的学生芒乔伊四世
男爵（4th Baron Mountjoy）威廉·布朗特（William Blount）的邀
请第一次前往英国。参阅《年谱》1499 年记事〔2〕。

〔40〕 英国"玫瑰战争"（亦称"蔷薇战争"）是英国两大王族之间的战
争。由于英国兰开斯特王族（House of Lancaster）的族徽是红玫
瑰，英国约克王族（House of York）的族徽是白玫瑰，故名。兰
开斯特王族主要依靠经济较为落后的英国西北部地区的大贵族。
约克王族得到经济较为发达的英国南部地区的封建主以及新贵族
和市民的支持。1455 年 5 月，约克公爵理查（Richard）举兵讨伐
兰开斯特王族的亨利六世，战争爆发。1460 年理查战死。1461 年
3 月，理查之子爱德华占领伦敦，废黜亨利六世，取得王位，称爱
德华四世，建立约克王朝。1483 年 4 月，爱德华四世卒，其子爱
德华五世即位，由爱德华四世之弟理查摄政。6 月，理查篡位，称
理查三世。约克王族中拥护爱德华四世后裔的贵族和兰开斯特王
族的余党联合，与理查三世对抗。1485 年 8 月，兰开斯特王族的
远亲亨利·都铎击败理查三世，自立为王，称亨利七世，建立都

铎王朝，历时 30 年（1455—1485）的玫瑰战争结束。伊拉斯谟于 1499 年 5 月首次到英国时，玫瑰战争结束已近 15 年。

〔41〕 1525 年 9 月 11 日（亦有文献记载为 1524 年），文艺复兴时期法国著名诗人皮埃尔·德·龙萨（Pierre de Ronsard，1525—1585）在法国卢瓦（Loir）河畔的波松涅城堡（Schloß Possonnière）出生于一个贵族家庭。他少年时代起就出入宫廷，给王太子当侍童，后因病听觉失灵，决定写诗，希望以诗成名，获得显位，为此刻苦学习古代希腊罗马文学，作为革新法国诗歌的借鉴，1550 年发表《颂歌集》4 卷，蜚声文坛，1552 年《龙萨的情歌》问世，辑录他对意大利姑娘加桑德爱慕之情的 183 首十四行诗，1555 年发表《情歌续集》，1556 年又发表《情歌再续集》，1555 年至 1556 年发表的一系列《赞美诗》和 1558 年至 1563 年发表的若干篇《演说诗》均为政治诗歌。《给爱兰娜的十四行诗》是年已 50 岁的龙萨写给他新爱恋的爱兰娜姑娘的情诗，被后世誉为是他的情诗中的最佳诗篇。龙萨的诗作很大一部分是宫廷诗，其中有献给国王的祝寿诗、庆贺王后得子之类的应酬之作。另一部分是爱情诗，传世之作均为爱情诗。龙萨是法国最早用本民族语言法语写诗而不是用拉丁语写诗的桂冠诗人，但他用法语写的诗歌在欧洲各大国的宫廷中传诵一时。他是法国"七星诗社"创始人之一，该诗社提倡用民族语言法语写诗。龙萨于 1585 年 12 月 27 日在图尔（Tours）去世。

〔42〕 斯蒂芬·茨威格此处引用法语原文：ces grands Mylords Accords，beaux et courtois，magnanimes et forts。

〔43〕 英国宗教改革家、牛津大学神学教授约翰·威克利夫（John Wiclif，约 1325—1384）约于 1325 年在英国达勒姆郡（Durham）的斯普雷斯韦尔（Spreswell）出生，准确日期不详。他是欧洲宗教改革的先行者。曾任神父。生活在英法百年战争和阿维尼翁教皇时期。其宗教改革的主张是：罗马教廷无权从英国征收贡赋以及无权授予英国教士以神职；主张建立脱离教廷控制并隶属于英王的民族教会；没收教会财产，分给世俗贵族；简化宗教仪式，用英语代替拉丁语做礼拜；《圣经》的权威高于教会的权威，基

督徒应听从耶稣基督之道而不应听从教皇，为此他将《圣经》从拉丁语译成英语。威克利夫的主张符合英国市民和骑士的利益。1384 年 12 月 31 日，威克利夫在英国莱斯特郡（Leicestershire）的拉特沃思（Lutterworth）去世。1415 年康斯坦茨主教会议宣布威克利夫为异端分子，并下令将其遗骸从墓中掘出焚扬。

〔44〕伊拉斯谟在英国结交了研究希腊语和古希腊文化的英国著名学者。诸如，威廉·格罗辛、威廉·拉蒂默、滕斯托尔。参阅《年谱》1505 年记事〔3〕。

〔45〕伊拉斯谟第一次访问英国时客居在威廉·布朗特男爵坐落在格林威治的府邸。有一次散步，莫尔陪同伊拉斯谟从这里走到埃尔特姆宫（Eltham Palace），巧遇英国王室全体成员，全家簇拥着九岁的亨利。这个充满青春活力的小亨利以后成为英国国王亨利八世（Henry Ⅷ., 1491—1547）。

〔46〕约翰·科利特（John Colet，约 1467—1519），英国神学家。伦敦圣保罗学院创建人。提倡文艺复兴文化和古希腊罗马文化。著作有《圣经注解》等。

〔47〕威廉·沃勒姆（William Warham，旧译：威廉·渥兰，约 1450—1532），英国圣公会坎特伯雷大主教。

〔48〕托马斯·克兰默（Thomas Cranmer，旧译：威廉·克兰麦，1489—1556）。英国圣公会坎特伯雷大主教，支持英王亨利八世的宗教改革，促进英语版《圣经》的出版，主持出版《讲道集》和《公祷书》。

〔49〕一位朋友，是指伊拉斯谟的一个旅居意大利的学生罗伯特·费希尔（Robert Fisher），他是英国罗切斯特主教约翰·费希尔的亲戚，在意大利获神学博士学位，1507 年回英格兰。伊拉斯谟于 1499年 12 月 5 日从伦敦致信罗伯特·费希尔。参阅《年谱》1499 年记事〔4〕

〔50〕公元前 428 年（或公元前 427 年），古希腊著名哲学家柏拉图（Platon 或 Plato，约公元前 428—约公元前 348）在雅典出生。准确日期不详。柏拉图出身贵族世家，受良好教育。公元前 407 年拜苏格拉底为师，深受影响。公元前 399 年苏格拉底被处死后，

经北非（埃及、昔兰尼加）到南意大利，接触毕达哥拉斯派门徒。公元前 387 年至西西里岛，见叙拉古僭主狄奥尼修一世。后重返希腊。公元前 386 年在雅典近郊的阿卡德米开办"学园"，教授门徒。柏拉图的著作今存近三十篇对话，其中著名的有《共和国》（即《理想国》）、《飨宴篇》、《法律篇》等。柏拉图是西方哲学史上将唯心主义哲学体系化的第一人，对后来的基督教神学乃至近代各唯心主义哲学流派均有深远影响。柏拉图于公元前 348 年（或公元前 347 年）在雅典去世，准确日期不详。

〔51〕 此处引用拉丁语原文：eloquentia et eruditio。

〔52〕 1452 年 4 月 15 日，意大利文艺复兴时期著名画家莱奥纳尔多·达·芬奇（Leonardo da Vinci, 1452—1519）在佛罗伦萨和比萨之间的芬奇镇（Vinci）出生，故他的名字原意是"芬奇镇的莱奥纳尔多"，在西方通常都称他为莱奥纳尔多。达·芬奇是中国约定俗成的译名。他既是画家又是雕刻家、建筑师、解剖学家、工程师、自然科学家。他把科学知识与艺术想象巧妙结合，使绘画达到新的境界。他还将解剖、透视、明暗、构图等整理成系统的绘画理论，对后来欧洲绘画的发展具有重大影响。著名代表作有《最后的晚餐》、《蒙娜·丽莎》等，并有大量草图、速写传世。达·芬奇的艺术精巧含蓄，富于哲理，1519 年 5 月 2 日莱奥纳尔多在法国昂布瓦兹（Amboice）附近的克卢城堡（Château de Cloux）去世。

〔53〕 1483 年 3 月 28 日或 4 月 6 日，意大利文艺复兴盛期著名画家拉斐尔·圣齐奥（Raffaello Sanzio, 1483—1520）在乌尔比诺（Urbino）出生。任宫廷画师的父亲是他的启蒙老师。拉斐尔于 1500 年进入温布里亚画派著名画家彼鲁基诺（Perugino）的画室学画，后者作品具有浓厚的抒情色彩，对拉斐尔的画风有深远影响。拉斐尔的绘画婉雅和谐、抒情优美，是理想的化身。最著名的代表作有《雅典学园》、《西斯廷圣母》、《阿尔巴圣母》、《教皇利奥十世》等。拉斐尔于 1520 年 4 月 6 日在罗马去世，享年仅 37 岁。

〔54〕 1475 年 3 月 6 日，意大利文艺复兴盛期的艺术大师博纳罗蒂·米开朗琪罗（Buonarroti Michelangelo, 1475—1564）在阿雷佐（Arezzo）附近的加普勒斯镇（Caprese）出生。他集雕塑家、画家、建筑师和

诗人于一身，13 岁进入吉兰达约的画坊学艺，约于 1516 年完成雕像《垂死的奴隶》《被缚的奴隶》和《摩西》，从 1508 年至 1512 年完成罗马梵蒂冈西斯廷教堂的穹顶画《创世记》。从 1520 年开始历时 15 年，米开朗琪罗完成为佛罗伦萨梅迪奇家族创作的陵墓雕像《晨》《暮》《昼》《夜》，这些雕像具有冷峻而沉郁的悲哀情调，反映了作者晚年的心态。1535 年至 1541 年，米开朗琪罗在西斯廷教堂最靠里的墙上为保罗三世教皇绘制大型壁画《最后的审判》。米开朗琪罗 72 岁时才答应任梵蒂冈圣彼得大教堂的建筑师，设计并领导建筑圣彼得大教堂的圆顶和加必多利广场行政建筑群等，此外，他还有象征正义力量的雕像《大卫》以及诗集传世，1564 年 2 月 18 日在罗马逝世。达·芬奇、拉斐尔、米开朗琪罗被后世誉为文艺复兴"三杰"，他们和伊拉斯谟都是同时代人。

〔55〕1474 年 9 月 8 日，意大利著名诗人卢多维科·阿廖斯托（Ludovico Ariosto，1474—1533）出生在意大利北部艾米利亚的雷焦（Reggionel l'Emilia）的一个衰落的贵族家庭，10 岁时全家迁居费拉拉，最初学法学，但他对古典文学和人文主义有浓厚兴趣并刻苦钻研，1502 年进入费拉拉公国的宫廷供职，曾担任偏僻山区的行政长官，多次受命出使罗马和其他城邦，1502 年开始用拉丁语或意大利方言进行诗歌创作，早年作品中有用意大利方言创作的诗体喜剧《列娜》（1528）和《巫术师》（1528）等，借用古罗马喜剧中经常出现的爱情故事和家庭生活作为题材，讥讽当时的贵族，同情平民，被视为是文艺复兴时期喜剧的最早杰作。其最著名的代表作是长篇传奇叙事诗《疯狂的奥兰多》（旧译《疯狂的罗兰》，*Orlando furioso*），1502 年开始写作，1532 年最后定稿，历时 30 年。该叙事诗讲述骑士奥兰多为追寻出走的心爱情人安杰丽嘉，走遍天涯海角，历经种种惊险的遭遇，后来得悉她已经和伊斯兰教徒勇士梅多罗结婚，奥兰多因痛苦和绝望而发疯。长诗情节曲折离奇。诗人借用中世纪流行的骑士传奇，反映意大利的现实生活，表达人文主义思想，对欧洲的长篇叙事诗有深远影响。1533 年 7 月 6 日卢多维科·阿廖斯托在费拉拉（Ferrara）去世。

〔56〕 英国著名诗人杰弗里·乔叟（Geoffrey Chaucer，约 1340—1400）
约于 1340 年或 1343 年在伦敦出生，准确日期不详。他出身于伦
敦一个富裕的中产阶级家庭。父亲是酒商兼皮革商。乔叟可能上
过牛津大学或剑桥大学，1357 年进入英国国王宫廷供职，1359 年
随英王爱德华三世出征法国，尔后成为爱德华三世的侍从骑士。
1372 年至 1378 年，乔叟两度访问意大利，执行外交任务，使他
有机会谙熟但丁、薄伽丘和彼特拉克的作品，使他从接受法国文
学传统转向接受意大利文学传统。1387 年起，乔叟用十音节双韵
诗体创作其著名杰作《坎特伯雷故事集》直至谢世，但并未完成
预定计划。现存的该故事集中只有 23 个故事，其中有 2 个故事
没有讲完，还有 7 处缺少衔接的段落。该故事集的总体格局类似
于薄伽丘的《十日谈》。《坎特伯雷故事集》的《总序》介绍说，
31 个香客（包括乔叟自己）在伦敦泰晤士河南岸的一家小旅店聚
会。他们准备到离伦敦 70 英里外的坎特伯雷城去朝拜殉教圣徒托
马斯·阿·贝克特的圣祠。晚饭后，旅店主人建议香客们在去坎特
伯雷城的来回路上各讲两个故事，旅店主人自告奋勇做向导，并
担任裁判，看谁的故事讲得最好，可以白吃一顿好饭。31 个香客
代表中世纪英国社会的各阶层：有代表贵族阶级和骑士精神的骑
士；有教会的修道院院长、修女和教士；有城市的商人、匠人、
医生、律师和大学生；有乡村的中等地主、磨坊主、农夫和牧师，
等等。他们所讲的故事反映中世纪和文艺复兴时期欧洲社会的方
方面面。故事情节曲折离奇，人物性格鲜明突出，语言诙谐有趣。
故事虽然也善于嘲讽人的缺点和错误，但总的精神是弘扬对人的
同情和宽容。故事集采用的十音节双韵诗体（后演变为"英雄双
韵体"）在欧洲文学新古典主义时期垄断英国诗坛。乔叟开创了英
国文学的现实主义传统，莎士比亚和狄更斯在不同程度上均可称
为是他的继承人。1400 年 10 月 25 日乔叟在伦敦逝世。

〔57〕 被视为欧洲活字印刷术发明人的德意志人约翰内斯·古藤贝格
（Johannes Gutenberg，一译谷登堡，原姓 Gensfleisch zur Laden）
约于 1397 年至 1400 年出生在德意志美因茨（Mainz）的一个城
市贵族家庭。准确日期不详。1448—1456 年，古藤贝格和富斯

特（Fust）一起在美因茨建立一家印刷所，发明活字印刷术，包
括铸字盒、冲压字模、浇铸铅合金活字、印刷机及印刷油墨，约
于 1456 年前印行拉丁语版《42 行圣经》，被后世称为谷登堡圣经
（Gutenberg Bibel），并认为此书是第一部活字印刷的书。古藤贝格
于 1468 年 2 月 5 日在美因茨去世。

〔58〕 约翰内斯·弗罗本（Johannes Froben，约 1460—1527），伊拉斯谟
　　　在世时瑞士巴塞尔最著名的出版商，伊拉斯谟的好友。

〔59〕 林叩斯神（Lynceus），希腊神话中默塞尼亚的英雄，以目光异常
　　　锐利而著名，他的目光能透视土地和石头。

〔60〕 1623 年 6 月 19 日，17 世纪法国数学家、物理学家、笃信宗教的
　　　哲学家和随笔大师布莱兹·帕斯卡尔（Blaise Pascal，1623—1662）
　　　在法国克莱蒙—费朗（Clermont-Ferrand）出生。他为现代概率论
　　　奠定了基础，提出后来被称为帕斯卡尔定律的流体压力定律。他
　　　声称人能够通过心灵而不是通过理性明白天主的教义。他建立的
　　　直觉主义原理对后来的一些哲学家（卢梭、柏格森）和存在主义
　　　都有影响。其父是税务法庭的主审官，谙熟算术。其母于 1626 年
　　　去世，当年帕斯卡尔 3 岁。1631 年全家迁居巴黎。1655 年 1 月，
　　　帕斯卡尔进入波尔—罗亚尔（Port-Royal）隐修院。他在该隐修
　　　院写下两部传世之作：《致外省人书简》（*Les provinciales ou les
　　　lettres*）和《思绪随笔》（*Pensées*，旧中译名《思想录》）。前者倡
　　　导一种更加信奉基督教的精神生活，强调通过博爱达到与耶稣基
　　　督肉体灵魂的统一。后者讨论人的灵性和信仰天主的关系。帕斯
　　　卡尔于 1662 年 8 月 19 日在巴黎病逝。

〔61〕 1821 年 11 月 11 日，俄罗斯伟大作家陀思妥耶夫斯基（Фёдор
　　　Михайлович Достоевский，1821—1881）出生于莫斯科一个医生
　　　家庭。祖父是普通神职人员。父亲米哈伊尔在担任医官期间取得
　　　贵族身份，并在图拉省置有两处不大的田庄，其人思想守旧，但
　　　由于医生职业关系，交往者大都为平民阶层。这种环境对陀思妥
　　　耶夫斯基同情小人物的思想颇有影响。他幼年常去田庄度夏，使
　　　他有机会接触到农奴制度的实际。他的父亲因虐待农奴而在 1839
　　　年被农奴殴打致死，此事给他留下强烈印象。1838 年他进入彼得

堡军事工程学校学习，1843 年毕业后在工程局工作一年，尔后离职专门从事文学创作。他所翻译的巴尔扎克长篇小说《欧也妮·葛朗台》于 1844 年出版。他自己创作的第一部长篇小说《穷人》于 1845 年面世。该小说深化了俄罗斯文学中"小人物"的主题，最著名的传世之作是《罪与罚》和《卡拉马佐夫兄弟》。1881 年 2 月 9 日，陀思妥耶夫斯基在彼得堡逝世。

陀思妥耶夫斯基青年时代受空想社会主义思想的影响，参加彼得拉舍夫斯基派的政治活动。1849 年 4 月，28 岁的陀思妥耶夫斯基同该派成员一起被捕，被褫夺贵族身份和判处死刑。1849 年 12 月 22 日，他们被带到圣彼得堡的谢苗诺夫斯基校场上执行枪决。正待开枪之际，一名军官骑着快马疾驰而来，宣读了沙皇尼古拉一世的圣谕，给他们罪减一等的许可。陀思妥耶夫斯基虽然死里逃生，却经历了灵魂出窍的瞬间。有关这一经历，可参阅（北京）三联书店出版的《人类的群星闪耀时》中的《英雄的瞬间》篇。

〔62〕1493 年 11 月 10 日，菲利普斯·奥勒奥卢斯·帕拉切尔苏斯 [Philippus Aureolus Paracelsus，1493—1541，又名巴拉塞尔苏斯，原名泰奥弗拉斯托斯·邦巴斯托斯·冯·霍恩海姆（Theophrastus Bombastus von Hohenheim）] 在瑞士施维茨州（Kanton Schwyz）落户。他是 16 世纪瑞士医学家、化学家、神学家。主张医学科学必须建立在经验与观察的基础之上，反对古代关于疼痛的"体液说"，否定盖仑的医学体系和阿维森纳的著作。有"医学界的路德"之称。其主要贡献在于将人体的生活功能看作是一个化学过程。主要著作有《外科学》、《论精神病》、《汞剂对梅毒的用途》、《矿工职业病》、《论矿泉浴》、《一百十四种实验及其疗法》等。在德意志农民战争中支持战斗的农民。1541 年 9 月 24 日在萨尔茨堡（Salzburg）去世。

〔63〕1751 年，18 世纪法国的《百科全书》开始出版，时至 1772 年共出版 28 卷，1776 年至 1780 年又增加补遗及索引 7 卷。该书全名为《百科全书——科学、艺术和工艺详解辞典》（*Encyclopédie, ou Dictionnaire raisonné des sciences, des arts, et des métiers*），由狄德罗任主编。百科全书派原是指为该辞典撰稿的人，后转义为泛指当时的法国启蒙思想家，如卢梭、伏尔泰、孟德斯鸠等人。他们

都坚决反对宗教愚昧和封建专制，主张宗教宽容，提倡理性主义和批判精神，宣传自然神论、无神论或唯物主义，热心新科学和新技术。为法国大革命作思想舆论准备。

〔64〕 1596 年 3 月 31 日，17 世纪法国哲学家、"唯理"论者笛卡尔（René Descartes）在法国都仑省（Touraine）拉·艾—笛卡尔（La Haye–Descartes）的一个贵族家庭出生。1650 年 2 月 11 日卒于瑞典斯德哥尔摩。

狭义的理性主义（德语 Rationalismus，英语 rationalism），又译"唯理"论，是指与经验主义（经验论）相对立的一种哲学范畴内的"认识论"学说，主张理性是认识的主要源泉和检验标准，认为事物本身具有内在的逻辑结构，因而存在可以通过理性直接把握的真理。理性主义者历来反对经验主义，因为经验主义者认为一切认识来源于感觉经验，并由经验检验。理性主义者则认为理性可以超越感觉范围，把握具有确定性和普遍性的真理；反对各种玄奥知识的体系。不管这种体系是源自神秘的经验或启示，还是源自直觉。理性主义和各种非理性主义相对立。笛卡尔是近代第一个理性主义者，他立志将数学的严密性和清晰性引入哲学。其著名的"我思故我在"的断言是其理性主义的经典概括。荷兰哲学家斯宾诺莎和德国哲学家莱布尼茨继承笛卡尔的方法，赞同事物可以通过先验的思维得到认识。但笛卡尔的理性主义遭到英国哲学家 T. 霍布斯和经验论的主要代表 J. 洛克的系统反驳。广义的理性主义（德语 Vernünftelei）并不限于哲学范畴的认识论，而是指在社会历史观、政治学说、伦理学、文学艺术等领域，凡崇尚理性者，均为理性主义。在宗教神学范围内，凡只承认教义或教条中合乎理性逻辑者，也被视为是理性主义。"唯理"论的英语是 rationalism，一译理性主义，也有人译唯理主义。

〔65〕 "机智巧妙的语言"，此处德语原文是：attischen Salzes（阿提卡的盐巴）。阿提卡是希腊半岛一个地区名，雅典所在地、古希腊文化中心。"阿提卡的盐巴"原意是"妙语连珠"。

〔66〕 1667 年 11 月 30 日，英国作家乔纳森·斯威夫特（Jonathan Swift，1667—1745）在爱尔兰的都柏林出生。父亲是英格兰人，后定居

爱尔兰。1686 年，斯威夫特在都柏林三一学院获学士学位，1688
年前往英国，1692 年获牛津大学硕士学位，1694 年成为英国国教
会教士，次年任牧师，1699 年回爱尔兰，任都柏林圣帕特里克教区
教长，不久又重返伦敦。他初登文坛，主要是撰写讽刺随笔，批评
当时英国社会的弊端，如《一只澡盆的故事》批评宗教和学术领域
的腐败；《一个小小的建议》以统治阶级谋臣策士的口吻提议将贫
民的婴儿卖给有钱人作为菜肴，不仅可以解决贫民人口过多问题，
而且可以"给有钱人一点乐趣"。他也写过一些诗歌，但最著名的
作品是寓言小说《格利佛游记》，以格利佛船长的口吻叙述自己周
游四国的情景，即《小人国》、《大人国》、《飞岛国》和《贤马国》。
小说影射当时英国时政，抨击英国官僚的贪婪、党派之间的倾轧、
殖民主义政策和人性的堕落。小说讽刺尖锐、笔调辛辣，被列为讽
刺小说经典。斯威夫特于 1745 年 4 月 19 日在都柏林去世。

〔67〕 1856 年 7 月 26 日，英国戏剧家萧伯纳（George Bernard Shaw，萧
伯纳是中国约定俗成的译名，全名：乔治·伯纳德·肖，1856—
1950）在爱尔兰的都柏林（Dublin）出生。父亲是法院公务员。
1876 年萧伯纳到伦敦，1884 年接受社会主义思想，参加刚成立的
费边社（the Fabian Society）。费边社成员主张用渐变的方法从资本
主义过渡到社会主义，反对暴力革命。1885 年萧伯纳开始戏剧创作，
一生完成剧本 51 部，他把自己的戏剧分为"不愉快的戏剧"和
"愉快的戏剧"。"不愉快的戏剧"共三个剧本：《鳏夫的房产》、《浪
荡子》、《华伦夫人的职业》，主题是揭露丑陋的社会阴暗面。其余
剧本皆为"愉快的戏剧"，主题涉及文明人关心的问题，如真、善、
美等。著名的剧本有《康蒂妲》、《恺撒和克莉奥佩特拉》、《巴巴拉
少校》、《皮格马利翁》、《伤心之家》、悲剧《圣女贞德》、政治讽刺
剧《苹果车》等。萧伯纳于 1950 年 11 月 2 日在英国的赫特福德郡
（Hertfordshire）的圣劳伦斯（Saint Lawrence）逝世。

〔68〕 1797 年 12 月 13 日，德国著名诗人、随笔作家海因里希·海涅
（Heinrich Heine，1797—1856）在德国杜塞尔多夫（Düsseldorf）出
生。父亲是犹太商人。母亲出身医生家庭，受过良好教育。海涅是
在拿破仑战争期间度过自己的童年和少年。法军占领德国莱茵地区

时推翻了德国封建制度，把当地的犹太人从歧视和压迫中解放出来，从而使海涅一生的思想倾向民主和革命。1815 年，拿破仑兵败离开德国后，海涅一度经商，以失败告终。1819 年秋，他进入波恩大学学法律。后又转入格廷根大学和柏林大学，听过黑格尔讲课。其第一部《诗集》于 1821 年在柏林出版。同年去波兰旅行。1823 年 5 月，回到已迁居德国吕内堡（Lüneburg）的父母身边。1824 年秋他徒步去哈尔茨山旅行，后来写成第一部具有独特风格的随笔作品《哈尔茨山游记》。他旅行回来途中经过魏玛，拜访年迈的歌德。1830 年夏巴黎爆发七月革命，海涅深受鼓舞，1831 年 5 月到达巴黎，结识巴尔扎克、贝朗瑞、柏辽兹、肖邦、大仲马、雨果、李斯特、乔治·桑等人。1841 年他在巴黎和法国女工米拉拉婚。1843 年，海涅从巴黎回德国探亲，旅途中构思长诗《德国，一个冬天的童话》。年底重返巴黎后，结识马克思。1848 年 5 月以后海涅完全瘫痪，在病榻上躺了 8 年之久。海涅在德国文学史中被认为是继歌德之后德国最重要的诗人。其著名诗歌作品有抒情诗《歌集》、《北海纪游》、时代诗《新诗集》、长诗《德国，一个冬天的童话》、《西里西亚织工之歌》和《罗曼采罗》等。海涅又是一位杰出的随笔作家，有四卷《游记》传世。他曾将自己的《歌集》比作"商船"，将自己的《游记》比作"战舰"。其《游记》的构思和风格在德国文学中堪称独步，文笔轻松，海阔天空，游记中有政论，政论中又充满诗情画意。海涅于 1856 年 2 月 17 日在巴黎逝世。

〔69〕1844 年 10 月 15 日，德国哲学家兼诗人弗里德里希·威廉·尼采（Friedrich Wilhelm Nietzsche，1844—1900）在德国萨克森地区吕岑（Lützen）附近的勒肯（Röcken）出生，1864 年入波恩大学修读神学和古典语言，不久舍弃神学并脱离基督教，1869—1879 年任巴塞尔大学哲学教授，1879—1888 年旅居意大利和法国，专事哲学研究和写作。1889 年 1 月 7 日尼采在意大利城市都灵的街头摔倒，从此神经错乱。他在母亲和妹妹的照料下先后在巴塞尔和魏玛度过一生中最后的 11 年。尼采的哲学宣称客观世界及其规律性都是幻景；基本真实的存在是权力意志，一切事物的根源皆出于此，它是自然界和社会的决定力量。尼采认为基督教、理性主义和人文主义导致西方

文明日趋没落。提倡"自我肯定"和主观战斗精神，把它看成是新价值观的主要特征。强调进化就是权力意志实现其自身的过程，而人生的目的则在于发挥权利。"扩张自我"。宣扬"超人"哲学。公开颂扬战争，宣称"宁可为战争而牺牲善行"。主要代表著作有《悲剧的诞生》、《查拉图斯特拉如是说》、《善恶的彼岸》、《道德的谱系》等。尼采同时又是一位诗人。他一生用格律体和自由体写许多诗歌，如1888年写的《威尼斯》和《落日西沉》，语音优美，诗意浓郁。《查拉图斯特拉如是说》既是哲学著作，又是散文诗，全书充满寓意和隐喻，有《圣经》风格。尼采被公认为是德语最优秀的语言大师之一。时至今日，当代的基督徒、理性主义者和人文主义者均否定尼采哲学。哲学史家指出，尼采哲学产生的背景是对德国哲学家叔本华悲观主义哲学的逆反。尼采于1900年8月25日在德国的魏玛（Weimar）去世。

〔70〕 帕斯卡尔享年39岁，斯宾诺莎享年45岁，尼采享年56岁，而伊拉斯谟享年67岁。

〔71〕 1500年年初，伊拉斯谟从英国回到巴黎，完成并出版拉丁语版《古代西方名言辞典》（拉丁语：*Adagia*），此书是古代经典作家的名言和《圣经》以及基督教教会之父名言的汇编，初版时，收录了大约八百条古代拉丁语的格言、警句，以后多次再版，名言增至数千条。1515年版为最后定稿本。此书主要以道德训词为主题。参阅《年谱》1500年记事〔1〕。

〔72〕 1496年秋，伊拉斯谟在巴黎依靠给富家子弟私人授课谋生。其间，他为德国商人诺德霍夫的孩子们编写了一本拉丁语小册子《拉丁语常用会话范本》（*Familiarium colloquiorium formulae*），以方便他们学习拉丁语，此后这本小册子一直在坊间流传，成为一本拉丁语的入门读本。参阅《年谱》1496年记事〔3〕。

〔73〕 附有伊拉斯谟拉丁语译文和注疏的希腊语《圣经·新约》（*Novum Instrumentum*）于1516年年初在巴塞尔由弗罗本出版。参阅《年谱》1516年记事〔1〕。

〔74〕 指伊拉斯谟于1501年6月应一名军人之妻的请求编订的《基督徒军人之手册》，参阅《年谱》1501年记事〔2〕和1503年记事〔2〕。

第四章　伊拉斯谟写照

　　拉瓦特尔[1]说："伊拉斯谟的面容是我所见到过的最传神和最坚毅的面容之一。"大概没有人会质疑拉瓦特尔的相面才能吧。伊拉斯谟那个时代的伟大画家们也都是如此，他们觉得伊拉斯谟有一张"坚毅"的脸——显示出一种新型人物的精神面貌。在所有的肖像画家中技艺最精湛的肖像画家小汉斯·荷尔拜因至少画了六幅不同年龄的伊拉斯谟——这位伟大的"世人的导师"的画像。丢勒[2]画了两幅，马塞斯[3]画了一幅。没有另一个德意志人[4]能享有如此殊荣——伊拉斯谟的肖像犹如基督教圣徒的画像一般受人敬仰。被允许给"世人的明灯"伊拉斯谟画像的画家们同时也是在向这位博学多才的人公开表示自己的敬意呢，因为是伊拉斯谟将原来各立门户的艺术行当的匠人们联合成为一个进行人文主义教育的独一无二的兄弟团体。画家们通过为伊拉斯谟画像以颂扬他们自己的这位庇护人——颂扬这位为了建立一种新的艺术生活和一种新的道德生活而奋斗的伟大先驱。因此，他们会在自己的画板上添加各种相应的象征物，以表现伊拉斯谟具备这样一种精神力量。譬如，伊拉斯谟会

被画成一个全身穿戴盔甲、手持刀剑的武士；或者被画成一
个佩戴家族纹章并写着铭文的贵族；或者被画成一个手戴指
环、穿着神父长袍的主教。这些细节纯属画家们的虚构。但
在每一幅画像中，伊拉斯谟面前总有一本书——就像一名
统帅从不离开自己的新型武器一样。画家们笔下的伊拉斯
谟总是被书籍——好像千军万马似的——团团包围，无一例
外。伊拉斯谟不是在写字就是在思索。在丢勒画的一幅铜版
画中，伊拉斯谟左手托着墨水盒，右手握着鹅毛笔，桌面上
是摊开的书信，身边放着几册大开本的书籍。在小荷尔拜因
画的一幅肖像画中，伊拉斯谟的双手安放在一册大开本的书
籍上，书名《大力神赫剌克勒斯的英雄功绩》[5]是画家虚
构的，具有象征意义，以此巧妙地恭维伊拉斯谟，赞美伊拉
斯谟的工作成就犹如巨神一般。在小荷尔拜因的另一幅肖像
画中，画家仿佛是要让人们悄悄端详伊拉斯谟如何将自己的
一只手放在古代罗马神话中的神——忒耳弥努斯[6]的头上，
也就是说，这是暗喻伊拉斯谟正在形成和创立某个"概念"。
伊拉斯谟的所有肖像画皆为神形兼备的佳品——不仅容貌逼
真而且神态惟妙惟肖，诚如拉瓦特尔所言：神态"优雅、从
容、睿智、荏弱"，一派学者风范。画面上的伊拉斯谟始终
在沉思、在寻求、在探索。正是这样一种神态赋予他的那张
本来更应该说是缺乏表情的面庞以一种无与伦比、令人难忘
的神采奕奕。

　　因为光从他的面庞本身看——光从他的面庞的轮廓和
线条看，而不去注意他的炯炯有神的双眼，那么，伊拉斯
谟的这张脸实在说不上好看。上天对这样一个精神世界无
比广阔的人并不特别厚爱，上天没有赐予他真正的旺盛精

力和充沛的生命力：伊拉斯谟的身材相当矮小，狭长的小脑袋，弱不禁风，说不上结实和健壮。他的皮肤没有一点血色，全身瘦骨嶙峋，一层脆薄的、病态的、苍白的皮肤遮盖着他的敏感神经。这层皮肤随着岁月的流逝而出现无数皱纹，好像一张皲裂的灰色羊皮纸，密密麻麻的皱纹仿佛是数以千计的日耳曼古文字。人们感觉不到伊拉斯谟身上有什么生机盎然之处。他的散落在青筋可见的太阳穴周边的头发非常稀少，颜色很浅，黄里透白，缺乏光泽。他的贫血的双手好像是用雪白的石膏雕塑而成。他的鼻子又长又尖，像是一支倒插在脸上的羽毛笔，使他的脸看上去好似鸟喙一般。他的紧闭的双唇太窄太薄，像是女巫的双唇似的。他说话细声细气，语调呆板。他的双眼太小，以致很难看得见他的炯炯目光。在这样一张只知工作的苦行主义者的脸上没有丝毫红润丰满之处。人们很难想象，这样一个学究在年轻时会骑马、会游泳、会击剑、会和女人们戏谑或者甚至会亲热一番，会经得起风雨、会大声谈笑。人们看到这样一张瘦小、干瘪的苦行僧的脸，不由得首先就会想到紧闭的窗户、取暖的火炉、积满尘土的书堆以及通宵达旦、夜以继日的工作。人们在这样一张冷冰冰的脸上看不到红光满面和精神焕发。伊拉斯谟也确实始终容易受冻着凉。这个一直坐在房间里的小个子男人从来就是穿着一身厚厚的、毛皮镶边的宽袖长袍，在早已光秃的头上始终戴着一顶无檐的天鹅绒四角帽，以防恼人的穿堂风。这就是一个不是生活在生活之中而是生活在思想之中者的容貌。他的力量不是分布在全身，而是全部密封在太阳穴后面隆起的皮包骨头的脑壳之中。

唯一重要的是，要使伊拉斯谟的容貌在肖像画中表现出一种智慧和灵感无穷尽的精神气质。因此，小荷尔拜因于一五二三年所画的那幅肖像画[7]堪称无与伦比，令人难忘。那幅肖像画表现了伊拉斯谟最为神圣的时刻——正在进行著述的瞬间。这幅画是小荷尔拜因的杰作中之最，也许是写生一个著作家最完美的绘画：依傍着斜面书桌的伊拉斯谟正在将巧妙构思的词句神奇地转变为可见的文字。凡是见到过那幅画的人，又有谁会忘却呢！谁想起那幅画，谁就不禁会深切感觉到：伊拉斯谟正一人独处。房间内一片寂静，正在著述的伊拉斯谟身后的那扇房门必定紧闭着，无人进出。在这间狭窄的斗室内没有任何动静。不过，话又说回来，即便在他周围发生了什么，完全沉浸在自我之中的伊拉斯谟——全神贯注进行著述的伊拉斯谟也不会察觉到什么吧。他纹丝不动，显得像石头般似的安静。但是，如果你仔细端详，那么他的那种状态并非是真的安静，而是完全处于一种自我陶醉之中——完全处于一种神秘的内心活动的状态之中。因为精神高度集中的伊拉斯谟正在用闪烁发亮的蓝眼睛顺着白纸上的字迹移动。他的纤细、白嫩的右手——几乎像是女人的一只手——正听从大脑的指令在白纸上写下一行又一行的字。他的双唇紧闭，神态安详自若，用手中的羽毛笔将文字写到纸上，熟练而又轻松，没有任何声响，只有从他的瞳孔射出的目光顺着字迹移动。然而，眉头之间凸出的一块小小肌肉还是显露出脑力劳动的艰辛，只不过脑力劳动是人们看不见和几乎不能察觉到罢了。但脑门上介于眉头之间的那一道小皱纹却揭示了大脑正在进行无形的苦苦思索：为了找到恰如其分的表述——确切的措辞而绞尽脑汁。于是，无形的思考便在身体上显露出来。从而人们明白：伊拉斯谟正聚精会神并竭尽全力在思考——神秘的脑电波正不断振荡着这样一种沉默状态。这幅肖像画表现了人的思想如何通过大脑的生物化学反应而转换成文字形式的瞬间，而这样的瞬间通常很难被觉察——这正是小荷尔拜因杰作的伟大之处。人们能把这样一幅肖像画看上个把小时，而且还能觉察到寂静中脑电波的振荡呢。因为小荷尔拜因要用这样一幅伊拉斯谟正在从事著述的肖像画象征性地表现所有脑力劳动者那种至高无上的严肃认真——把任何一个真正有才华的人的那种看不见的坚毅表现得淋漓尽致，永留人间。

人们只有在这样一幅肖像画中才会觉察到伊拉斯谟的本性——人们只有在这样的画面上才会顶感到在伊拉斯谟矮小、瘦弱的身躯背后隐藏着坚毅。这样瘦小的身躯对伊拉斯谟这样一个思想界的巨人而言无异于是一种累赘，就像蜗牛始终背负着易碎的蜗牛壳似的。伊拉斯谟一生都说不上身体健康，因为他天生缺乏肌肉，而神经又天生过于敏感。他自年少时起就一直由于神经衰弱——或许还由于疑心病——患有各种器官的过敏症。他的身体对自身健康的天生保护既不得力又漏洞百出，在他身上总会有某个地方防不胜防和容易受到伤害。他一会儿胃不舒服，一会儿四肢风湿性疼痛，一会儿要忍受肾结石的折磨，一会儿痛风又会使他疼得苦不堪言。任何一丝冷风都会使过于敏感的伊拉斯谟觉得犹如蛀牙遇到冰水一般。他所写的书信就是一本连续不断的病历。没有一种气候能使他完全感到舒适。他抱怨炎热的天气。雾天又会使他感到心情忧郁。迎面吹来的风会使他心烦。稍微一点点轻寒就会使他冻得发抖。可是另一方面他又受不了瓷砖壁炉里的旺火。空气中任何一点点异味都会使他感到恶心和头疼。他虽然一直穿一身毛皮镶边的厚厚长袍，但还是不足以保持正常的体温。他每天都需要喝勃艮第葡萄酒，以保持血液流动畅通。不过，一旦葡萄酒略微有点酸味，他的五脏六腑就会感到不适。身为伊壁鸠鲁[8]的真传弟子，伊拉斯谟惯于享用美味佳肴，对料理极差的饭菜有一种难言的害怕。因为变质的肉味和鱼腥味都会使他感到恶心。伊拉斯谟这样一种天生的敏感使他对吃穿和生活起居都非常讲究：他只能穿衣料好和保暖好的衣服，只能在被褥干干净净的床上睡眠。在他的写字桌上点燃的必定是昂贵的蜡烛，而不是点燃通常那种冒烟的松脂树小木条。因此，每一次旅行对他而言都会成为一次提心吊胆的冒险。在漫游一生的伊拉斯谟所写的有关当年还非常落后的德意志乡村客栈的报道中——就像是一部文化史上无法取代同时又引人入胜的航海日志——字里行间充斥着各种责备和不快。他在巴塞尔时每天走回到自己的寓所都要绕道，为的是要避开一条臭气熏天的小巷，因为任何臭味、嘈杂声、垃圾和烟雾以及由此造成的乌烟瘴气的不文明行为都会使伊拉斯谟敏感的心灵难以承受。有一次在罗马，朋友们要带他去观看斗牛表演，伊拉斯谟用厌恶的口吻解释说，他"对这类血腥的游戏——野蛮行为的残余——没有任何兴趣"。伊拉斯谟心肠软，他无法忍受任何形式的野蛮行为。在那个普遍忽视身体健康的时代，唯独伊拉斯谟是蒙昧的芸芸众生中竭力讲究洁净的人，正如他作为一个著作家——一个博学多才的文人力求在自己的著作中——在自己的修辞风格中要达到洁净的境界一样。思想敏锐而又具备现代意识的伊拉斯谟走在他的那些体格壮实、皮肤粗糙、心肠不软的同时代人的前面，他当时就有了数百年后才倡导的文化需求——卫生与健康。不过，伊拉斯谟最最害怕的是当年在欧洲各国不时蔓延的鼠疫，他一旦听说百里之外出现了这种黑死病瘟疫，立刻就会不寒而栗。他会迅速收拾行装，惊慌失措地逃之夭夭，无论是皇帝召他去议事还是诱人的美差，他都会置之不理。他想，假如有人看到他全身的皮肤发黑，肉体溃烂，上面布满蚊蝇蛆虫，那么，他哪里还有脸面见人呢。伊拉斯谟从不讳言自己对任何疾病都怕得要死。他作为一个生活在尘世中的诚实的凡人根本不羞于承认自己"只要听到死亡这个名字就会浑身哆嗦"。因为像任何一个喜欢工作并看重自己工作的人一样，他不愿意让自己傻乎乎地偶然传染上鼠疫而成为愚不可及的牺牲品。正因为他有自知之明，他比谁都清楚自己天生体弱——尤其是神经特别脆弱，所以他爱惜自己矮小、敏感的身体并小心翼翼地保持着清心寡欲。他回避别人频繁的款待，悉心注意清洁和选择经过精心料理的膳食以及避开女色的种种诱惑。他尤其害怕战争。伊拉斯谟渐渐进入晚年，他的虚弱身体使他更加忧心忡忡，他更加有意识地将自己的生活方式变成一场持久的防御战，以便保持住为自己唯一的生活乐趣——工作——所需要的那种清静、安全而深居简出。伊拉斯谟仅仅是由于在卫生保健方面如此小心谨慎——弃绝饕餮和女色这样一些感官享受——才成功地完成难以想象的事情：在七十年间拖着像一辆破车似的身体勉勉强强走过一切时代中最疯狂、最动荡的时代并且始终保持着他一生中真正重要的唯一品质——洞察一切的目光和不可侵犯的内心自由。

一个各种器官如此过敏——神经如此脆弱的人很难成为一名英雄。这样一种经不起风雨的体质特征必然和这个人的性格一模一样。伊拉斯谟肖像的神态显示，一个如此弱不禁风的小个子男人在文艺复兴和宗教改革时代的那些霸气十足的强势人物中间很难成为某个派别的领袖。拉瓦特尔断言，在伊拉斯谟的容貌上"没有任何胆量过人的显著特征"。而这样的断言也同样适用于伊拉斯谟的性格。伊拉斯谟静观默察的禀性对真正的斗争而言从来都无济于事。伊拉斯谟只能用某些遇到危险时便立即装死或者改变颜色的小动物的方式保护自己，不过，他在骚乱时刻最爱缩回到自己的蜗牛壳里——躲进自己的书斋。他只能在自己书籍的大墙后面才会有内心的安全感。伊拉斯谟一旦觉察到命运攸关的危急时刻，他的表现几乎是一副窘态。因为一旦形势日趋紧张，他就会急急忙忙悄然离开危险地区。面对任何选边站，他都会退却，他会用"如果"和"倘若"这样一些词语进行搪塞，他会在"是"与"不是"之间摇摆不定，从而使自己的朋友疑惑不解，使自己的敌人怒不可遏。谁把他当作自己的同盟者，谁最终很可能会惊呼自己是受骗上当。因为伊拉斯谟是一个坚定的特立独行的人，他除了忠于自己以外，不愿意始终忠于任何一个人。他出于本能，最不喜欢作出任何的选边站，因为选边站就意味着是约束。也许由于伊拉斯谟这种不冷不热的态度，充满爱心的但丁[9]很可能会将他引领到地狱前那块空地上"中立者们"中间呢——在天主和地狱魔王琉西斐[10]的争斗中与那些同样不站在任何一方的天使们为伍。《神曲》中的诗句这样写道：

> 混杂在这可鄙的合唱当中，还有一些天使，
> 他们既不忠于天主，但也不叛逆天主，
> 他们一心考虑的只是自己。[11]

凡是要求伊拉斯谟献身和尽责的时候，他都会退缩到自己那间冷冷清清的斗室里去，超脱一切。他很可能从未有过要为世间的某种思想和某种信念而走上断头台的思想准备。他的这种性格上的弱点在当时的整整一代人中无人不晓，而最最清楚明白的莫过于伊拉斯谟自己。他直言不讳地承认：他的体魄和心灵不具备捐躯的资质——他天生没有成为殉道者的本性。他为自己的人生所采取的态度是遵循柏拉图的美德有先后顺序的说法：人的第一美德是正义和顺从，其次才是勇气。而伊拉斯谟的勇气至多表现在他的坦诚之中——不羞于承认自己缺乏勇气，而这样一种坦诚在任何时代均属非常罕见。当有人厉声责备他缺乏斗争的勇气时，他会若无其事地微笑着回答说："假如我是一名瑞士的雇佣兵，这可能是一种严厉的责备，可是，我是一名学者，为了工作我需要安宁。"

在这样一个并非锲而不舍的人身上原来只有一件事锲而不舍：那就是孜孜不倦和从不间歇地用自己的大脑。他的大脑好像是和自己孱弱的躯体毫不相干的特殊器官。这个大脑不知道困惑、不知道疲倦、不知道迟疑，而洞若观

火。他的大脑从幼年直至弥留之际始终是同样的清醒和充满活力。虽然他的血肉之躯使他谨小慎微，但他在工作之中是一位巨人。他的瘦小的身体几乎每天只需要三四小时的睡眠——天晓得，竟然没有把他累垮！而在其余的二十个小时中，他就不停地工作——著书、阅读、辩论、校勘和修改文稿。他在旅途中会在颠簸的马车上写。任何一家客栈里的一张饭桌都会立刻成为他著书的写字台。只要他醒着就意味着他是在著述。他手中的羽毛笔简直就是他的第六个手指。他把自己藏身在书卷文稿之后，急切和好奇地观察着眼前发生的一切，犹如照相机的暗箱[12]。他的洞察一切的目光不会漏掉学术界的任何进步、不会漏掉科学界的任何发明、不会漏掉思想界的任何一本论战小册子和政坛发生的任何事件。他通过书籍和书信的媒介，对周围世界发生的一切了如指掌。诚然，这样一种几乎完全通过文字和书籍间接地认识周围世界，本身就意味着伊拉斯谟了解现实世界的更迭嬗变的唯一途径就是通过大脑，这就使他的著作具有学院式研究的特点——一种用概念进行冷静思考的特点。他的绝大多数著作缺乏耐人寻味的激情，就像他的身体一样。他仅仅是用心中的目光观察世界，而不是用全身的感觉器官体验世界。但是，他的好奇心——他的求知欲望却涉及各个领域。他的求知欲望犹如探照灯一般照亮人生的各种问题，而且照得清清楚楚，不留情面，也不留死角。他的大脑思维精细和周全，无与伦比，就像现代的探照灯一般。在他的同时代人活动的各个领域中，几乎没有一个领域不被他涉及。伊拉斯谟是一个启迪心智、涉猎广泛而又始终见解清晰的思想精英，堪称在思想界的每一个领域都是一个引领后世齐心合力的先驱者和开拓者。因为在伊拉斯谟身上具有一种像探矿叉[13]似的神奇本能，凡是被他的同时代的人无意中忽略之处，他都会觉察到其中有可发掘的问题，就好像觉察到有可发掘的金矿银矿似的。他会觉察到和预感到这些问题。但是，尽管是他第一个指出这些问题，而这样一种发现者的喜悦在绝大多数情况下都会随着他的急不可耐地要继续徜徉于书海的兴趣而消失。他把真正的发掘工作留给了后人，让他们去辛辛苦苦地发掘、筛选和分析利用。这就是伊拉斯谟给自己划定的界线。伊拉斯谟只是点明这些问题，而不是解决这些问题——或者更确切地说：这正是他的了不起的眼力。就像伊拉斯谟的血肉之躯缺乏勃发的激情一样，他的著作也同样没有极端的狂热、没有怒不可遏的情绪，也没有片面的愤慨。伊拉斯谟拥有一个知识渊博的精神世界，而不是一个深邃莫测的精神世界。

伊拉斯谟是一位令人瞩目并和现代人思想相通的人物，同时又是一位超越时代的人物，因此，如果仅仅以他的著作而不是以他所起的作用衡量他，这样的评价就会有失公正。因为伊拉斯谟的精神世界有许多层面，是一个密集各种各样天赋和才能的精神世界，但不是一个统一的精神世界。他既有大胆的一面又有怯懦的一面；他奋勇向前，而在最后冲刺面前又会犹豫不决；他在思想上是个斗士，而在感情上又爱好和平；他作为一个文人十分自信，而身为一个怀疑论者和理想主义者又异常谦卑。他在自己身上不同程度地汇集了各种对立面。他是一个像工蜂一般勤奋的学者和一个思想自由的神学家，一个敏锐的时代批评家和一个温和的教育家，一个稍逊风骚的诗人和一个文采斑斓的尺牍高手，一个善于指桑骂槐说笑的人和一个讴歌人性的慈悲使徒——所有这一切都会在这个见多识广的思想精英身上同时并存，而不会互相敌对和排斥。因为他最大的天才本领就是：化解矛盾、消除对立，这种本领不但在现实生活中而且也在他自己的内心深处发挥作用。话又说回来，由于他的如此错综复杂的精神世界，他所起的作用自然也就不可能完全一致。今天，伊拉斯谟思想的各个继承者把我们称之为"伊拉斯谟的精神实质"——"伊拉斯谟思想"表述得比伊拉斯谟本人更为清楚，更击中要害，更彰显伊拉斯谟思想的特点。无论是德意志的宗教改革和欧洲的启蒙运动、《圣经》的自由研究抑或是拉伯雷和斯威夫特的讽刺作品、统一欧洲的理念和现代的人道主义——凡此种种的思想渊源都可追溯到伊拉斯谟思想，但这一切又都不是伊拉斯谟本人的作为。伊拉斯谟会在思想界的各个领域率先提出问题，是使问题演变为运动的发轫者，但是运动随后的发展却又全都超越了他本人。是呀，一个明白事理的人很难又是一个付诸行动的人，因为远见往往会束缚自己的手脚。诚如马丁·路德所言："一项美好的事业几乎很少会由于某个人聪明过人和有先见之明而去从事，美好的事业必定是在完全不知不觉之中发生。"伊拉斯谟是他自己那个世纪的指路明灯，其他人则是他的人马；他指明道路，其他人便会走他所指引的路，而他自己却始终像光源一般是在暗处。诚然，这位指明通向新时代的条条道路的人所受到的尊敬并不会比走上这些道路的第一人逊色。纵使他是在暗中发挥作用，也同样功不可没呀。

注　释

〔1〕 1741 年 11 月 15 日，瑞士作家、新教牧师、相面术创立者约翰·卡
斯帕·拉瓦特尔（Johann Kaspar Lavater, 1741—1801）在苏黎世
出生。他对相面术的研究起源于他的宗教热情。他相信身心互相影
响，认为能从面容上寻找精神的影响。他的《论利用相面术促进对
人的认识和促使人类之爱》（*Physiognom Fragmente zur Beförderung
der Menschenkenntnis und Menschenliebe*, 4 卷，1775—1778），使
他在欧洲获得声誉。他的最重要的著作有《展望永恒——致齐默尔
曼的书信集》（*Aussichten in die Ewigkeit in Briefen an Zimmermann*,
4 卷，1768—1778）、《自省者的秘密日记》（*Geheimes Tagebuch von
einem Beobachter seiner selbst*）等。1801 年 1 月 2 日在苏黎世去世。

〔2〕 1471 年 5 月 21 日，欧洲宗教改革时期德意志最重要的油画家、版
画家阿尔布雷希特·丢勒（Albrecht Dürer, 1471—1528）在德意
志的（自由城市）纽伦堡出生。他像莱奥纳尔多·达·芬奇一样具
有多方面的艺术才能，作品充满人文主义思想，反映当时民众反对
罗马教皇教廷的腐败，将意大利文艺复兴的艺术理想和北方哥特式
绘画技法融为一体，深受画坛赞誉。最著名的代表作有油画《四使
徒》（约翰、彼得、保罗、马可）、《圣母子》、《亚当与夏娃》、铜
版画《骑士、死神、魔鬼》、木刻组画《启示录》等。1520 年丢勒
为伊拉斯谟作了两幅素描，1526 年又为伊拉斯谟作了一幅铜版画。
1528 年 4 月 6 日丢勒在纽伦堡去世。

〔3〕 1465 年，尼德兰画家康坦·马塞斯（Quentin Massys 或 Matsys、
Metsys, 1465—1530）在卢万（Löwen）出生，亦有文献记载为
1466 年，准确日期不详。他是当时安特卫普最著名的画家。1491
年成为当地绘画行会的一员，早期代表画作有《圣安妮的三联画》
（中间部分今藏布鲁塞尔博物馆）。他继承 15 世纪尼德兰绘画传统，
但又借鉴达·芬奇等意大利绘画大师的艺术。马塞斯的肖像画表现

银行家、商人等形象，具有讽刺意味，和伊拉斯谟的人文主义思想相通，1519年创作伊拉斯谟肖像铜版纪念章（今藏巴塞尔历史博物馆）。1530年7月13日至9月16日之间的某日马塞斯在安特卫普去世，准确日期不详。

〔4〕鹿特丹和尼德兰当时名义上均属于德意志民族神圣罗马帝国，故斯蒂芬·茨威格称伊拉斯谟是德意志人。显然，仅限于这样的特定含义，因为鹿特丹人和尼德兰人不能简单地等同于"德意志人"。尼德兰（Niederlande）是"低地国家"的音译，16世纪时包括荷兰、勃艮第（Burgund）、佛兰德（Flandern）等封建诸侯国，均属于统治神圣罗马帝国的哈布斯堡皇朝。

〔5〕《大力神赫剌克勒斯的英雄功绩》的原文是：*Die Taten des Heracles*。赫剌克勒斯（Heracles）是希腊神话中的英雄，宙斯之子，力大无比，一生完成十二件英雄功绩。在现代欧洲语言中，Heracles是大力士、巨人的同义词。

〔6〕忒耳弥努斯（Terminus）是古代罗马神话中的界石之神。主管分界的界标、界柱、界石。由于分界的标志物被认为是圣物，所以有3月23日（罗马年2月28日）的忒耳弥努斯节（界神节），这一天，乡村居民用花环装饰自己地界上的界石，杀牛宰羊，敬献忒耳弥努斯。Terminus在中世纪拉丁语中的另一个词义是："概念"，来源于概念必须作出某种界定，如同界石确定边界一样。在现代欧洲语言中，Terminus的词义是术语，也有"期限"的词义，均源自"界定"。

〔7〕指小荷尔拜因于1523年所作的伊拉斯谟肖像画，今藏卢浮宫。画面是伊拉斯谟正在将字写到斜面桌板上的纸张上。

〔8〕公元前341年，古希腊哲学家伊壁鸠鲁（Epikouros或Epicurus）在希腊的萨摩斯岛（Samos）出生，准确日期不详。伊壁鸠鲁反对唯心论，确认物质世界是唯一的实在，倡导所谓"乐生哲学"，主张人生的目的在于求得感觉的快乐而避免其痛苦；快乐就是善，就是幸福；认为如果没有爱好、爱情以及听觉和视觉的快乐，"善"便无从想象。但他并非提倡纵欲，而是要求理性地生活，即用理性的思想以抑制感官的诱惑，从而达到精神的安谧（ataraxia）状态。他本人自奉俭约，性格温和，约公元前270年在雅典去世，准确日期

不详。

〔9〕1265 年 5 月下旬，意大利中世纪最后一位伟大诗人但丁·阿利吉耶里（Dante Alighieri, 1265—1321）在佛罗伦萨诞生。准确日期不详。据他自述，他是罗马人的后裔，高祖父是贵族，被封为骑士，战死在圣地。父亲当过法庭文书。不过，但丁诞生时，家道已经中落，政治上没有什么地位，生活不富裕，无异于一般市民。但丁五六岁时，母亲去世。1277 年，但丁由父亲做主，和玛窦那蒂订婚。结婚后，他们生了两个儿子和一个女儿。在但丁大约十八岁时，父亲病故。失去双亲的但丁便把全部精力倾注于学习，在智慧的海洋里汲取丰富的养料。在他钟爱的女子贝特丽切去世后，为了寻找精神寄托和思考人生，但丁又认真研究欧洲古代哲学、中世纪的神学以及经院哲学。但丁在政治上站在新兴的市民阶级这一边，反对封建贵族的专制统治。但丁时代的欧洲有两大对立的政治派别：归尔甫派（Guélfo）支持罗马教皇；吉伯林派（Ghibelline）支持德意志民族神圣罗马帝国皇帝。但丁青年时代加入归尔甫派。1293 年，归尔甫派战胜吉伯林派之后，佛罗伦萨建立了行会民主政体，贵族被排除在政权之外。但丁加入医药行会（可能是他从事哲学研究和医药有某些联系），先后当选民众首领特别会议和百人会议的成员。1300 年，但丁被任命为佛罗伦萨行政官，政治生涯达到顶峰。当时，归尔甫派又分裂为代表贵族利益、支持教皇的黑党和代表商人利益的白党。但丁站在白党一边，但在处理黑白两党流血冲突时，他把两党首领都驱逐出佛罗伦萨。他又顶住教会的压力，挫败了教皇干涉佛罗伦萨内政的阴谋，因此得罪了教皇。1302 年，但丁出使罗马。其间，黑党在教皇和法国王室的支持下夺取了佛罗伦萨政权，并随即以贪污、反对教皇等罪名革除但丁的公职并判处流放两年。但丁拒不认罪，于是同年又被判处终身流放。但丁从此度过了近二十年的流亡生活，晚年定居拉维纳（Ravenna）。1321 年 9 月14 日在该地病逝。

但丁九岁时见到过九岁的少女贝阿特丽切一次，非常喜欢她，九年以后又见过她一次，她的美丽给但丁留下难忘的印象。后来她嫁给一个银行家，1290 年就去世了，年仅二十五岁。但丁在她去世后把赞美她的诗篇汇编成册，取名《新生》。但丁的传世之作是《神曲》（*Divina Commedia*，1307—1321），采用中世纪文学特有的幻游形式，但丁自己是书中的主人公，假托他作为一个活人游历冥府的所见所闻。全诗分《地狱》、《炼狱》、《天堂》三部。《神曲》是一部充满隐喻性、象征性，同时又有鲜明的现实性、政治倾向性的作品。但丁自称写作《神曲》的主旨是"为了对万恶的社会有所裨益"。由于《神曲》采用中世纪特有的幻游文学的形式，其寓意和象征在解读上常常引发颇多争议，但《神曲》的思想内涵是明确的，即反映现实，启迪人性，让世人经历考验，摆脱迷误，臻于善和真，同时希望意大利走出苦难，找到政治和道德复兴的道路。《神曲》的第二部是《炼狱》（又称净界），写生前犯有较轻的过失（傲慢、忌妒、忿怒、怠惰、贪财、贪食、贪色）并已悔悟的灵魂在净界为洗刷以往的过失进行修炼。古罗马诗人维吉尔在引领但丁游历地狱、炼狱之后隐退，但丁的少年恋人贝阿特丽切出现。她引导但丁游历天堂九重天和在九重天之上的天国，但丁在天国见到天主一面，但天主的形象犹如电光一闪，迅即消失。《神曲》全诗就此结束。贝阿特丽切是但丁仰慕的对象。她在《神曲》中象征信仰，引导忠于信仰的人达到理想的幸福境界。她对但丁始终微笑着，非常友善地劝导他，让但丁最后见到了天主，象征但丁达到了至善的境界。

学术界一般认为，但丁及其用托斯卡纳方言写成的《神曲》标志着意大利文艺复兴的开端。文艺复兴的核心思想中的人文主义在《神曲》中已初露端倪。和但丁同时代的意大利诗人彼特拉克（Francesco Petrarca，1304—1374）在西方被誉为人文主义者之父，伊拉斯谟则被誉为人文主义者之王。是彼特拉克第一个发出复兴古希腊和古罗马文化的号召，提出以"人性"对抗"神性"。其《歌集》（*Canzoniere*，1327—1348）冲破中世纪禁欲主义和神学思想的樊篱，表达了以人与现实生活为中心和以个人幸福为中心的人文主义精神。古典的人文主义的思想内涵主要是赞扬人性的美好，反对神的权威；提倡幸福就在人间（即世界的此岸），反对教会的禁欲主义；崇尚理性，反对教会的蒙昧主义和神秘主义；反对封建等级观念和封建压迫，提倡个性解放、宣扬人的自由意志；反对封建割据，等等。不过，人文主义是一个发展中的文化概念。

《神曲》的内容和《圣经》密切相关。斯蒂芬·茨威格在本书第四章《伊拉斯谟写照》第 89 页中引用《神曲·地狱篇》的下列诗句：

混杂在这可鄙的合唱当中，还有一些天使，他们既不忠于天主，但也不叛逆天主。他们一心考虑的只是自己。

以上三行诗句中所谓"中立"的天使，不见经传，只流传于民间传说。但丁可能受《圣经·新约·启示录》的启发。《启示录》（3∶16）写道："……你却是不冷不热，像温水一样。"

这三行诗句的意大利语原文是：

quel cattivo coro

Degli angeli che non furon rebelli

Ne' fur fedeli a Dio，ma per se foro。

诗句的中译文参阅［意大利］但丁著、黄文捷译：《神曲·地狱篇》第 20 页。南京：译林出版社，2011 年 4 月第 1 版第 2 次印刷。

〔10〕　琉西斐（Lucifer），但丁的《神曲·地狱篇》中的地狱魔王。

〔11〕　参阅本章注〔9〕。

〔12〕　照相机的暗箱，斯蒂芬·茨威格此处引用拉丁语原文：camera obscura。

〔13〕　探矿叉，德语原文是：Wünschelrute，指某些人用来探测水源或矿脉的叉形测试仪，又称测泉叉。

第五章　峥嵘岁月

　　一个有艺术才华的人一生中最大的幸运，莫过于当他找到一种表现特定主题的艺术形式，能在其中融合他自己的各种天赋。伊拉斯谟的《赞美傻气》[1]就是这样一个成功的范例，这应该归功于他的一个绝妙的并最终完美实现的灵感。伊拉斯谟在这部作品中既是一个知识渊博的学者，又是一个尖锐的时代批评者和一个百般调侃的说笑者，三者融为一体，难舍难分。《赞美傻气》是伊拉斯谟著作中最最著名的作品，也是一部独一无二、永远具有不朽艺术魅力的作品。在他所有的著作中，没有一部作品能像《赞美傻气》那样让人们知道并认识到，伊拉斯谟具有如此无与伦比的艺术才华。这是一部切中时弊的杰作，却用一种完全是轻松和说笑的语气在七天之内一气呵成。这样一部入木三分的讽喻作品，当初写的时候无非仅仅是为了博人一笑而已。然而，恰恰是戏谑和诙谐的语气使这部作品不胫而走和畅行无阻。伊拉斯谟当时已年近四十，不仅已博览群书和著作等身，而且已能用怀疑的目光冷静地观察世人的内心深处。他发觉，世人完全不像他所愿望的那样。他看到理性驾驭现实的力量非常微弱。他觉得喧嚣的尘世就像小丑们表演的闹剧。伊拉斯谟的目光所及，正如莎士比亚的十四行诗[2]所描述：

> 有作为的人注定囊中羞涩
>
> 可怜的草包穿戴罗绮
>
> 才艺被统治者捆住手脚
>
> 思想精英无权无势
>
> 纯朴的正直被嗤笑为愚不可及。

谁像伊拉斯谟似的曾一度生活拮据，谁像伊拉斯谟似的曾一度悄悄地向权贵们祈求施舍，那么他的内心就会充满苦楚——就像一块吸满胆汁的海绵，他就会体会到世人的一切所作所为并无公正可言，而且一切所作所为都有一点傻。他有时候就会由于怒不可遏和敢怒而不敢言气得嘴唇发颤。不过，伊拉斯谟从心底里就不是一个"拍案而起的人"[3]——不是一个造反的人，不是一个禀性刚烈的人：慷慨激昂的谴责不符合他谨慎温和的禀性。伊拉斯谟丝毫没有这样一种天真美妙的痴心妄想：世人能够一蹴而就彻底消除人世间的一切邪恶。他不动声色地思量：既然光是一个人不可能改变天下，既然自欺欺人似乎永远属于世人不可改变的本性，那么一味糟践世人，又有什么用呢？一个聪明人从不抱怨，一个有智慧的人从不激动。于是，伊拉斯谟蔑视地闭着嘴唇，用敏锐的目光注视着世人们傻乎乎的所作所为，同时坚定不移地走自己的路——诚如但丁所言："睁着眼睛走过去！"[4]

　　当然，这样一个睿智的伊拉斯谟有时候也会有短暂的轻松愉快的好心情，一扫无可奈何的严肃神情，然后就会露出笑容，并用这样一种微笑揶揄世人。那就是发生在一五〇九年伊拉斯谟骑马翻越阿尔卑斯山那几天的事情。当时他刚离别意大利。他在意大利看到了宗教信仰正在全面衰败的教会，看到了教皇尤利乌斯二世[5]像一名雇佣兵队长似的被一群身穿戎装的人所簇拥，看到了主教们过的不是像使徒般的清贫生活而是奢侈豪华的生活，伊拉斯谟在意大利这片被蹂躏的土地上亲身经历了好战的封建君主们像豺狼似的互相残杀和滔天的罪恶。他在意大利看到了权贵们的骄横和民众的可怕贫困。他在那里又一次看到了世道不合情理的万丈深渊。而在阿尔卑斯山的峰峦上则是阳光灿烂，他在意大利见到的一切犹如一片乌云已经远去。这位学者——这位读书人伊拉斯谟坐在马鞍上缓缓而行。特别幸运的是，他这一次没有随身携带装满希腊语和拉丁语典籍的行囊——没有随身携带他平日喜欢评注的手抄本和写在羊皮纸上的典籍。他的思绪在山梁上自由的空气中自由飞翔，灵感勃发，想写一部戏谑作品的念头油然而生，这部作品将会十分迷人和色彩缤纷，恰似一只蝴蝶。伊拉斯谟在这次心情愉快的旅行中一路上构思着这部作品。他刚一到达英国，就在托马斯·莫尔的那幢宽敞明亮的乡间府第写下这本戏谑诙谐的小册子。伊拉斯谟对托马斯·莫尔的那幢寓所已相当熟悉。他写这部作品的初衷，原本只是为了逗乐聚集一堂的朋友们。为了向托马斯·莫尔表示敬意，伊拉斯谟将这部作品用语带双关的希腊语 Encomium moriae[6] 命名——拉丁语书名是 Laus stultitiae，这个书名译成德语很可能是 Das Lob der Torheit [7]。

如果和伊拉斯谟的那些严肃、凝重、学术性强甚至太强的主要著作相比，这本入木三分的讽喻小册子给人的感觉首先是显得有些像年轻人似的无所顾忌——显得有些俏皮和随意。不过，一部艺术作品的思想内涵经久不衰和这部作品的篇幅长短无关。就像在政界流行的一句意味深长的话——一句击中要害的笑话往往会比狄摩西尼 [8] 的一篇演说更起作用。文学界的那些小开本书籍往往会比那些鸿篇巨制更有生命力。在伏尔泰的一百八十卷的著作中只有那薄薄的一本讽喻世人的中篇小说《老实人》[9] 真正具有生命力。在伊拉斯谟孜孜不倦写作的无数大开本书籍中也只有《赞美傻气》——一部在轻松愉快的心情中偶然产生的引人入胜的戏谑之作——始终得到后世的青睐。

这部作品的艺术手法可谓绝无仅有并且不可能重现，那就是作品中的人物形象被别出心裁地乔装打扮成傻子模样，个个头戴丑角帽，犹如十六世纪欧洲宫廷里的弄臣。伊拉斯谟自己不说一句话，为了向天底下的权贵们说出一切令人不快的真相，他让"傻女"登上讲台，而不是伊拉斯谟自己登上讲台。傻女在讲台上竭力赞美自己的傻气，从而产生张冠李戴的喜剧效果。人们从不知道究竟是谁在说话：是伊拉斯谟一本正经地在说话呢，还是拟人化的"傻女"在信口雌黄？——人们总不得不原谅一个傻女言谈的粗俗不堪和肆无忌惮吧。伊拉斯谟正是利用这样一种模棱两可的错觉，既可以大胆地畅所欲言又可以不给任何人留下攻讦自己的口实——不让自己的言论成为别人手中的把柄。伊拉斯谟在这部作品中正是这样毫不费劲地四处散布自己的看法。一旦有某个人由于一句尖刻的嘲讽话像火辣辣的鞭笞一样伤痛自己而打算要和伊拉斯谟论理时，伊拉斯谟就可以用讥笑的口吻搪塞说："这话不是我说的，是那个傻女说的；有谁会把傻话当真呢？"在书刊检查制度和宗教裁判所恣意妄为的各个时代，通过嘲讽和各种象征手法不露声色地针砭时弊从来都是思想自由者在乌云蔽天的岁月里唯一的出路。但是很少有人会像伊拉斯谟在《赞美傻气》中的冷嘲热讽那样如此巧妙地利用丑角可以随心所欲言谈的无可非议的权利。《赞美傻气》是伊拉斯谟那一代人中第一部最大胆和最具艺术特色的作品：可谓亦庄亦谐，既不乏真知灼见又竭尽揶揄之能事，既真实又夸张，两者互相纠缠，难分难解，倘若有人想要认认真真地进行解析，往往都会落空，不得不哑然失笑。如果把《赞美傻气》和伊拉斯谟同时代人的那些粗鲁的争论——那些缺乏思想内涵的责骂相比，世人大概就会明白，《赞美傻气》犹如思想懵懂中的一盏光芒四射的明灯，使整整一个世纪的人为之倾倒并且救赎了他们自己。

《赞美傻气》的冷嘲热讽从一开始就令人忍俊不禁。身穿学者长袍、头戴丑角帽的傻女登上讲台（小荷尔拜因画的插图就是这副样子）为赞美自己而作一次学术演讲。她夸耀说，唯独是她和她的两个侍女——"奉承"和"自负"使天下得以运转。她说："当今的天下，没有我'傻气'从中维系，任何社会阶层的共同生活不可能愉快和持久。没有我'傻气'，国民不可能长时间容忍自己的国君，没有我'傻气'，主人不可能容忍自己的仆人，丫环不可能容忍自己的贵夫人，老师不可能容忍自己的学生，朋友不可能容忍自己的朋友，妻子不可能容忍自己的丈夫，客栈老板不可能容忍房客，伙伴不可能容忍自己的伙伴。总而言之，如果他们相互之间不是时而彼此虚与委蛇，时而彼此奉承和时而彼此机敏地让步，如果各种事情最终不是借助于傻气而付之一笑，那么人与人之间就不可能互相容忍。"傻女说，商人只因为太看重金钱而操劳，诗人只因为"受虚荣的诱惑"——妄想不朽——而创作，武士只因为忘乎所以而变得大胆。而一个头脑清醒的睿智者会逃避任何斗争，他只会为了谋生去做最必须做的事情，如果他还没有傻到只图名满天下，他绝不会介入斗争并为之殚精竭虑。傻女随后兴致勃勃地列举各种自相矛盾的人生百态。她说，唯独她——给世人以妄想的"傻气"使世人感觉到幸福，任何人越是盲目地沉湎于自己的各种妄想，越是不明智地生活，他就越会感觉到幸福。因为一切深思熟虑和自我克制都会使他的心灵感到压抑。在清楚明白和充满智慧的头脑中从来没有快乐，而唯独在心醉神迷、热情奔放、忘乎所以和痴心妄想之中才始终有快乐。一切真实的生活都有点傻。她说，凡正直之人、目光敏锐之人、清心寡欲之人皆非寻常人，而是一种反常之人。傻女说："唯独在生活中冒傻气的人才能真正被称之为人。"因此傻女竭力赞美自己说，"傻气"是世人一切成就的动力。她滔滔不绝的言辞极富诱惑力。她说，人世间交口称誉的各种美德——诸如洞若观火、明察秋毫、正直和诚实——原来只不过是使那些身体力行这些美德的人生活得苦不堪言，又由于傻女还是一位才女，所以她为了证明自己言之有理而自豪地引用索福克勒斯[10]这样一句名言："无知会给生活带来快乐。"

傻女为了严格按照学术演讲的方式而逐一证明自己的论点，她不厌其烦地牵出一连串证人。各个社会阶层在这样一次大亮相中分别展示各自特殊的妄想。他们大家都出现在傻女面前；有喋喋不休的善于修辞的演说家、有吹毛求疵的法学家、有想把整个宇宙装进各自特殊脑袋的哲学家、有自命不凡的各种贵族、有见钱眼开的唯利是图者、有经院神学家、有著述家、有赌徒、有武士，最后还有情侣们——始终被自己的情感纠缠得死去活来的傻瓜：每一个坠入爱河的人都以为唯独自己钟情的人集各种兴趣爱好和美貌于一身。伊拉斯谟以其无与伦比的渊博知识将世人傻乎乎的行为淋漓尽致地展现在世人眼前。像莫里哀[11]和本·琼森[12]这样的喜剧大师只需伸手从伊拉斯谟导演的这样一出木偶戏中选取素材，就能从伊拉斯谟用轻快的笔触勾画的漫画形象中塑造真实的人物形象。世人的各种傻乎乎行为在《赞美傻气》中无一被姑息，无一被遗漏。而恰恰是由于这样一种全面性，伊拉斯谟才得以保护自己免遭非议。因为既然没有一个社会阶层侥幸逃脱伊拉斯谟的视线，又有谁能够声称自己遭到了特别嘲讽呢？伊拉斯谟的艺术才华——他的各种智慧、他的诙谐和学识、他的敏锐目光和幽默——终于第一次得到全面发挥。他对世人所持的质疑和需要反思的看法在《赞美傻气》中犹如升空后的焰火一般迸发出千百道色彩缤纷的火花；而在《赞美傻气》的完美戏谑中则充满着崇高精神。

　　不过，伊拉斯谟写这部作品的最深层的缘由并非只是为了逗乐。而恰恰是在这样一部貌似小品文的著作中，伊拉斯谟能够比他的其他任何一部著作更全面地吐露自己的心声，因为他自己的这部得意之作《赞美傻气》也是对他自己在灵魂深处的本性进行一次盘点。对任何人和任何事都不会弄错的伊拉斯谟知道，妨碍他自己进行文学创作——进行真正创作性工作——的最根本的原因是他自己的那种神秘弱点：他觉得自己总是过于理性，太缺乏激情；他的不选边站的超然态度使他脱离活生生的人群。然而理性终究只是一种起调节作用的力量。只有理性本身从来不是一种创造力。而真正的创造力事实上始终以浮想联翩为前提。由于伊拉斯谟是如此缺乏浮想联翩，因而他毕生始终缺乏激情。他是一个冷静而又非常了不起的正直之人。他从不知道生活的极度欢乐，从不知道感情的放纵，从不知道自暴自弃。世人现在通过《赞美傻气》这本书第一次也是唯一的一次揣想到：伊拉斯谟曾为自己的头脑冷静、维护正义、文质彬彬和言谈温和而悄悄痛苦过呢。一个有艺术才华的人在把一种自己身上欠缺而又十分期盼的气质转变为艺术形象时，他的创作往往最得心应手。出类拔萃的明智之人伊拉斯谟也正是如此，他在为自己身上欠缺而又十分期盼的"傻气"谱写轻松愉快的赞美诗时，他的创作同样游刃有余，而且是以最最聪明的方式嘲笑那些把自己神化为十足聪明的人。

但即便如此，世人也切不可被这本书中娴熟的乔装打扮艺术所蒙骗而看不清此书的真实意图。这本貌似闹剧的《赞美傻气》在其化装舞会假面具的背后是当时最危险的书籍之一。在我们今天看来，这些仅仅貌似妙趣横生的焰火表演实际上是为德意志宗教改革开辟道路的火药爆炸呢：《赞美傻气》可谓是当时出现的最具影响力的论战小册子之一。当年，教皇们和红衣主教们在罗马过着和文艺复兴时期意大利世俗君主们同样穷奢极欲和放荡不羁的生活。德意志朝圣者从罗马归来，满怀惊诧和愤慨。这些真正有宗教信仰的人越来越迫切地要求"全面改革教会"。可是，一味追求奢华的罗马教廷的教皇们拒绝任何进言，纵使是最善意的进言也被拒之门外。所有那些大声疾呼、言辞过激的人都被用布团堵住嘴巴后送上火刑薪堆活活烧死。民众只能用粗俗的打油诗或者不正经的说笑对天主教会买卖圣徒遗物和赎罪券这样的事情悄悄地发泄愤懑。把教皇画成一只吸血的大蜘蛛这样的传单也只能在民间秘密流传。而伊拉斯谟现在要把罗马教廷的罪行一一告白于天下：伊拉斯谟是擅长春秋笔法的大师。他对这样的巧妙手法运用自如。他坚决反对教会的各种弊端，但他把各种不得不说而又要冒风险的话都让傻女去说。当然，尽管貌似仅仅是傻女在信口说傻话，所有的人也都会立刻明白那些傻话的弦外之音——伊拉斯谟抨击的矛头所向。例如，傻女说："如果那些最高层的教士——代表耶稣基督的教皇们努力在生活中效仿耶稣基督——效仿耶稣基督的安于贫穷、辛苦勤劳、诲人不倦，效仿耶稣基督不惜自己的生命在十字架上受难的精神，也就是说，如果教皇们能时时刻刻想到'教皇'这个名字是教会之父的意思，或者能时时刻刻想到教皇是被尊称为'圣座'[13]的人，那么，人世间难道还会有苦难深重的人吗？难道还会有谁愿意罄其所有，用赎罪券去买这样一种苦难深重的地位吗？难道还会有谁愿意用刀剑、毒药和各种暴力去捍卫自己用钱买来的这样一种苦难深重的地位吗？不过，你们想呀，倘若教皇们稍微明智一点，他们就会失去多少安逸舒适的生活嘞！明智，我刚才是这么说的吗？就像耶稣基督所言：一粒盐[14]似的这么一点点明智就会使他们失去一切。他们就会失去许多财富、荣誉和权力，他们就会失去许多次胜利和许多官职，他们就会失去无数的特别许可和名目繁多的捐税，就会失去大量的赎罪券。他们就会失去许多马匹和骡，就会失去许多随从，就会失去许多享乐。你们看，我用寥寥数语讲述了怎样的名利场、怎样的收益、怎样的财富海洋呀。从另一方面看，倘若教皇们稍微明智一点，他们就会在宗教节日前守夜祈祷，他们就会斋戒、悲伤、做礼拜、布道、静思、痛惜、为千百件不幸的事情操劳。"而后，傻女突然抛弃"傻气"这个角色，清楚明白地向世人宣告即将来临的宗教改革的要求，傻女说："耶稣基督的全部教诲从来都是反复强调温和、宽容，反复强调不在乎尘世生活。世人怎么会不清楚耶稣基督教诲的意思呢？耶稣基督愿意看到他在尘世的所有使徒真正秉承他的精神，要求他的使徒们像耶稣基督放下钱袋和脱下鞋履外衣以及赤身走上十字架一样，无牵无挂弘扬福音，随身只有一把剑，不是那种强盗和杀人凶手使用的剑，而是一把精神之剑——一把能深入人的灵魂深处、铲除各种欲望之剑。唯有虔诚永驻心间。"

　　戏谑不知不觉转变为义正词严。在那顶两边带有小铃铛的丑角帽下露出的眼神其实是伟大的时代批评者伊拉斯谟严肃认真的目光。傻女说出了成千上万的人悄悄憋在肚子里的真心话。傻女的话比伊拉斯谟那个时代任何一部著作更有力、更透彻、更通俗易懂、更深入人心地向世人阐明了有必要对教会进行毫不留情的改革。新生事物得以建立之前总是必须首先动摇现存事物的权威。凡思想革命，批评者和启蒙者总是走在创造者和改革者的前面：先松土，后播种嘛。

诚然，每当伊拉斯谟披露弊端时，他的思想立场在任何领域都不是单纯的否定和徒劳无益的批评。他披露弊端，只是为了要求走上正道。他谴责各种弊病，绝非是他恃才自傲而有百般挑剔的癖好。生性宽容的伊拉斯谟厌恶用粗暴的破坏圣像的方式攻击天主教会。身为人文主义者的伊拉斯谟梦寐以求的是"重振"宗教信仰——复兴宗教信仰，梦想借助重温昔日拿撒勒人耶稣的纯洁信仰恢复基督徒的信念，伊拉斯谟丝毫没有"不敬重"教规的念头。正如艺术和学术由于在文艺复兴中重温古希腊古罗马的典范而再度焕发青春一样，伊拉斯谟希望通过如下途径也能够重振眼看气息奄奄的教会：通过发掘教会本身的最初源头——即通过重温福音书上的教诲，亦即重温耶稣本人的说教，"发现隐藏在教义信条背后的耶稣基督"。伊拉斯谟一再提出这样的愿望，从而使他走在宗教改革的最前列。——他在宗教改革领域和在其他领域一样，都是一个先行者。

然而，人文主义就其本质而言从未具有革命性。即便伊拉斯谟由于倡导改革教会而做了极其重要的开拓性工作，但按照他的温情友善禀性，他还是害怕教会公开分裂。伊拉斯谟绝不会用马丁·路德、茨温利，或者加尔文这样一些宗教改革家的激烈和武断的方式确定在天主教会内哪些是对的，哪些是不对的，哪些圣礼可以举行，哪些圣礼不合教义，确定圣餐中的面包和酒是否应该被理解为就是耶稣的身体和血[15]。伊拉斯谟只是反复强调：遵守教会各种形式上的礼仪并非是基督徒虔诚的真正本质——一个人信仰的真实程度完全取决于内心。不是崇敬圣徒、不是朝拜圣地、不是唱赞美诗、不是熟知经院神学所注疏的犹太教信条，就能使一个人成为基督徒，而是一个人的灵魂、一个人的人性、一个人所具有的基督徒的生活态度能经得起考验，这样方能使一个人成为真正的基督徒。为圣徒们效劳最好的人不是那些收集和供奉圣徒们遗骨的人，不是那些去朝拜他们的墓地和蜡烛烧得最多的人，而是那些在自己的私生活中竭力效仿圣徒们如何变得虔诚的人。比完全遵守一切宗教礼仪——祈祷、斋戒、弥撒——更为重要的是：按照耶稣基督的精神度过自己的一生。伊拉斯谟说："我们宗教信仰的精髓就是和睦与虔诚。"伊拉斯谟在这里和他在其他领域一样，他所关心的是把活生生的现实生活提升到普遍的人性，而不是把活生生的现实生活扼杀在陈规陋习之中。伊拉斯谟试图通过把基督教信仰和普遍的人性联系在一起，从而有意识地把基督教信仰和单纯恪守教规区别开。伊拉斯谟尽量将各个民族和各种宗教中曾经有过的在伦理上完美无缺的一切观念作为有益因素纳入基督教信仰的理念之中。伊拉斯谟说："无论你在何处感悟到的真谛，皆可视为属于基督教。"伟大的人文主义者伊拉斯谟这样一句言简意赅、广泛流传的话是针对一个思想狭隘、教条主义横行的世纪而说的。这样一句话架起了一座通往不同时代和不同地域的桥梁。谁像伊拉斯谟那样有兼容并蓄的思想，处处将智慧、人性、高尚品德视为是至高无上的基督之爱的各种表现形式，并视为皆属于基督教信仰本身，那么谁就不会像修道院里闭塞的教徒那样将古代哲学家[16]打入地狱（伊拉斯谟有一次竟热情地喊出"令人敬仰的苏格拉底"），而是将以往历史上高贵和伟大的一切纳入基督教信仰的范畴。伊拉斯谟说："就像《出埃及记》中的犹太人为了装饰他们自己的神庙而在离开埃及时带走他们自己所有的金银器具一样。"按照伊拉斯谟对宗教的见解，凡是在历史上为提升人的道德和高尚精神而做出贡献的一切都不应该用一道僵硬的樊篱和基督教信仰隔开，因为在一个人的心目中没有基督教的真谛和非基督教的真谛之分，而是一切形式的真谛皆为神赐。因此，伊拉斯谟从未将基督徒信仰的规范称之为"基督徒的神学"[17]，而是称之为"基督徒的哲学"[18]——一种人生态度的规范。基督教信仰对伊拉斯谟而言无非是人的高尚品德的代名词。

天主教会对《圣经》的诠释振振有词，神秘宗教的信徒们热衷于爱欲，相比之下，伊拉斯谟的这些基本理念或许显得有些平淡无奇，但这些理念符合人性。伊拉斯谟在这里就像他在其他任何学术领域一样，他并不十分注重自己倡导的理念有多么深奥，而更注重自己倡导的理念能广泛流传。

伊拉斯谟曾应一位军人之妻的请求，为了劝诫她的丈夫而即兴编写了《基督徒军人之手册》[19]，这本小册子后来成为大众手中的神学著作，并成为提出激进要求、具有战斗性的宗教改革的先声。但是宗教改革的斗争并非由这本书拉开序幕，这本书只不过是在宗教改革爆发前的最后一刻提出消除斗争危险的建议而已。这就是在荒漠中孤身呐喊的伊拉斯谟的使命。当时，在教皇主持的宗教会议上围绕一些教义上的细枝末节争论不休，而伊拉斯谟则梦想在那样一个时代将真诚的宗教信仰的一切形式做最后的综合——梦想基督教信仰的"复兴"[20]，从而使人世间永远消除纷争与对抗，并进而将信仰天主真正提升为所有世人的宗教。

　　善于以多种方式表达同一思想，是伊拉斯谟多才多艺的突出表现。身为坚定的时代批评者，他在《赞美傻气》中揭露了天主教会内部的种种弊端，而在《基督徒军人之手册》中预先展示了一个人人都能明白的理想：一种富有人情味的内心笃信宗教。但与此同时，他又将自己的理论：必须"发掘基督教信仰的最初源头"付诸实施——身为校勘家、古典语言学家、古籍注疏家的伊拉斯谟重新将四福音书从希腊语译成拉丁语[21]，成为马丁·路德将《圣经·新约》译成德语的底本。可见，伊拉斯谟的这项业绩和马丁·路德的圣经翻译几乎具有同样重要的时代意义。

　　回归基督教信仰的真正源头——在保持纯正和没有掺杂任何教条的《圣经·新约》的原本中寻找基督教信仰的源头：这曾是伊拉斯谟向人文主义的新神学提出的要求。他凭着自己最内在的本能感觉到这是时代的需要，他比马丁·路德早十五年[22]就已指出：翻译圣经是一项具有决定性意义的工作。伊拉斯谟在一五〇四年写道："我不能够说，我是怎样全力以赴翻译圣经的。我只能够说，凡是阻碍我翻译圣经或者即便是仅仅耽误我翻译圣经的一切，我都会感到很烦。"[23]伊拉斯谟说，世人应该知道四福音书中如何讲述耶稣基督的一生；知道耶稣基督的一生不再应该是懂得拉丁语的修士和教士们的特权。全体民众也都应该和必须知道。伊拉斯谟说："能够使农夫可以在田间地头阅读四福音书。能够使织布的人可以在织布机旁阅读四福音书。"能够使为人母可以把四福音书——基督教信仰的全部核心内容传授给自己的子女。然而，在伊拉斯谟倡导将圣经译成各民族语言这个伟大而又大胆的想法产生之前，学者伊拉斯谟就已发现：即便在当时被天主教会认可和准许的唯一圣经文本——《拉丁语圣经通用文本》[24]中也有多处含义模糊不清，而且从古典语言学的角度看也并非无懈可击。诚然，真谛不应该沾染源自尘世的瑕疵。于是，伊拉斯谟投身这项艰苦的巨大工程——把希腊语《圣经·新约》重新翻译成拉丁语，并对希腊语原文中可能产生歧义和可能被随意解读之处加以详细评注。这本新的《圣经·新约》希腊语拉丁语双语文本于一五一六年在巴塞尔由弗罗本出版。此书的出版意味着伊拉斯谟又迈出突破性的一步：自由研究之风已涉及学术的最后一个堡垒——神学。不过，伊拉斯谟的典型处世之道是：纵使他做的工作不落窠臼，他也会依然十分巧妙地使自己的工作貌似沿袭前人的做法，从而使自己对神学最强有力的冲击也不致引起神学家们的愤懑。为了预先防止神学家们的任何攻击，伊拉斯谟将这第一部不受教会左右的《圣经·新约》双语文本敬献给教会的主人——教皇。而当时那位教皇——利奥十世本人就具有人文主义思想。他在一道教皇通谕中友好地回应说：对伊拉斯谟的新译本，"我们感到高兴"，教皇甚至还赞扬伊拉斯谟为这部有益于教会的《圣经》新译所付出的辛劳。伊拉斯谟自己一向知道，凭借他自己的温和本性能够平息教会注疏和个人自由研究之间的争论。倘若是其他人遇到这类争论，很可能会导致十分可怕的敌对。而伊拉斯谟善于调解的天才和通情达理的平衡艺术即便是在这样最棘手的领域也能获得巨大成功。

伊拉斯谟以这三部著作[25]赢得了他的那个时代。他为他的那一代人遇到的重大问题说出了具有启迪意义的话。伊拉斯谟以平静的口吻、人人都能明白和富有人情味的方式阐述了他那个时代的各种热议问题，从而获得民众的极大好感。天底下所有的人都会对那些认为依靠理性的力量能够使社会取得进步的人永怀感激之情。那一代的世人深感幸运，他们在目睹了各种悲天悯人的修士们、爱争吵的狂热教徒们、满腹牢骚的幸灾乐祸者们以及白日呓语的经院神学的学究们之后，终于知道在欧洲还有这样一个人——伊拉斯谟。他是唯独从人性的角度评说思想界和宗教界各种问题的人——一个对世人友善的人。尽管人世间有着各种弊端，但他依然信赖这个尘世，并且愿意把这个尘世引向清明。于是在他周围聚集起一大群人并且越来越多，他们默默地期待着伊拉斯谟的巨大创造力。——当一个人决心着手解决时代的关键问题时，往往都会发生这种情况。各种力量、各种希望、期待通过新的学术著作使人变得更加高尚和更富有人性的各种迫切愿望最终都会凝聚在这样一个人身上。他们都说，唯有伊拉斯谟能够消除困扰那个时代的紧张局面，别无他人。伊拉斯谟这个名字原本只是享誉文坛，可是在十六世纪初已威名煊赫，无人能与之比肩。假如他生性大胆，那么他很可能会利用自己的威望专横跋扈地在行动上领导具有世界历史意义的宗教改革。然而，伊拉斯谟的世界不是一个行动的世界。他只会说清道理而不会付诸行动。他只会做舆论准备而不会实践。在宗教改革的大旗上写的不是伊拉斯谟的名字。伊拉斯谟播下的种子是由另一个人来收获。

注 释

〔1〕 关于《赞美傻气》的述评，参阅《年谱》1509 年记事〔4〕。

〔2〕 1564 年 4 月 23 日，英国伟大的戏剧家兼诗人威廉·莎士比亚（William Shakespeare）在英格兰沃克郡埃文河上的斯特拉特福（Stratford）镇出生，1616 年 4 月 23 日在该镇去世，遗体安葬在斯特拉特福的三一教堂。

莎士比亚一生写了 37 部戏剧、154 首十四行诗、两首长诗和其他诗歌。主要剧作有喜剧《仲夏夜之梦》、《威尼斯商人》，历史剧《理查二世》、《亨利四世》和悲剧《罗密欧与朱丽叶》、《哈姆雷特》、《奥赛罗》、《李尔王》、《麦克白》、《雅典的泰门》等。莎士比亚是文艺复兴时期的伟大作家。他的作品充分反映人文主义思想。

莎士比亚十四行诗集中的第 66 首部分诗句在本书第五章《峥嵘岁月》第 99 页中被斯蒂芬·茨威格引用。该诗的英语原文是：

Tired with all these, for restful death I cry,

As to behold desert a beggar born,

And needy nothing trimmed in jollity,

And purest faith unhappily forsworn,

And gilded honour shamefully misplaced,

And maiden virtue rudely strumpeted,

And right perfection wrongfully disgraced,

And strength by limping sway disabled,

And art made tongue-tied by authority,

And folly doctor-like controlling skill,

And simple truth miscalled simplicity,

And captive good attending captain ill.

Tired with all these, from these would I be gone,

Save that to die I leave my love alone.

参阅英语版 William Shakespeare: *Complete Works*《莎士比亚全集》，
［英］乔纳森·贝特（Jonathan Bate）和［美］拉斯马森（Eric Rasmussen）
主编，北京：外语教学与研究出版社，2008 年 12 月第 1 版第
2446—2447 页。此诗译自英语的中译文，参阅梁宗岱的译文，载
《莎士比亚全集》（十一），北京：人民文学出版社，1978 年 4 月第
1 版第 224 页。辜正坤的译文，载《莎士比亚全集》（八），南京：
译林出版社，1998 年 5 月第 1 版（2007 年 2 月重印）第 220 页。
此诗在本书第五章《峥嵘岁月》中的译文译自斯蒂芬·茨威格的德
译文。德语原文是：

Verdienst als Bettelmann geboren

Und düft'ges Nichts in Herrlichkeit gefaßt

Und Kunst geknebelt von der Obrigkeit

Und Geist geworden ohne Recht

Und dumm befunden schlichte Redlichkeit.

〔3〕 "拍案而起的人"的原文是拉丁语：seditiosus。

〔4〕 "睁着眼睛走过去！"，此处引用意大利语原文：Guarda e passa！

〔5〕 1506 年 11 月 11 日，伊拉斯谟在意大利博洛尼亚目睹一身戎装的尤
　　利乌斯二世教皇亲率大军进入博洛尼亚。参阅《年谱》1506 年记事
　　〔1〕和〔8〕。

〔6〕 希腊语 Encomium moriae 中的 encomium 的词义是赞美，moriae 的
　　词义是傻气，连在一起是"赞美傻气"，但由于 moriae 和莫尔的名
　　字 More 是谐音，故也可联想为"赞美莫尔"。此处的希腊语是用拉
　　丁字母拼写。这是欧洲中世纪精通拉丁语的学者们的一种习惯。

〔7〕 此处原著的德语原文是：Lob der Narrheit，但本书德语版编辑在
　　此处加注说明：Encomium moriae 更通常的德译名是：Das Lob der
　　Torheit。

〔8〕 狄摩西尼（Demosthenes，公元前 384—公元前 322），古希腊雅典
　　的民主派政治家和著名演说家，常发表演说反对马其顿王国的入

侵，维护希腊的独立。

〔9〕 1694年11月21日，18世纪法国启蒙运动领军人物、哲学家、历史学家、文学家伏尔泰（Voltaire，1694—1778）在巴黎出生。他原名弗朗索瓦·玛丽·阿鲁埃（François Marie Arouet）。

伏尔泰是自然神论者，提倡对不同的宗教信仰采取宽容态度，终生与宗教偏见作斗争，但又认为宗教作为抑制人类情欲和恶习的手段是必要的。伏尔泰的思想和伊拉斯谟的思想有不少相通之处。伏尔泰有《全集》100卷传世，1778年5月30日在巴黎去世。

在他的文学作品中哲理小说评价最高，哲理小说的代表作是《老实人》（Candide，1759）。故事情节是：老实人是森特·登·脱龙克男爵的养子，寄居在男爵府上。府上的家庭教师邦葛罗斯是一位乐观主义者，认为世上的一切已相当完美。老实人憨厚淳朴，很相信这位教师的说法。一天，男爵发现老实人竟和自己的女儿居内贡恋爱，勃然大怒，遂将老实人逐出家门，老实人开始浪迹天涯。他到过保加利亚、里斯本、巴拉圭，然后到了黄金国，那里的财宝俯拾皆是，物阜民安，人人温文尔雅。老实人在那里深受厚待。一个月后，老实人带着黄金国国王赠送的钱财离开黄金国，继续去寻找居内贡。只不过他离开黄金国后再也找不到黄金国了。老实人最后在君士坦丁堡找到了居内贡，她因受生活的折磨已变得奇丑无比，但老实人忠于自己的诺言，和居内贡结婚。和他们相聚在一起的还有死里逃生的邦葛罗斯、居内贡的哥哥和朋友加刚菩。他们从一个土耳其庄稼汉那里得到启示：劳动可以免除饥寒、烦恼和奢望。小说的最后结论是：唯有劳动，日子才好过，并以"种咱们的园地要紧"的名言结束全书。小说试图以曲折的情节和生动的形象否定当时在欧洲流行的乐观主义哲学（莱布尼茨、波林勃洛克等人的信条），揭露当时欧洲社会专制统治的罪恶和教会的倒行逆施，启发人们的正义诉求。小说中的黄金国是启蒙主义者理想中的"理性王国"。小说以讽喻手段达到警世目的，其艺术效果和伊拉斯谟的《赞美傻气》相似。

〔10〕 索福克勒斯（Sophocles，公元前496？—公元前406），古希腊三大悲剧诗人之一。悲剧《俄狄浦斯王》为其传世名著。

〔11〕 1622 年 1 月 15 日，17 世纪法国伟大的喜剧大师莫里哀（Molière，1622—1673）在巴黎出生。他原名让·巴蒂斯特·波克兰（Jean Baptiste Poquelin）。莫里哀是他参加剧团后用的艺名。父亲是挂毯商和宫廷室内陈设商。莫里哀 15 岁时得到父亲的这个职位的继承权。据传，莫里哀曾于 1642 年为路易十三去过南方纳博讷行宫进行装饰。1635 年，法国在首相黎塞留推动下成立法兰西学院。文艺理论家布瓦洛当选院士，他劝说莫里哀放弃演丑角这个行当，莫里哀谢绝了他的好意。莫里哀去世后，据说路易十四曾问布瓦洛，在他统治期间，谁在文学上为他带来最大的光荣？布瓦洛回答："陛下，是莫里哀。"莫里哀虽非学院的院士，但学院在大厅里为他立了一尊石像，下面写着这样的话："他的光荣什么也不少，我们的光荣少了他。"1658 年 10 月 24 日，莫里哀率团在巴黎宫廷演出，首次晋见国王路易十四。国王把卢浮宫剧场赐予莫里哀剧团使用。莫里哀从此得到路易十四的庇护。莫里哀一生创作近三十部喜剧，其中最著名者有《伪君子》（《达尔杜弗》）、《吝啬鬼》（《悭吝人》）、《愤世嫉俗》（《恨世者》）、《贵人迷》、《太太学堂》、《唐璜》等。莫里哀的不少喜剧揭露教士的虚伪、抨击教会，适应当时君主专制的政治需要、代表谋求自身发展而和王权结合的资产阶级，因而屡遭教会的反对。莫里哀抛弃在他之前喜剧的情节荒唐、充斥海盗劫掠、多角恋爱、女扮男装、误会重叠等俗套，写出风格喜剧和性格喜剧，从根本上改造了法国的旧喜剧，1673 年 2 月 17 日莫里哀在巴黎演出时去世。

〔12〕 英国剧作家、诗人、评论家本·琼森（Ben Jonson，1572—1637）于 1572 年 6 月 11 日出生在伦敦威斯敏斯特区（Westminster）的一个牧师家庭，约在 1597 年开始当演员和剧作家。1618 年，英国国王詹姆斯一世赐予他年俸，实际上成为英国第一个桂冠诗人，1628 年成为伦敦市史官。去世后被葬在威斯敏斯特教堂，墓碑上的铭文是："罕见的本·琼森。"他是 17 世纪初期英国文坛的盟主。他博览群书，涉猎古希腊、古罗马、中世纪、文艺复兴时期欧洲和英国的历史、考古、文学、语言等种种著作，被文学史家称为英国文艺复兴时期的"典范"作家。本·琼森的创作除 18 部戏剧

外，还有"假面音乐剧"31部、诗集、评论集等。最成功的喜
剧之一是《狐狸》(1606)，描写人的贪婪。该剧主人公伏尔波涅
(狐狸的音译)是威尼斯富翁，和食客莫斯卡(苍蝇的音译)狼
狈为奸，伪装将死，以遗产为诱饵，骗取一批贪利之徒的财物乃
至妻子，该剧淋漓尽致地刻画了当时处处充斥着贪婪的社会风貌。
本·琼森于1637年8月6日在伦敦去世。

〔13〕在中世纪欧洲，君王被尊称为"陛下"，教皇被尊称为"圣座"
（英语 Your Holiness，德语 Hochheiligen）。

〔14〕典故源自《圣经·新约·马太福音》(5：13)，耶稣基督说："你们
是世上的盐，盐若失去味道，怎能叫它再咸呢？盐就不再有用。"

〔15〕此处是指当时基督教新教内部对圣餐教义的分歧。天主教义将
圣餐中的面包与酒视为耶稣的身体与血。当时新教内部各派对于
耶稣是否存在于圣餐之中各执一词。路德强调耶稣所说"这是我
的身体"的话应该照字面解释。茨温利则认为耶稣那句话里的
"是"应该理解为"代表"。

〔16〕古希腊哲学兴起之时，基督教尚未诞生。故中世纪的基督徒将古
希腊哲学视为非基督教思想，但伊拉斯谟认为，古希腊哲学推崇
高尚、人性和美德的思想和基督教教义相通。

〔17〕"基督徒的神学"是伊拉斯谟使用的专门术语，拉丁语原文是：
Theologie Christi。

〔18〕"基督徒的哲学"是伊拉斯谟使用的专门术语，拉丁语原文是：
Philosophie Christi，因为"基督徒的哲学"也包含古希腊哲学中
的非基督教思想。

〔19〕《基督徒军人之手册》，参阅《年谱》1501年记事〔2〕和1503年
记事〔2〕。

〔20〕此处的"复兴"，伊拉斯谟使用的是拉丁语原文：rinascimento。

〔21〕这是指伊拉斯谟于1504年开始重译并加注疏的《圣经·新约》希
腊语拉丁语双语文本，1516年在巴塞尔由弗罗本出版。关于此书
的优胜之处和历史意义，参阅《年谱》1516年记事〔1〕。

〔22〕伊拉斯谟重译并加注疏的《圣经·新约》双语文本于1516年出版。
马丁·路德将《圣经·新约》译成德语始于1521年在萨克森选帝

侯的瓦特堡，相隔 15 年。

〔23〕 1504 年夏，伊拉斯谟再度到卢万附近的普雷蒙特雷修道院藏书楼搜寻资料，发现意大利神学家洛伦佐·瓦拉用拉丁语写的《新约评注》。这份手稿是对《圣经·新约》里的《福音书》、《使徒书》和《启示录》所作的批注。早在 13 世纪，罗马教廷就承认，由圣哲罗姆主持翻译的《拉丁语圣经通用文本》（*Vulgata*）并非白璧无瑕。当时的修士会和教士个人都致力于改善该文本，但使之纯正的努力并未取得重大进展。伊拉斯谟看中洛伦佐·瓦拉的《新约评注》，这也可能是使他重新翻译《圣经·新约》的契机。

〔24〕 此处《拉丁语圣经通用文本》系指公元 400 年前后由圣哲罗姆主持翻译的 *Vulgata*。

〔25〕 这三部著作是：《赞美傻气》、《基督徒军人之手册》、《圣经·新约》希腊语拉丁语双语注疏文本。

第六章　人文主义的伟大与局限

　　鹿特丹的伊拉斯谟在他四十岁至五十岁[1]的这段时期达到荣誉的顶峰：欧洲数百年来还未曾知道有比他更伟大的人。他的同时代人——丢勒、拉斐尔、莱奥纳尔多·达·芬奇、帕拉切尔苏斯、米开朗琪罗，谁都没有像伊拉斯谟那样在当时的思想界所享受到的同样崇敬。没有一个著作家的著作能像伊拉斯谟的著作那样以无数的版本广泛流传。没有一个人的道德威望或者艺术才华能和伊拉斯谟匹敌。伊拉斯谟的名字在十六世纪初简直就是"智者"——"卓尔不群和崇高精神"[2]的代名词，就像梅兰希顿[3]在其用拉丁语写的颂扬文章中所赞美：伊拉斯谟是思想界、学术界、文学界和普及知识的无可置疑的权威。世人称颂伊拉斯谟时而为"无所不知的博士"[4]，时而为"学术之王"，时而为"学术研究之父"或者"正宗神学的捍卫者"。世人称他为"世人的明灯"或者"西方的预言家"[5]，称他为"无与伦比的男子汉和知识渊博的导师"[6]。任何赞美之词对伊拉斯谟而言都不过分。穆蒂安[7]写道："伊拉斯谟是超人。他好像来自天国，我们应该虔诚地把他当作神一样崇敬。"另一位人文主义者卡梅拉留斯[8]说:"凡是不愿在文学和学术的王国被视为外行的人都会钦佩伊拉斯谟,颂扬他、赞美他。如果谁能设法得到伊拉斯谟的一封信,那么此人就会兴高采烈并名声大振。凡是能和伊拉斯谟说上话的人,就算是世间的有福之人。"

事实是:世人开始竞相逢迎的伊拉斯谟不久前还是一个不知名的学者呢。此前的伊拉斯谟曾通过给权贵们献词、私人授课和通过求助信函艰难度日。伊拉斯谟曾曲意逢迎权贵们以求得名誉职位的微薄俸禄——而现在是权贵们竞相要得到伊拉斯谟的好感:每当尘世的权贵和金钱世界急需一位思想精英时都会令人欣慰地看到这样一幕。皇帝们和国王们、公爵们和侯爵们、大臣们和学者们、教皇们和主教们都屈尊竞相争取要得到伊拉斯谟的好感。两个世界:世俗世界和精神世界的主人——既掌握德意志世俗政权又左右德意志天主教会的卡尔五世皇帝[9]聘请伊拉斯谟为自己的顾问,亨利八世[10]想请他去英国,奥地利的费迪南德一世[11]想请他去维也纳,弗朗索瓦一世[12]想请他去巴黎。还有来自荷兰、布拉班特[13]、匈牙利、波兰和葡萄牙的各种十分诱人的邀请。五所大学[14]为本校的荣耀而竞相争取他去任教。三位教皇[15]向他写了表示赞赏的书信。在他的书斋里摆放着有钱的崇拜者自愿馈赠的许多礼品——金制的饮杯、银制的餐具、用车辆运来的葡萄酒和珍贵的书籍。他们的所作所为都是为了攀附伊拉斯谟——用伊拉斯谟的声望增添他们自己的荣耀。伊拉斯谟固然精明且又多疑,然而还是彬彬有礼地接受了所有的馈赠和荣誉。他甚至乐意和以毫不掩饰的欣喜让别人给他送礼，让别人赞美和颂扬他。但是他不出卖自己。他让别人为他效劳，却从不接受要他为别人效劳的企图。他认识到：一个有艺术才华的学者的内心自由和不被收买是一个坚定不移的思想先驱产生任何道义影响所必不可少的先决条件。他知道：他的特立独行始终是他最强大的力量。但他也知道：如果他不凭借自己所享有的荣誉周旋于宫廷，而是让自己所享有的荣誉像一颗闪耀的明星静止不动地悬挂在自己家园的上空，这也很可能是大可不必的傻事吧！伊拉斯谟早就不需要自己出门旅行去造访任何人了，因为别人都会来巴塞尔拜访他——巴塞尔由于伊拉斯谟居住在这里而已成为世人的思想宝库。没有一位贵族、没有一位学者、没有一位注重自己声誉的人会在途经巴塞尔时错过向这位伟大的智者伊拉斯谟表示自己的敬意，因为和伊拉斯谟谈过话已渐渐成为一个人得到"文化骑士"——属于文化界的高贵人群——这个美誉的一种方式。而去拜访伊拉斯谟则是向当时代表巨大而又无形的精神力量的这样一位象征性人物所表示的最最令人瞩目的崇敬，就像人们在十八世纪拜访伏尔泰和在十九世纪拜访歌德一样。一些大贵族和学者为了请伊拉斯谟在他们各自的贵宾题词留念册上亲笔签名会奔波好几天，千里迢迢而来。当时教皇的一个侄子——一位红衣主教三次邀请伊拉斯谟赴宴未果，这位红衣主教不但不觉得自己没有面子，反而亲自到弗罗本的又脏又乱的印刷所去拜访伊拉斯谟。伊拉斯谟写的每一封信都会被收信人装入锦缎封面的盒子，并且会在自己尊敬的朋友们面前打开，就像打开圣徒遗物似的。伊拉斯谟大师写的一封推荐信简直就是开启一切大门的万能钥匙——在欧洲还未曾有过一个人仅仅依靠自己的精神力量就能对天下产生如此巨大的影响。歌德没有。伏尔泰似乎也没有。从我们今天的时代看，伊拉斯谟这样一种卓尔不群的地位还无法从他的著作和从他的为人完全弄明白。我们今天在他身上看到的是一个智慧非凡、人情味十足、有艺术才华的人和一个在许多方面给人以启迪并充满魅力的思想精英。但他不是一个吸引世人改天换地的思想精英。诚然，对他的那个世纪而言，伊拉斯谟不仅仅是一种文学现象，而且已成为表达他的那个世纪最最隐秘的精神追求的标志性人物。任何一个想要自我改革的时代都会首先在一个人物身上反映自己的时代理想。时代精神往往要为自己选择一个人物作为典型，以便在他身上感性地体现时代精神。而且时代精神为了激发自身的热情也会在一定程度上热衷于提高这个典型人物——常常是时代偶然选择的某个人物——远远超越他自身原来影响的程度。因为新的感情和新的想法往往只能被少数出类拔萃的人所理解。广大民众对抽象形式的新感情和新想法从来就大惑不解，而完全是通过感性认识和在某个人身上的体现才会明白，所以广大民众喜欢用一个人——一个偶像、一个他们真诚效仿的榜样取代一种理念。这样一种时代的愿望有一阵子就完全表现在伊拉斯谟身上，因为这个"非常全面的人"[16]——知识渊博而又不片面的伊拉斯谟、这个用自由的目光着眼于未来的人已成为新一代人的理想化典型。处在人文主义之中的那个时代庆幸自己有思考的勇气和有新的期望。崇尚精神力量第一次超越崇尚纯粹世袭而来的权力，而这样一种价值观的转变究竟有多么迅猛可以从下面这样的事实中得到佐证：原本大权在握的高贵者会自愿听从创造精神财富的新巨擘。卡尔五世皇帝[17]竟然会弯下腰去为牧羊人之子提香[18]拾起掉在地上的画笔，从而使他的宫廷大臣们大感震惊。教皇竟然会听从米开朗琪罗大声嚷嚷请教皇离开西斯廷礼拜堂的话，以便不干扰米开朗琪罗大师的工作。亲王们和主教们不再收藏各种武器，而是突然改为收藏各种图书、绘画和手稿。这些无非是一种标志，说明权贵们已认识到：具有创造力的思想精英的巨大势力已在西方国家占有主导地位，认识到艺术作品肯定会比时代的标志——战争和政治更有生命力。权贵们无意识地认输了。处在精神力量占主导地位的欧洲第一次认识到自己的思想意识和使命在于缔造统一的西方文明——树立在创造性方面堪称表率的欧洲文化。

时代为这样一种新的意识替自己选择伊拉斯谟为旗手。时代让伊拉斯谟——这位"反对蒙昧主义者"[19]、这位向一切落后的事物和一切旧的传统势力作斗争的思想先驱走在其他一切人的前面，时代认为伊拉斯谟更高尚、更具有自由精神、更富于人性。他是未来世界公民的引路人。诚然，今天的我们会觉得：那种大胆的探索和顽强的奋斗——那个世纪的"浮士德精神"[20]可能会在另一个"非常全面的人"的典型代表身上表现得更深奥，比如，莱奥纳尔多·达·芬奇和帕拉切尔苏斯。然而，恰恰是伊拉斯谟的著述明白易懂——常常是一目了然——他的著述能被一般人认知以及他的温文尔雅的为人使他在当时交上了这样的好运。因为当时大多数民众的心声都试图以温和的改革而不是用激烈的革命开启任何一次全欧洲的革新——不是用激烈的革命进行任何全面的改天换地，所以是时代本能地作出了正确选择：时代在伊拉斯谟身上看到了一个标志性人物——他体现从不间断而又默默起作用的理性。但是伊拉斯谟当时被人们所推崇的一切,最终却有损于他自身的伟大。欧洲曾有过心声一致的美好时刻,怀着建设统一文明的人文主义梦想:统一的文明将会有一种统一的语言、一种统一的宗教和一种统一的文化,从而结束自古以来灾难性的纷争。而这样一种令人难忘的梦想始终和鹿特丹的伊拉斯谟这个人和他的名字联系在一起,世人会永远铭记。因为伊拉斯谟的理念、愿望和梦想在那个具有世界历史意义的时刻主导着欧洲。然而,这样一种为最终统一西方国家的理念和使西方国家摆脱纷争的意愿——纯粹的思想意愿始终只不过是在我们共同的家园——欧洲用鲜血书写的悲剧中一段迅速被人遗忘的小插曲而已。这是伊拉斯谟的不幸,也是我们大家的不幸。

伊拉斯谟梦想中的一个统一的欧洲第一次包括欧洲所有的国家、欧洲所有的民族和欧洲所有的语言——这可是值得永铭的时刻呀!统一的欧洲实行温和的统治。由于人文主义者憎恶暴力,所以不是通过暴力统治统一的欧洲,而是唯独通过思想界贡献的感召力和说服力统治统一的欧洲。由于伊拉斯谟不赞同任何擅权者的独裁,所以统一的欧洲的政权完全通过口头表决[21]选举产生。伊拉斯谟心中统一欧洲的根本大法是自愿和内心自由。伊拉斯谟不愿像先前的君主们和各种宗教那样以不能容忍的态度强迫世人接受他自己的思想立场——富有人性的人文主义理想,而是愿意让这样的理想像一盏明灯似的吸引在黑暗中躁动不安的芸芸众生进入他的纯净境界——用谆谆告诫让那些蒙昧的世人和不闻不问的世人明白伊拉斯谟的思想立场。人文主义者没有强权意识，不知道什么是敌人，也不愿看到受奴役的人。谁不愿意属于这个人文主义佼佼者的圈子，就可以留在圈外，没有人强迫他，没有人需要用暴力迫使他接受这样一种理想。任何的不能容忍皆源自内心的不能谅解，这和倡导世人互相谅解格格不入。但是另一方面，也不会有任何人被拒绝进入这个志同道合的人文主义新团体。任何渴望教育和文化的人都能成为人文主义者。任何阶层的任何人——无论是男人还是女人，是骑士还是教士，是国王还是商人，是俗人还是修士——都能够进入这个自由的人文主义团体，不会向任何人询问其出身的种族和出身的阶层，不会询问其说哪种语言或者属于哪个国家。于是，在欧洲人的思想中便出现一个新的概念——超越国界的概念。迄今横亘在人们之间不可逾越的樊篱——各种语言——不应该继续成为各民族交流的障碍，而应该通过人文主义者普遍使用的拉丁语——这样一门语言——在一切语言之间架起一座桥梁。同样，"祖国的理想"——由于祖国的概念太狭隘因而不可能实现的理想——也应该被超越国界的"欧洲的理想"所取代。伊拉斯谟在他的《和平之控诉》[22]中宣称："整个天下就是一个共同的祖国。"伊拉斯谟是从这样的高度看欧洲，在他看来，欧洲国家之间的流血纷争——英吉利人、德意志人和法兰西人之间的任何仇恨皆为荒谬。伊拉斯谟写道："既然耶稣基督以他的名义将我们大家连在一起，为什么还要以英吉利人、德意志人和法兰西人这样一些多此一举的名义将我们大家拆散呢？"欧洲内部的一切纷争在有人文主义思想的人看来无非是互相的误解而已，这要归咎于互相理解太少，受教育太少。未来欧洲人的任务应该是始终强调团结和联合——将欧洲的利益置于国家利益之上，将全体民众的利益置于祖国的利益之上，而不应该光凭感情听从小国的君主们、各教派的狂热分子和国家利己主义者们的虚妄诉求。未来欧洲人的任务应该是将全体基督徒仅仅作为一个宗教团体的概念转变为一个全社会基督教信仰的概念：无私奉献、互相谦让的人类之爱的概念。也就是说，伊拉斯谟的这样一种理念所树立的目标要比仅仅建立一个超越国界的欧洲社会更高。他的目标是：为西方国家树立一种新的统一精神形式——基督教信仰，建立一个坚定奉行基督教信仰的超越国界的欧洲社会。虽然此前已有各种不同的人尝试过欧洲的统一——古罗马帝国的军事统帅们、查理曼大帝[23]以及后来的拿破仑一世[24]都尝试过。不过，这些专制君主们是致力于用火与铁将各个民族和各个国家联合起来——强国的征服者为了把弱国依附于自己而用暴力的铁拳将弱国击得粉碎。而伊拉斯谟统一欧洲的理念完全是出于道义上的考虑——是一种完全没有私利的精神追求。这就是根本的区别！以一种共同的文化和共同的文明统一欧洲各国的期望始于伊拉斯谟。可是，这种期望至今仍尚未实现！

伊拉斯谟是提出"这样一种在政治上互相理解并在一切领域互相理解"这个理念的思想先驱。在他看来，各种各样互相理解的不言而喻的前提是：摈弃任何暴力，尤其是摈弃战争——"毁灭一切美好事物的大灾难"。伊拉斯谟应该被视为是倡导和平主义的第一位文人理论家——他在一个战争连绵不断的时代至少写过五篇反战著作：一五〇四年他在献给腓力一世[25]的《颂词》中赞美通过联姻和平统一西班牙；一五一四年他在致康布雷教区主教[26]的信函中说："但愿那些基督徒君主们为了耶稣基督的缘故而关心和平"；一五一五年他将其议论文《只有那些未经历过战争的人才觉得战争有甜头》辑录在《古代西方名言辞典》之中[27]；一五一六年他在其《基督徒君主之教育》[28]中谏言年轻的君主查理一世（神圣罗马帝国卡尔五世皇帝）避免战争；尔后，伊拉斯谟于一五一七年发表《和平之控诉》，这篇文章虽然被译成各种语言，然而并未被各民族所听取——当时，和平"遭到欧洲所有国家和民族的摈弃、排斥和扼杀"。

话又说回来，在我们今天这个时代之前几乎四百年的当时，伊拉斯谟就已知道，爱好和平的人固然义正词严，但未必能获得多少感激和赞同。伊拉斯谟写道："发表反对战争言论的人甚至很可能被视为不明事理、傻气十足和有悖基督精神的人。"不过，这样的时代氛围并没有妨碍伊拉斯谟以越来越坚决的态度在那个崇尚强权和穷兵黩武的时代抨击君主们对战争的热衷。西塞罗[29]曾说："不公正的和平仍然要比最公正的战争好。"伊拉斯谟认为，西塞罗说得对。单枪匹马反对战争的伊拉斯谟所提出的一系列反对战争的论据至今仍然是反战的丰富智慧宝库。伊拉斯谟曾写道："倘若禽兽互相进行攻击，我能理解并宽恕它们的无知。"但是，人类必须认识到：战争本身必定已经意味着非正义，因为战争通常不是殃及那些煽动和进行战争的人，而是几乎毫无例外地将战争的全部重担强加在无辜者——可怜的老百姓身上，无论是战胜或者战败给他们带来的皆是灾难。伊拉斯谟写道："绝大多数人和战争毫不相干。即便在战争中获利的少数人，他们的好运道也是以他人的损失和厄运为代价。"也就是说，战争的观念和正义的观念完全不沾边。于是伊拉斯谟再次问道：既然如此，一场战争又怎么可能是正义的呢？在伊拉斯谟看来，无论是在神学领域还是在哲学领域都不存在某种公认的唯一真谛。在他看来，真谛从来就有各色各样的许多说法。道理也是如此，因此"一国之君最应该三思而后行的莫过于开战，不要以为自己开战必定有道理，因为谁不把自己的所作所为视为有道理呢？"一切道理都有双重性：公说公有理，婆说婆有理——一切事物都可能会"被蒙上'迷彩色'，并且被各派别弄得面目全非"，纵使一个国君自以为开战有理，而是否有理并非由率先动武可以判定，而且开战也从未可以通过武力而告结束，因为"一次战争来源于另一次战争——一次战争会引起下一次战争。"

也就是说，在有识之士看来，诉诸武力的裁决从不意味着是从道义上解决争端；伊拉斯谟明确宣称：有识之士——各国的学者们不应该在交战的情况下中断他们之间的友谊。他们的态度绝不可以是用狂热的派性煽动民众——煽动民族之间和社会各阶层之间的对立以及煽动舆论的对立，而应该毫不动摇地坚守纯洁的人性和正义。他们的永恒使命始终是：以四海之内皆兄弟和基督精神普天下的理念对抗"邪恶的、违背基督精神的、野蛮残酷而又荒唐的战争"。因此，伊拉斯谟强烈谴责教会——最崇尚道义的圣殿——为了尘世间争夺强权的缘故而放弃圣奥古斯丁[30]关于"耶稣基督的人间和平"的伟大理念。伊拉斯谟写道:"神学家们和传播耶稣基督生平的教士们竟然会成为战争的主要煽动者、战火的点燃者和战争的推动者,却不以此为耻,而战争是天主耶稣基督深恶痛绝的呀!"伊拉斯谟愤慨地写道:"主教的权杖怎么可以混同于枪戟呢? 主教的冠冕怎么可以混同于头盔呢? 福音书怎么可以混同于盾牌呢? 怎么可以在布道坛上一边宣讲耶稣基督,一边又宣扬战争呢?"——怎么可以用同一个喇叭既颂扬天主又鼓吹战争呢? 也就是说,"鼓吹战争的教士"完全和圣经背道而驰,因为他没有遵循耶稣基督——天主与导师至高无上的教诲:"愿和平与你们同在!"

　　每当伊拉斯谟大声疾呼反对战争、反对仇恨和偏执时,他总是满怀激情。不过,他的愤慨所引起的这种激情从未扰乱他对世界的清楚观察。伊拉斯谟在他内心深处是一个理想主义者,但同时又是一个清醒的怀疑论者[31]。他完全意识到要在现实世界中实现"耶稣基督的人间和平"会有各种各样的阻力——专制统治会给人的理性带来阻力。伊拉斯谟在其《赞美傻气》中描写了人的无可救药的各种类型的妄想和荒唐。伊拉斯谟不属于那些以为用文字、著作、布道和宣传小册子就能泯灭或者抑制人的本性中动武欲望的理想主义梦想家之列。伊拉斯谟绝不会视而不见这样的事实:数千年以来——自从茹毛饮血的时代以来,人类的血液中就滋生着动武和好斗的原始本能,伊拉斯谟依稀回想起远古时代这一群野蛮人对另一群野蛮人的那种原始仇视。伊拉斯谟也同样清楚:要使人的种族完全失去兽性和完全人性化,还必须经过数百年乃至数千年的道德教育和提高文化修养不可。伊拉斯谟知道,动武和好斗的原始本能不可能通过温和的道德说教就会被祛除。伊拉斯谟承认，人世间的蒙昧野蛮是一种实际存在并且暂时还难以克服。因此，伊拉斯谟的真正斗争是在另一个领域进行：身为思想精英的伊拉斯谟始终只能向有识之士——领袖人物：君主们、教士们、学者们和艺术家们求助，而不能向那些被领导者和被误导者们求助。也就是说，是向那些伊拉斯谟知道他们负有责任并对欧洲土地上任何一次动武负有责任的人士求助。身为有远见的思想家的伊拉斯谟早就认识到：动武的欲望本身还不能构成对尘世的危险。动武的欲望和动武之间尚有一段短暂的间隙。动武的欲望固然会盲目和疯狂地增强，但在其意向之中——在其考量之中并无明确的目标。动武的欲望在其突然的迸发之后会消弭在其自身之中。历史上的各种起义和暴动如果没有思想上的引导从不会对实际存在的制度构成威胁。只有当动武的欲望服务于某种理念或者某种理念要利用动武的欲望时，才会出现真正的骚乱——出现流血和破坏性的革命，因为衣衫褴褛的穷人只有通过一种口号才会结成党派，只有通过组织工作才会成为一支军队，只有通过一种信条才会形成运动。当思想和暴力相结合的产物——狂热的盲目信仰——要将自己作为唯一被允许的信仰和生活方式强加在普天下所有的人身上时，狂热的盲目信仰才会对一部分人实行专制统治呢，尤其是对不抱狂热的盲目信仰的人的思想实行专制统治，从而把共同生活在一起的人划分为敌人或者朋友，拥护者或者反对者，英雄或者罪犯，信仰者或者非议者。因为狂热的盲目信仰只承认自己的体制并且只把自己的体制奉为圭臬，而人类的社会现象天生就是形形色色，所以狂热的盲目信仰必定要采取暴力来镇压任何异己的社会现象。在我们欧洲这片土地上，对思想自由和言论自由强行实施的一切限制举措——宗教裁判所、书刊检查制度、火刑薪堆和断头台并非源自盲目性的暴力，而是源自刻板僵化而又狂热的盲目信仰——这样一种无以复加的片面性——它也是大千世界的死敌。狂热的盲目信仰会陷入某种唯一的理念而不能自拔，并且始终试图将整个天下拽入其中并禁锢在这个唯一理念的樊篱之中。

因此，反复指出人类的大千世界乃是人类至高无上和最神圣的财富的人文主义者伊拉斯谟认为，一个思想精英所犯的最严重的过错，莫过于此人用某种单一的意识形态给民众时刻准备动用暴力的永恒意志一个决定性的借口，因为这个思想精英用意识形态激起了民众身上不可驾驭的原始欲望，而这样的原始欲望就会不可管束地践踏这位思想精英的原本想法并破坏其最纯洁的意图。个别的人能够煽动起民众慷慨激昂的情绪，但是个别的人却几乎不可能使慷慨激昂的民众重新恢复平静。谁把自己说的话像吹气似地吹向一颗小火苗，他必须意识到，炎炎烈火就会从此腾起。谁声称某种个别的生存体系——某种个别的思想和信仰体系放之四海而皆准，从而激起狂热的盲目信仰，那么，此人必须认识到：他这样做无异于号召针对任何别的思维方式和生活方式进行思想战或者进行真正的战争，无异于把世界分裂成为两半，他必须对此负责。任何一种思想专制都是对人类的思想自由进行宣战。因此，谁像伊拉斯谟似的为各种理念寻求一种极致的融合——寻求一种最人性的和谐，此人必定会把任何形式的片面思想——最最盲从的"不想理解对方的意愿"——视为是对他自己"寻求互相理解"的意愿的攻击。所以,一个受过人文主义教育、具有伊拉斯谟式人文主义思想的人绝不可以只效忠于一种意识形态,因为一切意识形态的本质原本都是为了谋求霸权。伊拉斯谟式的人文主义者不应该和任何派别有牵连,因为任何一个派别的成员都有义务从派别的立场看问题、思考问题,对自己的派别怀有感情。伊拉斯谟式的人文主义者应该在任何情况下确保自己的思想自由和行动自由,因为没有自由就不可能有正义,而正义——这唯一的理念应该成为所有世人共同的最高理想。所以,伊拉斯谟式的思考就是独立自主的思考,伊拉斯谟式的工作就是本着相互理解的精神而工作。伊拉斯谟信奉人性善良,秉承他的信奉的人文主义者不应该在自己的生活圈子内制造分歧,而应该促进团结,不应该使思想片面的人更加片面,使互相敌对的人更加敌对,而应该弘扬互相理解并倡导互相谅解。盲目信仰的时代越是狂热于派别之争,伊拉斯谟式的人文主义者越是应该坚守自己超越于派别,在各种迷误和困惑中着眼于共同的善良人性,成为人世间不受任何诱惑的维护思想自由和正义的人。正因为此,伊拉斯谟认同任何一种理念都有存在的权利,而不认同只有一种理念可以存在。曾试图了解并赞美傻气本身的伊拉斯谟从一开始就对任何理论和观点不抱敌意,而当任何一种理论和观点要伤害其他的理论和观点时,他就会持反对态度。他作为一个知识渊博的人文主义者之所以热爱尘世恰恰是因为尘世的丰富多彩,尘世的各种分歧并不使他感到害怕。他所厌恶的莫过于按照狂热的盲目信仰者和订立制度者的方式取消尘世存在的分歧。狂热的盲目信仰者试图把各种价值观归于一种价值观——寻求将千姿百态、嫣红姹紫的花朵归为一种形状和一种色彩。伊拉斯谟认为,不应该把分歧视同为敌对,而应该把似乎不可能一致的各种分歧在更高的层次——在善良人性的基础上达成统一。这正是人文主义者思想的显著特征。由于伊拉斯谟懂得如何在自己的思想中调和被常人视为严重敌对的社会现象:基督教和古代哲学的对立、信仰自由和神学的对立、文艺复兴和宗教改革的对立。所以他似乎必定相信:有朝一日世人会把千变万化的社会现象转变为造福于社会的取长补短:把世人的各种矛盾转化为高尚的和谐。这样一种最终的互相理解:欧洲人的互相理解、思想界的互相理解——原本就是人文主义者的唯一思想基础,犹如宗教信仰一般。这样的人文主义者通常被视为既冷静又理性。就像世人在那个懵懂的世纪满怀热情宣称自己信赖天主一样,人文主义者以同样的热情宣称自己信赖人类:相信尘世生活的意义和目标,相信未来是以兼容并蓄的世界取代思想片面的世界,从而会使世人变得越来越有人性。

人文主义者知道:培养这样一种善良人性的唯一途径是通过教育的途径。伊拉斯谟及其信徒们认为,唯有通过教育和书籍才有可能提升世人身上的善良人性,因为只有缺乏教养的人——没有受过教育的人才会毫无顾忌地放纵自己感情用事。一个有教养的人——一个受过文明教育的人就不再可能粗野地动用暴力。一旦有教养的人——有文化的人和受过文明教育的人占了优势,那么动乱和暴行自然就会渐渐减少，战争和思想迫害就会成为不识时务。——这可是伊拉斯谟精神酿成悲情的错误结论呀！这些人文主义者由于对文明所起的作用评价过高而没有懂得人的本能欲望中有任凭暴力恣意肆虐的原始欲望，并由于这些人文主义者对文化所抱的乐观主义而忽视了世人几乎无法解决民众互相仇视这样一个可怕的问题以及世人的心态会变得狂热这样一个大问题。这些人文主义者的盘算有点过于简单：在他们看来，世人只有两个社会阶层——下层社会和上层社会，下层社会的人是缺乏文明的民众，他们粗野和感情用事；上层社会的人是有教养的人——一群明白人、富有人性的人、讲文明的人，他们头脑清醒。这些人文主义者觉得，如果他们能成功地使越来越多的下层社会的人——缺乏文化的人进入到文化人的上层圈子，这些人文主义者就做了自己的主要工作。就像欧洲这片昔日猛兽四处横行的荒原被开垦出越来越多的耕地一样，这些人文主义者也不得不在我们欧洲人身上成功地逐步铲除愚昧无知，同时培养欧洲人的思想自由、头脑清醒和有益于社会的人性。于是，这些人文主义者用人类不断进化的理念取代宗教思想，早在达尔文[32]把进化论作为一种科学的方法之前很久很久就已把人类进化的思想当作道义上的追求目标——十八世纪和十九世纪的思想界都秉承这种追求目标。伊拉斯谟的这些理念在许多方面已成为现代社会制度的主要原则。但是，切莫由于这样一种人文主义的理念而把伊拉斯谟视为一个民主主义者和一个自由主义的先驱，这很可能是大错特错。伊拉斯谟及其信徒们从未想过给予民众——没有受过教育的民众和未成年的民众一丁点儿权利，在他们看来，一个没有受过教

育的人和一个未成年人的无知是同一回事。虽然他们笼统地
宣称，他们热爱所有世人，但是他们却竭力避免和鄙俗的百
姓[33]交往。如果我们进一步观察，这无非是新的精神贵族
的傲慢在这些人文主义者身上取代了旧贵族的傲慢而已。新
的精神贵族的傲慢——此后三百年间继续起作用的那种知识
分子的唯我独尊——只承认会拉丁语并受过大学教育的人有
资格确定什么有道理和什么没有道理，确定什么是道德的和
什么是不道德的。这些人文主义者决心以理性的名义治理世
界，正如君主们以权力的名义治理世界和教会以耶稣基督的
名义治理世界一样。他们的梦想旨在建立一种寡头政治——
一种精神贵族的统治：只有最优秀的思想精英——最有教养
的人[34]可以担当领导国家[35]的责任。他们觉得：凭借他们
自己的渊博知识——凭借他们自己更敏锐和更人性的观察，他
们理所当然地负有作为调解者和领导者的使命，介入在他们
看来有点愚蠢和不合时宜的国与国之间的纷争。但是他们完
全不打算通过民众的帮助改善现状，而是脱离民众自行其是。
所以从最深层的根源上说，这些人文主义者并未摆脱骑士精
神，无非是彰显一种新形式的骑士精神罢了。他们希望用自
己的笔征服天下，就像骑士们希望用剑征服天下一样。他们
下意识地为自己创立了一种使自己有别于"蒙昧人"的社交
规范——一种高雅的礼仪方式。他们把自己的姓氏改写成拉
丁语或希腊语，从而使自己的姓氏显示出贵族气，以掩盖自
己的平民出身。施瓦策尔特把自己的姓改为梅兰希顿，厄
尔施莱格把自己的姓改为奥利阿里乌斯[36]。多贝内克把自
己的姓改为科克拉乌斯[37]。他们精心打扮自己，身穿飘
逸的黑色长袍，使自己在外表上就已有别于市民的其他阶

层。他们认为，用自己的母语写一部著作或者一封信同样非常有失体面，就像一个骑士不是骑着一匹高头大马走在队伍前面，而是像一个低微的脚夫随着辎重队一起行军一样。每一个人文主义者都觉得自己有义务通过这样的共同文化理想使自己在与世人交往时风度举止特别高雅。他们都避免言辞激烈并在一个粗犷和蒙昧的时代把培养自己的温文尔雅当作特殊的义务。这些精神贵族们力求在言谈和著作中——用语言和风度举止表现出自己思想和措辞的典雅，所以在他们身上仍然折射出随着神圣罗马帝国皇帝马克西米利安一世[38]的逝世而正在消亡的骑士精神的最后余晖。这个精神骑士团旗帜上的徽记不是红"十"字[39]而是书本。但是，这群自命清高的理想主义者一旦遇到由马丁·路德或者茨温利引发的声势浩大的农民战争的冲击，就会体面而又无可奈何地认输，就像封建贵族的骑士们遇到弹片四溅的大炮[40]的猛烈轰击而败阵一样。因为恰恰是这样一种对民众的忽视——这样一种对现实的漠不关心从一开始就使"伊拉斯谟的国度"失去任何持久存在的可能，并且使伊拉斯谟的各种理念失去直接发挥作用的力量。人文主义先天性的根本错误就在于：人文主义者愿意居高临下地教训民众，而不是试图去了解民众和向民众学习。这些理想主义的学者们以为自己已经占据了主导地位，因为他们的国度地域辽阔——他们在所有的国家、宫廷、大学、修道院和教会里都有为他们效力的人——为他们传递消息的人。这些人会自豪地向耽于理想的人文主义者们报告在迄今仍然蒙昧的区域所取得的"学识"[41]和"表达能力"[42]的进步。但是，从最深层的意义上讲，这样一个人文主义者的国度只不过是一群少数社会上层分子的圈子，况且并非深深扎根于社会现实。当每天来自波兰、波希米亚、匈牙利和葡萄牙的书信给伊拉斯谟带来鼓舞人心的消息时，当皇帝们、国王们和教皇们纷纷要获得伊拉斯谟的好感时，关闭在自己书斋里的他在某些时刻很可能会沉醉于梦想，误以为一个理性的国度已被牢固地建立起来。然而，通过这些拉丁语书信，伊拉斯谟听不见千百万民众无声的怨言，纵使民众的不满抱怨犹如深不可测的山谷里的雷鸣震耳欲聋，伊拉斯谟也依然听不见。因为在他的心目中没有民众，他认为民众粗俗不堪，一个有教养的人不值得去讨好民众，也不值得去和没有教养的人——"蒙昧无知的人"为伍，人文主义始终只为少数衣食无忧的人而存在，从来不是为民众而存在。伊拉斯谟的柏拉图式人类理想之国[43]最终无非是空中楼阁而已，这座空中楼阁曾极其短暂地普照人间，看上去十分美好，但这样的理想之国纯粹是思想精英伊拉斯谟人为制造的产物。这座空中楼阁很久以前曾从自己的高度俯视天昏地暗的人间。可是这座冷冰冰的、人为制造的空中楼阁抵挡不住已经在暗处形成的真正的风暴[44]，而且没有经过较量人类的理想之国就已成为明日黄花。

这正是人文主义最最悲剧性的一面，而且也是人文主义迅速衰落的原因：人文主义的各种理念是伟大的，但是宣扬这些理念的人并不伟大。这些书斋里的理想主义者就像始终单纯靠做学问要改良世界的人一样，显得有点迂腐可笑。他们都是一些枯燥乏味的人——一群好心、正派、稍微爱慕虚荣的书呆子。他们都有自己的拉丁语名字——
好像这是周旋于思想界必不可少的假面具似的，就像参加
化装舞会一般。教师爷式的迂腐使他们身上最有生气的思
想都显得陈旧。伊拉斯谟的这些志同道合者并不起眼，但
他们那种老学究般的憨厚却令人感动，有点像我们今天在
慈善家协会和世界促进会里也可以看到的那样一些老实人。
这些人文主义者是理想主义的理论家，他们相信人类的进
步就像信仰宗教一般。他们是头脑清醒的梦想家。他们在
自己的写字桌上设计一个处处讲道德的世界和制订一个维
护持久和平的纲领，而在现实世界中却是战争连绵不断。
殊不知，向人文主义者的"互相理解的理念"拍手称好的
那些教皇们、国王们和封建邦国的君主们，原来也正是纵
横捭阖于密室——策划结盟或者策划离间并使人间烽火连
天的那些教皇们、国王们和封建邦国的君主们。如果西塞
罗的一件新手稿被发现，这一小群人文主义者就会相信：
整个世界势必会发出雷鸣般的欢呼声。任何一本支持他们
的小册子都会使他们欣喜若狂和慷慨激昂。但是他们并不
知道和不想知道：激励街头巷尾的老百姓——左右民众内
心深处情感的究竟是什么。因为这一小群人文主义者一向
把自己关闭在自己的斗室之内，所以他们用意虽好的言论
却在现实社会中引不起任何共鸣。由于人文主义者这样一
种无可救药的和民众隔阂——缺乏对民众的热情和不深入
民众，所以人文主义者从未成功地使自己原本可以产生成
果的各种理念演变为实实在在的成果。原本包含在人文主
义者学说中的了不起的乐观思想不能够创造性地向纵深发
展。因为在这些光谈人类理念的教育理论家中没有一个具

有能够感召民众的天然威力，就像泛泛地宣传基督之道似
的。一种了不起的想法——一种令人钦佩的理念在一群软
弱无力的人文主义者身上就这样衰落了数百年之久。

不过，话又说回来。当人文主义者相信人类进步的
理念像一朵祥云飘临欧洲上空的时候——像和煦的阳光而
不是像血红的光芒普照欧洲大地的时候，这毕竟是具有
世界历史意义的时刻，也是美好的时刻。当人文主义者
梦想：各国民众会本着人文主义精神互相团结并和平共
处，我们还是应该向他们表示崇敬和感激，即便他们的梦
想是一种超前的梦想。人世间总得有这样一些人：他们
怎么也不相信历史无非是一种平淡、单调的自我重复——
无非是不时更换衣装、花样翻新而又同样荒唐的演戏，他
们只是一味相信历史就是意味着道德的进步，坚信我们人
类就是在无形的阶梯上攀登：从抛弃动物的本性走向智
慧非凡的人性——从抛弃血腥的暴力走向遵循明智处事的
精神。他们坚信：最后的、也是最高的阶段——人类完全
互相理解的阶段已经临近，似乎已经很快就要到来。是文
艺复兴和人文主义创造了令世人信以为真的如此美妙的时
刻。所以，让我们热爱这个产生文艺复兴和人文主义的时
代吧！让我们崇敬这个时代硕果累累的梦想吧！因为当时
我们欧洲人第一次产生自信：相信自己会超越以往的一切
时代，并且会使人类变得更高尚、更博学和更有智慧，甚
至会超过古希腊和古罗马。而实际情况似乎也认同这第
一批宣称欧洲无比美好的人说的有道理，因为超越前人
的各种伟大成就不就是发生在那个时代吗？丢勒和莱奥
纳尔多·达·芬奇不就是一个新的宙克西斯[45]和一个新

的阿佩莱斯[46]吗？米开朗琪罗不就是一个新的菲迪亚斯[47]吗？科学界不是在按照清楚明白的新观念[48]重新认识星空和世界地理吗？从新发现的美洲国家滚滚而来的黄金[49]不是创造了无法估量的财富吗？而这些财富不是又创造了新的艺术[50]吗？古滕贝格创造的奇迹——活字印刷术现在不是成功地将进行教育的著作印成数以千计的书本传遍各地了吗？无须等待很久，伊拉斯谟和他的同道们就会这样欢呼：依靠自身的力量受益匪浅的世人必定会认识到自己的道德使命——世人在未来只会更和睦地共同生活，犹如兄弟一般，只会按照道德规范行事并彻底戒除自己身上残留的各种非人性的劣根性。乌尔里希·冯·胡滕[51]的话"活着就有乐趣"犹如响彻大地的号角。新欧洲的公民们真以为从伊拉斯谟的国度城头会看到未来地平线上的曙光呢，而且心情迫切，好像在梦魇般的长夜之后终于会迎来世界和平的黎明似的。

　　然而，照耀黑暗大地的并不是令人欣喜的旭日东升的红霞，而是破坏人文主义者理想世界的熊熊烈火。就像日耳曼人摧毁古罗马[52]一样，马丁·路德——一位狂热的实干家以全民族的民众运动势不可当的冲击力摧毁了超越国界的理想主义者的美梦。在人文主义者还没有真正开始自己统一欧洲的事业之前，宗教改革就已经用自己的铁拳把欧洲最后的统一精神——天主教会[53]砸成了两半。

注　释

〔1〕　参阅《年谱》1519 年记事〔1〕。

〔2〕　此处的"卓尔不群和崇高精神",是引用梅兰希顿的拉丁语原文:
　　　　"optimum et maximum"。

〔3〕　1497 年 2 月 16 日,德意志人文主义者、宗教改革家菲利普·梅
　　　　兰希顿(Philipp Melanchthon, 新译:梅兰希通,1497—1560)在
　　　　德意志的布雷滕(Bretten)出生。他原来的德语姓是施瓦策尔特
　　　　(Schwarzerd),自 1518 年起在维滕贝格(Wittenberg)大学教希腊
　　　　语。1519 年参与马丁·路德反驳约翰内斯·埃克(Johannes Eck)
　　　　在莱比锡举行的辩论会,从此成为路德的主要助手。曾协助路德
　　　　将《圣经》译成德语,起草路德派的信仰纲要《奥格斯堡信纲》
　　　　(Verfassung der Augsburger Konfession),主张废除教士独身制,改弥
　　　　撒为圣餐。路德去世后成为路德派的主要领导人。主要著作有《宗
　　　　教改革家的主体》等。1560 年 4 月 19 日梅兰希顿在维滕贝格去世。

〔4〕　此处"无所不知的博士",原文是拉丁语:doctor universalis。

〔5〕　"西方的预言家",德语原文是:die Pythia des Abendlandes。其中
　　　　Pythia(皮提亚)是希腊神话中的预言女祭司。

〔6〕　"无与伦比的男子汉和知识渊博的导师",原文是拉丁语:vir
　　　　incomparabilis et doctorum phoenix。其中 phoenix(福尼克斯)是荷
　　　　马史诗中阿喀琉斯的导师。

〔7〕　穆蒂安(Mutian),拉丁语全名:穆蒂阿努斯·鲁弗斯(Mutianus
　　　　Rufus,1471—1526),德意志人文主义者,教士,因为不愿和天主
　　　　教会决裂,曾支持伊拉斯谟反对马丁·路德。

〔8〕　约阿希姆·卡梅拉留斯(Joachim Camerarius,1500—1574),德意
　　　　志学者,研究古典语言文学,基督教信义宗神学家。

〔9〕　1500 年 2 月 24 日,德意志民族神圣罗马帝国皇帝卡尔五世(Karl
　　　　V.,1500—1558)在尼德兰的根特(Gent)出生。卡尔五世出身

哈布斯堡皇室，祖父马克西米利安一世（Maximilian I.，1459—1519）是神圣罗马帝国皇帝（1493—1519年在位），在祖父马克西米利安一世的促使下，卡尔五世的父亲腓力一世和西班牙亚拉冈（一译：阿拉贡）王国的国王费迪南德二世（Ferdinand II.，1452—1516，1479年起任亚拉冈国王，旧译：斐迪南二世）与西班牙卡斯蒂利亚王国的女王伊莎贝拉一世（Isabella I.，1451—1504）生育的公主胡安娜（Juana）结成连理。1516年，费迪南德二世逝世后无嗣，卡尔五世以外孙身份继承西班牙王位［1516—1556年在位，在西班牙称卡洛斯一世（Carlos I.）］统治西班牙以及属于西班牙的南意大利、西西里、撒丁尼亚以及在美洲的西班牙殖民地。1519年，卡尔五世任德意志民族神圣罗马帝国皇帝（1519—1556年在位，因其英语名为Charles，故在中国史学界曾译为查理五世）。1535年，卡尔五世出兵北非，从土耳其人手中夺取突尼斯（不久复失）。卡尔五世反对德意志的宗教改革和德意志农民战争（1524—1526），1552年被德意志新教诸侯联军击败，被迫于1555年缔结《奥格斯堡宗教和约》（*Augsburger Religionsfrieden*），1556年逊位并在西班牙隐居，德意志民族神圣罗马帝国皇位由其弟费迪南德一世（Ferdinand I.，1503—1564）接任；西班牙王位由其子腓力二世（Philipp II.，1527—1598）接任。卡尔五世于1558年9月21日在西班牙的埃斯特雷马杜拉（Estremadura）逝世。参阅《年谱》1515年记事〔2〕。

〔10〕1491年6月28日，英国都铎王朝国王亨利八世（Henry VIII.，1491—1547）出生，1509—1547年在位。他是英王亨利七世之子。亨利八世在位时为加强专制王权和扩大国库财源，以教皇不准其与王后——西班牙公主卡塔丽娜（Katharina von Aragon，旧译：凯瑟琳，1458—1536）离婚为由，于1534年促使国会通过《至尊法案》，和教皇决裂，在英国实行自上而下的宗教改革，建立英国国教。《乌托邦》的作者托马斯·莫尔因不同意其宗教政策而于1535年被处死。亨利八世于1536年和1539年下令封闭天主教修道院并没收其地产，然后将其中大部分地产赏赐其宠臣或以廉价售给农场主或商人，这一政策加速了剥夺农民土地的过程，曾遭

到农民以及天主教教士和贵族的反抗。亨利八世于 1547 年 1 月 28 日逝世。

1499 年 5 月，伊拉斯谟初访英国时，有一次在托马斯·莫尔陪同下散步至埃尔特姆宫（Eltham Palace），巧遇英国王室成员，簇拥着九岁的小亨利（即英国国王亨利八世）。不久，伊拉斯谟敬献颂诗给这位小王子。1509 年 4 月 21 日，英王亨利七世驾崩，亨利八世继位。友人致函伊拉斯谟，说这是他的一次良好机遇，1509 年 7 月，伊拉斯谟第三次去英国。伊拉斯谟自 1510 年年初至 1514 年 3 月主要是在剑桥大学执教，并往返于伦敦和剑桥之间，但不是受亨利八世的直接邀请，而是经英国人文主义者们的推荐。参阅《年谱》1499 年记事〔2〕。

〔11〕 1503 年 3 月 10 日，费迪南德一世（Ferdinand I., 1503—1564，旧译：斐迪南一世）在西班牙的埃纳雷斯堡（Alcalá de Henares）出生。他是德意志民族神圣罗马帝国皇帝卡尔五世的弟弟。1521 年继承哈布斯堡皇室的奥地利领地，为奥地利君主，同年娶匈牙利公主安娜为妻。1526 年安娜之兄——波希米亚（今捷克）兼匈牙利国王路易二世（Louis II., 1506—1526）战死，费迪南德一世又任波希米亚兼匈牙利国王，1555 年代表卡尔五世签署《奥格斯堡宗教和约》（Augsburger Religionsfrieden），承认各邦诸侯有权决定臣民的宗教信仰，从而为德意志的各对立宗教派别带来半个世纪的和平。1556 年费迪南德一世继任德意志民族神圣罗马帝国皇帝至 1564 年 7 月 25 日在维也纳去世。

〔12〕 1494 年 9 月 12 日，法国瓦罗亚王朝国王弗朗索瓦一世（François I., 1494—1547，旧译：法兰西斯一世，德语称：Franz I.）在法国朗布依埃（Rambouillet）的科尼亚克（Cognac）出生。1515—1547 年在位时对内实行专制主义，集大权于御前会议和自己手中，对外征战，为争夺米兰公国和德意志民族神圣罗马帝国皇帝卡尔五世交战，1525 年在意大利北部的帕维亚（Pavia）战役中战败被俘。次年与卡尔五世签订《马德里和约》，获释回国后，即宣布毁约，于是战事再起，为争取外援，曾和土耳其苏丹苏里曼一世结盟。1544 年，卡尔五世率军攻入法国，被迫再度议和。弗朗

索瓦一世在国内控制全国教会，鼓励发展工商业，支持文艺复兴，1547 年 3 月 31 日去世。

〔13〕　布拉班特（Brabant），今比利时一省名，当年属勃艮第公国。

〔14〕　五所大学，是指巴黎大学、剑桥大学、纽伦堡大学、西班牙的阿尔卡拉（Alcala）大学和莱比锡大学。

〔15〕　三位教皇，是指教皇尤利乌斯二世、教皇利奥十世和教皇阿德里安六世。后者在荷兰乌得勒支出生，和伊拉斯谟是大同乡，曾介绍伊拉斯谟在卢万大学教课，是梵蒂冈历史上唯一一位荷兰籍教皇。这位第 22 任罗马教皇阿德里安六世（Adrian Ⅵ.）于 1459 年 3 月 2 日在荷兰乌得勒支（Utrecht）出生。他原名哈德里安·佛罗伦兹（Hadrian Florensz），1491—1507 年在卢万大学讲授神学，1507 年，神圣罗马帝国皇帝马克西米利安一世聘他为其孙卡尔五世的教师。日后受到卡尔五世（即神圣罗马帝国皇帝卡尔五世）的重用，遂成为教皇，是他介绍伊拉斯谟在卢万大学教课，两人时有书信往来。阿德里安六世任教皇仅一年（1522—1523 年在位），1523 年 9 月 14 日在罗马去世。

〔16〕　此处"非常全面的人"，原义是拉丁语：homo universale。

〔17〕　卡尔五世，德意志民族神圣罗马帝国皇帝。参阅本章注〔9〕。

〔18〕　威尼斯画派最杰出的画家提香·维切利奥（Tiziano Vecellio）约于 1477 年在意大利的贝卢诺省（Belluno）的皮叶维·迪·卡多列镇（Pieve di Cadore）出生。准确日期不详。提香出身富裕的名门之家，父亲有两男两女四个孩子。提香是长子。父亲古雷戈里奥·维切利奥曾任数个公职，是退役将军、矿山监督官，闲暇时以牧羊自娱。提香的出生地位于意大利北部多山的卡多列地区，1420 年成为威尼斯共和国领土。提香少年时从家乡到威尼斯城，拜画家贝里尼（Giovanni Bellini，约 1432—1516）为师，并和师兄乔尔乔涅（Giorgione，1478—1510）结为朋友。1533 年德意志民族神圣罗马帝国皇帝卡尔五世再访威尼斯时聘提香为宫廷画师，封宫廷伯爵和金马刺骑士。提香把油画的色彩、造型和笔法的运用发展到新阶段，对西方油画的技法颇有影响。提香的绘画题材多样，既有宗教故事和神话，也有人物肖像。著名的代表作品有《宝

座上的圣母圣子》、《巴科斯和阿里阿德涅》（神话: *Bacchus and Ariadne*）、《天上的爱和人间的爱》、《乌尔比诺的维纳斯》、《镜前的年轻少妇》、《文德拉明全家肖像》等。1576 年 8 月 27 日提香在威尼斯去世。

〔19〕 此处"反对蒙昧主义者"是指伊拉斯谟，原文是拉丁语: antibarbarus。1494 年春，伊拉斯谟完成对话形式的拉丁语著作《反对蒙昧主义》。所以他本人被称为"反对蒙昧主义者"。

〔20〕《浮士德》（*Faust*）是 18 世纪至 19 世纪德国伟大诗人歌德以毕生心血完成的诗体悲剧。剧中主人公浮士德的那种积极进取、不断探索的精神被后世称为"浮士德精神"（das Faustische）。

〔21〕 通过口头表决，原文是拉丁语: per acclamationem。

〔22〕《和平之控诉》，参阅《年谱》1517 年记事〔6〕。

〔23〕 公元 742 年 4 月 2 日，查理曼大帝（中国史学界通常沿用其法语名: Charlemagne，742—814，其拉丁语名: Carolus Magnus，其德语名: Karl der Große）出生，地点不详。公元 768 年至公元 800 年为法兰克王国加洛林王朝国王，公元 799 年罗马贵族迫害教皇利奥三世，扬言要挖出他的眼睛，割掉他的舌头，逼得教皇仓皇逃出罗马。查理曼大帝亲自带兵护送教皇回罗马，并且他的军队在整个冬季都一直驻扎在那里。利奥三世为报答查理曼的救援，于 800 年圣诞节在罗马圣彼得教堂为查理曼举行皇帝加冕典礼，将皇帝和奥古斯都称号授予查理曼，自此查理曼被称为"罗马人的皇帝"，法兰克王国被称为"查理曼帝国"，在位 46 年，将法兰克王国的疆域几乎扩大了一倍，版图包括今天的法国、德国、荷兰、比利时、奥地利、意大利和西班牙的一部分。查理曼大帝于 814 年 1 月 28 日在亚琛（Aachen）去世。

〔24〕 1769 年 8 月 15 日，拿破仑一世〔Napoléon Ⅰ., 1769—1821，即波拿巴·拿破仑（Bonaparte Napoléon）〕出生在科西嘉（Korsika）岛阿雅克肖（Ajaccio）的一个破落小贵族家庭，10 岁（1779）就读于法国军校，16 岁（1785）任炮兵士官，1789 年法国大革命爆发后一度接近雅各宾派，1793 年冬在土伦战役中崭露头角，20 岁擢升为准将。1794 年热月政变，以罗伯斯庇尔为首的雅各宾派政

府被推翻，拿破仑·波拿巴被短期囚禁，获释后于 1795 年秋指挥军队镇压葡月十三日王党叛乱，随后继任内防军司令，1796 年春任意大利方面军司令，从此在军界步步高升，1799 年年底返回法国后，发动雾月十八日政变，推翻督政府，继而建立执政府，自任第一执政，1802 年 8 月任终身执政。1804 年 12 月，拿破仑在巴黎圣母院举行加冕礼，正式称帝为拿破仑一世，开创法兰西第一帝国（又称拿破仑帝国）时代。时至 1811 年，拿破仑帝国包括130 个省，人口七千五百万，占当时全欧人口的一半，三倍于革命前的法国。帝国版图包括今天的法国、荷兰、比利时、佛罗伦萨、罗马。拿破仑家族统治的地区则包括西班牙王国、意大利王国、（德意志）威斯特法伦王国等，实际统治势力遍及欧洲。1815 年6 月 18 日拿破仑在滑铁卢被第七次反法同盟击败，然后被流放到圣赫勒拿岛（Sankt Helena）。1821 年 5 月 5 日在圣赫勒拿岛的朗伍德（Longwood）去世。拿破仑兵败滑铁卢的前后经过，可参阅（北京）三联书店出版的《人类的群星闪耀时》中的《滑铁卢的一分钟》篇。

〔25〕 腓力 一 世（Philipp I.，1478—1506，雅号美男子），尼德兰君主，其岳父岳母是西班牙两国王费迪南德二世和伊莎贝拉一世。1503年腓力一世从西班牙视亲返回尼德兰，为庆祝其回国，伊拉斯谟受命用拉丁语撰写献给腓力一世的《颂词》，1504 年 1 月 6 日宣读。参阅《年谱》1504 年记事〔1〕。

〔26〕 此处所说的康布雷（Cambrai）教区主教不是指伊拉斯谟早年的恩人（赞助人）贝尔根的亨利（Heinrich von Bergen）。此人已于1502 年 10 月去世。此处所说的康布雷主教是亨利的继任人，生平不详。信函中的内容引自《伊拉斯谟书信集》。康布雷教区今在法国境内，16 世纪时属于尼德兰。

〔27〕《只有那些未经过战争的人才觉得战争有甜头》原是一则拉丁文谚语，伊拉斯谟于 1508 年将这则谚语辑录在当年出版的《古代西方名言辞典》（威尼斯版）中，1515 年，伊拉斯谟在该辞典最后定稿本中为这则谚语所写的说明词实际上是一篇议论文，揭露和强烈谴责战争的残酷。参阅《年谱》1508 年记事〔1〕和 1515 年记

事〔5〕。

〔28〕《基督徒君主之教育》,参阅《年谱》1515 年记事〔2〕。

〔29〕公元前 106 年 1 月 3 日,古罗马政治家、演说家、哲学家马尔库斯·图利乌斯·西塞罗(Marcus Tullius Cicero,公元前 106—公元前 43)在罗马东南方——古代拉丁姆地区的一座小镇阿尔庇努姆〔Arpinum,今阿尔庇诺(Arpino)〕出生。该小镇在公元前 303 年获得罗马公民权,公元前 188 年获得选举权。在西塞罗的青年时代,该小镇是享有自治特权的城邦。在西塞罗的父亲获得骑士称号后,这个家庭才进入骑士等级,但父亲健康不佳,因而一生未追求仕途,更喜爱在乡间生活和做学问。显然,这样的家庭环境对西塞罗以后的政治理想和人生追求有潜移默化的影响。西塞罗七岁时,父亲带着他和他的弟弟昆图斯(Quintus)前往罗马,投拜希腊教师门下求学。据说父亲死于公元前 64 年,即西塞罗出任执政官的前一年。西塞罗的从政始于公元前 76 年,是年他被选为罗马财政官,履职的地方是西西里,主要职责是为罗马征集粮食。他办事勤谨公正,为人温和,得到西西里人的好评。公元前 63 年任罗马执政官。公元前 60 年秋,恺撒、庞培和克拉苏三人结成史称"前三巨头"的政治同盟,这是三人联合的独裁,试图架空元老院,危及罗马的共和政体。恺撒曾派人与西塞罗联络,希望西塞罗参加他们的同盟,但遭西塞罗婉拒。公元前 46 年年末,恺撒已成为实际上的罗马独裁者,政局动荡,西塞罗完全脱离政治事务,埋头著作。公元前 44 年 3 月 15 日,恺撒在元老院会堂被共和派的元老们当场刺死。尔后,西塞罗热衷于恢复共和政体,以元老院首席元老身份连续发表反对与恺撒共任执政官(公元前 44 年)的安东尼。公元前 43 年,安东尼和屋大维、雷必达结成"后三巨头"同盟。公元前 43 年 12 月 7 日,西塞罗被政敌安东尼的部下残酷杀害,西塞罗的头颅被钉挂在古罗马广场的讲坛上示众。西塞罗去世后,已经成为罗马帝国第一任元首的屋大维·奥古斯都赞叹西塞罗是"一个富有学识的人、语言大师和爱国者"。在此后的两千多年间,西塞罗在欧洲文明发展的各个不同时期都受到称赞。中世纪时,基督教的著作家们尽量使西塞罗的一些神学思

想和伦理观念适应基督教信仰的需要，从而使西塞罗成为世俗的古代和奉行宗教信仰的中世纪之间的联系纽带。文艺复兴时期的人文主义者们把西塞罗尊为学习的榜样和不可超越的典范。在法国大革命时期，作为演说家和共和主义者的西塞罗更是受到特别推崇。时至今日，西塞罗在其《论友谊》、《论老年》、《论义务》、《论神性》、《论演说家》、《论共和国》、《论法律》等著述中所阐发的思想，仍然被认为是人文主义思想的最初源头之一。参阅（北京）三联书店出版的《人类的群星闪耀时》中的《西塞罗》篇。

〔30〕公元 354 年 11 月 13 日，圣奥古斯丁（Saint Aurelius Augustinus, 354—430）在北非努米底亚（Numidia）的塔加斯特（Tagaste）出生。他是基督教神学家、哲学家、拉丁语教会之父的代表人物。376—386 年在塔加斯特、迦太基、米兰等地教授修辞学。387 年弃摩尼教而改奉基督教。388 年回塔加斯特，391 年升任神父。395 年任罗马帝国北非领地希波主教。用新柏拉图主义论证基督教教义，使哲学与神学相结合。宣扬"恩宠论"，提出"得救预定论"，鼓吹教权主义，为中世纪西欧基督教的教权至上论提供理论根据。著有《忏悔录》、《论天主之城》（旧译：《论上帝之城》）、《三位一体论》等。公元 430 年 8 月 28 日在努米底亚的希波（Hippo）去世。

〔31〕伊拉斯谟怀疑持久和平的理想能否实现。

〔32〕1809 年 2 月 12 日，世界著名的英国博物学家、进化论学说创始者、进化生物学奠基人查尔斯·达尔文（Charles Darwin, 1809—1882）在英国施鲁斯伯里（Shrewsbury）乡间出生，年轻时就读于爱丁堡大学医学系和剑桥大学神学系，1831—1836 年，以博物学家身份参加海军"比格尔"（Beagle, 意译"猎犬"）号舰船作环球旅行，在南美海域航行五年，对热带与亚热带地区的动植物作了广泛考察，确立其生物进化的观念，1839 年成为英国皇家学会会员，长期定居伦敦附近的唐恩镇（Down），从事科学实验和著述。他根据对生物界的大量直接观察和实验，证实生物界始终处于变化过程之中，新物种形成和旧物种消失是自然界的发展规律，从而为拉马克所提出的进化论奠定了科学基础。达尔文认为，自然

选择（其要素是变异、遗传和生存竞争）是物种形成及其适应性和多样性的主要原因。生物为适应自然环境和彼此竞争而不断发生变异，适于生存的变异会通过遗传而逐代加强，反之则被淘汰，即所谓物竞天择，适者生存，优胜劣汰。达尔文还阐明人类在动物界的地位及其由动物进化而来的根据，得出人类起源于古猿的结论，同时否定物种不变的观念。传世著作有《物种起源》《人类的起源和种族的选择》等。达尔文于 1882 年 4 月 19 日在英国贝肯纳姆（Beckenham）附近的唐恩镇［Down，今伦敦—布罗姆利（London-Bromley）］去世。

〔33〕　"鄙俗的百姓"，此处引用拉丁语原文：vulgus profanum。

〔34〕　"最有教养的人"，此处引用希腊语原文：οξ αριστοι。

〔35〕　此处国家的原文是引用希腊语 polis（城邦）。

〔36〕　1599 年 9 月 9 日（或 9 月 12 日），德意志人文主义者亚当·奥利阿里乌斯（Adam Olearius，1599—1671）在德意志阿舍斯莱本（Aschersleben）出生。他原来的德语姓是厄尔施莱格（Ölschläger）。他先任教师，后任荷尔斯泰因—戈托普（Holstein-Gottorp）公爵的顾问兼宫廷占星术家，曾任贸易考察团团长前往莫斯科和伊斯法罕（Isfahan，今伊朗城市），写有详尽的游记传世，还将波斯语的抒情诗译成德语，对认识东方文化具有意义。1671 年 2 月 22 日在戈托尔夫城堡［Schloβ Gottorf，今德国石勒苏益格（Schleswig）州境内］去世。

〔37〕　1479 年 1 月 10 日，德意志人文主义者、神学家、教士，路德的主要反对者约翰内斯·科克拉乌斯（Johannes Cochlaeus，1479—1552）在纽伦堡附近的文德尔施泰因（Wendelstein）出生。他原来的德语姓是多贝内克（Dobeneck）。他于 1517—1519 年居住罗马时任司铎神职，1539 年任西里西亚的布雷斯劳（Breslau）教会司铎。他原先同情路德，但从 1520 年前后起开始抨击路德。他身为教廷大使和其他政教要人的顾问，在为弥合教会分裂的几次神圣罗马帝国议会大会上发挥重要作用。他在 1530 年的奥格斯堡帝国议会大会上被选为质疑路德的《奥格斯堡信纲》的几位神学家之一。他的教义论战著作瑕瑜参半，但数量甚多。主要历史著作

有《胡斯派历史》（1549）和《路德的事迹和著作》。1552年1月10日在布雷斯劳（今波兰境内）去世。

〔38〕 1459年3月20日，马克西米利安一世（Maximilian Ⅰ., 1459—1519）在维也纳新城（Wiener Neustadt）出生。他自1493年起任神圣罗马帝国（简称）皇帝，雅号"最后的骑士"（德语：der letzte Ritter）。他是哈布斯堡皇室成员，奥地利大公。1477年，与勃艮第公国的女大公马利亚（Maria, 1457—1482）结婚。后者将勃艮第的疆土尼德兰和弗朗什—孔泰（Franche-Comté，位于今法国西部）作为"嫁妆"划归哈布斯堡皇室。后来马克西米利安一世又通过其子腓力一世（Philipp Ⅰ., 1478—1506，雅号美男子，der Schöne）和西班牙两国王费迪南德二世与伊莎贝拉一世生育的女儿胡安娜（Juana）结婚，为其孙查理一世（即后来的神圣罗马帝国皇帝卡尔五世，Karl Ⅴ., 1500—1558）取得西班牙王位继承权。自1493年马克西米利安一世任神圣罗马帝国皇帝后，1499年，马克西米利安一世承认瑞士脱离神圣罗马帝国而独立，一度卷入意大利战争（1494—1559），对内实行改革，修改帝国宪法，1495年宣布"国内永久和平"（Landfriede），1498年设立枢密院（Hofkanzlei），作为处理司法行政的中央机关，同时也是最高法院。试行征收帝国经常税，建立常备军，以加强中央集权，但因遭诸侯反对而未果，1519年1月12日在奥地利的韦尔斯（Wels）去世。

〔39〕 自11世纪末开始，西欧的教会领主和世俗领主以及大商人，在罗马教皇的发动下，打着从伊斯兰教徒手中夺回"圣地"耶路撒冷的旗号，对地中海东部地区进行长达近两百年的远征（1096—1270），史称十字军东征。参加者多为西欧的骑士。他们旗帜上的徽记是红"十"字（象征天主教），并把红"十"字缝在自己的衣服上。

〔40〕 西方在1330年前后开始使用重炮，15世纪中叶，西方的大炮性能大大改进。1453年，奥斯曼帝国土耳其人使用德意志和匈牙利的大炮攻占君士坦丁堡，东罗马帝国灭亡。1453年，法兰西人使用重炮攻占波尔多，以此结束英法之间的百年战争（1337—1453）。

由马丁·路德的宗教改革引发的德意志农民战争是发生在 1524—1526 年，当时已普遍使用大炮。

〔41〕 "学识"，此处引用拉丁语原文：eruditio。

〔42〕 "表达能力"，此处引用拉丁语原文：eloquentia。

〔43〕 柏拉图有著作《理想国》传世，后世喻之为人类理想的国度。

〔44〕 此处的"真正的风暴"，是指马丁·路德领导的宗教改革所引发的德意志农民战争。

〔45〕 宙克西斯（Zeuxis，公元前 464—公元前 389），在希腊的伊拉克利亚岛（Herakleia）出生，是古希腊最著名的画家之一，以其壁画著称于世，但今天已无任何作品留存。

〔46〕 阿佩莱斯（Apelles，公元前 4 世纪后半期），希腊化时代早期画家，被誉为古代绘画大师。擅长人物画，据传，他所画的《维纳斯女神浮出海面》，可透过海水看到淹没在波浪之下的肉体。

〔47〕 菲迪亚斯（Phidias，生卒年不详，主要创作时期在公元前 448—公元前 432），古希腊雅典城邦雕刻家，擅长神像雕刻。其作品有雅典卫城上的《雅典娜神像》等。他领导设计完成的巴特农神庙装饰雕刻为古希腊雕刻全盛时期的代表作，其主要部分现存伦敦不列颠博物馆。

〔48〕 重新认识星空和世界地理的新观念是指：哥白尼的日心说、哥伦布发现美洲新大陆和麦哲伦的环球航行。

〔49〕 美洲西海岸（尤其是墨西哥、秘鲁一带）的土壤和河床沙土中含有丰富的黄金。1519—1521 年，西班牙冒险家埃尔南多·科尔特斯（Hernando Cortés，1485—1547）征服了拥有 100 万人口的墨西哥阿兹特克帝国（The Aztec Empire of Mexico），将该国惊人的财富及黄金洗劫一空。1533 年，另一位征服者（西班牙语：conquistador）弗朗西斯科·皮萨罗征服当时的印加帝国（今秘鲁），劫掠了传说中的印加人的黄金。

〔50〕 西班牙冒险家远征南美大肆掠夺黄金之际，统治西班牙的是后来成为神圣罗马帝国皇帝的卡尔五世，他是教皇的坚强支持者，反对宗教改革。当时的教皇利奥十世在反对宗教改革的同时，斥巨资支持艺术事业，资助拉斐尔、米开朗琪罗等艺术家，续建梵蒂

冈圣彼得大教堂。

〔51〕 1488 年 4 月 21 日，德意志人文主义者乌尔里希·冯·胡滕
（Ulrich von Hutten，1488—1523）在德意志黑森地区的施吕希特
尔恩（Schlüchtern）县的施泰克尔贝格城堡（Burg Steckelberg）
出生。他出身骑士，早年入本笃会隐修院，1505 年离开。作为骑
士，他留恋中世纪；作为人文主义者，他深信智慧和知识的力量，
重视人的个性，支持马丁·路德的宗教改革，反对罗马教皇和德
意志诸侯的封建统治，主张建立以骑士为支柱的中央集权君主国。
胡滕的传世之作是与他人合写的《蒙昧人书简》（1515 年前后完
成），以文学形式讽刺诸侯、教廷、经院哲学的荒诞、教士的放荡
和世人的蒙昧。此书虽然当即被教会查禁，但已四处流传，被人
们广泛阅读，同时也传播了伊拉斯谟的人文主义思想：为了虔诚
信奉福音派基督教，必须抛弃经院神学和改革天主教的宗教礼仪。
胡滕一度和伊拉斯谟有书信往来，后因胡滕支持马丁·路德的宗教
改革而和伊拉斯谟分道扬镳。史学界普遍认为，基督徒人文主义
者的三个主要代表人物是：伊拉斯谟第一，托马斯·莫尔第二，乌
尔里希·冯·胡滕第三。胡滕后来参加由济金根（Sickingen）领导
的骑士暴动（1522—1523），失败后逃往瑞士，1523 年 8 月 29 日
在苏黎世湖的乌弗瑙（Ufenau）岛去世。

〔52〕 公元 476 年，日耳曼部落联盟的一位首领废黜了西罗马帝国的年
幼皇帝小奥古斯都。西罗马帝国灭亡。

〔53〕 天主教会，此处引用拉丁语原文：ecclesia universalis（普世教会）。

第七章　强大的对手

　　命运、死亡和举足轻重的权势难得会不事先警示就降临到一个人身上，而是每一次都会先悄悄地差遣一个不露声色的报信人，但是当事人几乎总是听不见这种神秘的呼唤。在当年[1]伊拉斯谟的书桌上堆放着无数向他表示称赞和向他表示敬意的书信，其中一封是萨克森选帝侯弗里德里希三世[2]的秘书斯帕拉提努斯[3]于一五一六年十二月十一日写给他的。这位斯帕拉提努斯在他表示钦佩的客套话和谈论学问的字里行间说：在他居住的城里有一位圣奥古斯丁修士会的年轻修士对伊拉斯谟钦佩莫名，但他在原罪[4]问题上和伊拉斯谟认知不一。他也不认同亚里士多德[5]这样的观点：人通过义举方能成为义人。这位修士认为：只有义人才会有义举。他说："人必须首先转变自己，然后才会有事业。"

　　斯帕拉提努斯的这样一封信揭开了世界历史新的一页。因为这位没有提及姓名并在当时尚不出名的圣奥古斯丁修士会修士正是马丁·路德博士，这也是马丁·路德和伊拉斯谟大师之间的第一次思想交锋。值得注意的是，马

丁·路德提出的异议此刻已涉及这两位宗教改革的伟大旗
手的核心问题。——他们后来各自坚持互相对立的立场。
诚然，伊拉斯谟当时阅读那几行字只是匆匆而过罢了。所
有世人趋之若鹜的大忙人伊拉斯谟怎么会有时间和萨克森
某地的一个无名的小小修士认真探讨神学呢。他匆匆阅读
那几行字时万万没有预料到：他一生的转折和世间的转折
却随着那一刻而开始。此前，伊拉斯谟是欧洲思想界的领
袖和新福音派教义的巨匠，独一无二。但是，现在一个强
大的对手——马丁·路德挺身而出。他用手指轻叩伊拉斯
谟的家门和他的心扉，几乎听不见声音。马丁·路德此时
虽然尚未自报家门，但是世人不久就会把他视为是伊拉斯
谟的继承人和胜过伊拉斯谟的人。

　　马丁·路德和伊拉斯谟在这初次思想交锋之后，他们
两人在自己的一生中从未亲自见过面。尽管他们两人作为
要使世人摆脱罗马教廷桎梏的救星和作为第一批真正的德
意志福音派信徒而一起备受颂扬，从而使他们两人的名字
和画像在不胜枚举的著作中和在不计其数的铜版画中经常
并列出现，这两位大人物出于本能自始至终都互相回避见
面，倘若世人能目睹这两个风云人物面对面地进行争论，
那场面必定十分精彩，可惜历史使我们失去这样的机会！
命运之神难得会创造出像伊拉斯谟和马丁·路德这样两个
在性格和体魄方面迥然不同的人物：无论是体型还是气质，
无论是思想立场还是生活态度，从外貌到内心深处，他们
两人皆属于截然相反乃至天生对立的性格类型：一个温文
尔雅，一个狂热刚烈；一个注重理性，一个充满激情；一

个崇尚文化，一个相信人的原始欲望；一个希望人人都是世界公民，一个宣扬民族主义；一个提倡进化，一个主张革命。

这样一种对立从他们两人的体格上就已能够感觉到：马丁·路德是矿工的儿子和农民的后代，身体健康且十分粗壮，浑身的活力一旦迸发，简直就像地动山摇，会带来危险。他对自己身上的虎虎有生气十分得意，曾自我调侃说："我像一个波希米亚人似的狼吞虎咽进食，像一个德意志人似的尽情豪饮。"——这是一种精力旺盛甚至过于旺盛的生活，充沛的精力几乎是宣泄而出。整个德意志民族的威猛豪强和桀骜不驯几乎都集中体现在这样一个精力过人者身上。当马丁·路德提高嗓门说话时，简直就像整架管风琴在用他的语言轰鸣。他说的每一句话耐人寻味、隽永而醇厚，就像农家新出炉的焦黄面包。从他的话中可以感受到这个人身上五味杂陈——既有德意志大地上泥土和清泉的气息，也有村野粪水和肥料难闻的气味。马丁·路德煽动性的热烈言辞响彻德意志大地，有雷霆万钧之势，具有无法阻挡的破坏力。马丁·路德用完全感性的语言激励民众的天赋远远超过他启发民众理性思考的天赋。他用百姓的语言说话，但是他会加入形象比喻的巨大感染力，正如他的思想不知不觉来源于民众并以无以复加的激情说出民众的潜在意愿一样。他这个人仿佛是所有德意志人的缩影——使世人意识到所有德意志人反抗和抵制的本能。德意志民族接受马丁·路德的理念，与此同时，他自己也进入德意志民族的历史。历史造就了他，而他也回报了历史。

马丁·路德是一个血气方刚的普通汉子，他身材魁

梧，骨骼粗壮，皮肤说不上细嫩，额头不高，隆起的前额
肌显示出他的刚强意志，就像米开朗琪罗创作的雕像——
摩西[6]头上的一对犄角显示出坚毅一样。现在我们把目
光转向文人学士伊拉斯谟，他身材矮小，瘦骨嶙峋，羊
皮纸般的皮肤布满皱纹且缺乏血色，一副弱不禁风的样
子，只要仔细端详这两个人的体格，你的眼睛就已经让你
明白：在这样两个反差如此之大的人物之间绝不可能会有
持久的友谊或者互相理解。伊拉斯谟总是病恹恹，总是在
阴暗的书斋里冻得发抖，总是穿着毛皮衣服，他永远过于
虚弱，就像马丁·路德永远过于健壮而几乎为此感到痛苦
似的。伊拉斯谟所缺少的正是马丁·路德所过剩的。苍白
赢弱的伊拉斯谟不得不一直用勃艮第的高浓度葡萄酒暖和
自己的身体，而马丁·路德则需要每天喝"高浓度的维滕
贝格啤酒"，以舒缓绽露的又红又粗的血管的灼热感，为
的是夜间能睡一个安稳觉。马丁·路德说话时，仿佛雷声
在屋内回响，仿佛教堂在震颤，大地在摇晃。即便和朋友
们一起进餐，他也会哈哈大声，旁若无人。马丁·路德除
了热衷于神学之外最爱好音乐，他喜欢引吭高歌，唱男高
音的歌曲。伊拉斯谟说话则有气无力，轻声细语，像个肺
病患者，他遣词造句十分讲究，追求句子的完美和抑扬顿
挫。而马丁·路德演讲时口若悬河，撰文时像"一匹瞎马"
不顾前后，勇往直前。马丁·路德的力量源自他自己的独
特气质：他通过自己凛然的男子汉气概使自己周围所有的
人——梅兰希顿、斯帕拉提努斯，甚至封建邦国的君主们
都表示佩服。与此相反，伊拉斯谟的强势表现在他所写的
文字之中——著作和书信之中，而他本人并不露面。伊拉

斯谟的一切全归功于他的博大精深的智慧和崇高精神，和
他瘦小可怜的身躯毫不相干。

不言而喻，这两人的精神力量还源自完全不同的思维
类型。伊拉斯谟无疑更有远见，知识更渊博，生活中的事
情无所不晓。他的理解能力——抽象思维犹如无色清晰的
白昼亮光能透过各种奥秘的缝隙使任何事物变得明明白白。
与此相反，马丁·路德的视野比伊拉斯谟的视野狭小得多，
但更有深度。马丁·路德的天地比伊拉斯谟的天地虽然小
许多，但是马丁·路德知道给自己的任何一种想法——任
何一种信念赋予自己个性化的活力：他会深入思考自己的
各种信念并倾注自己的满腔热情。他会使自己的每一种理
念都充满自己生气勃勃的力量，使之成为狂热的信仰。他
的任何主张和他整个人不可分割，他的任何主张会从他自
己身上获得巨大动力。马丁·路德和伊拉斯谟曾有数十次
说出同样的想法，不过，伊拉斯谟仅仅是稍微触动了一下
思想界人士的心，而马丁·路德则会立刻以他令人信服的
方式把那些同样的想法变成口号——战斗的号召和形象化
的诉求。就像圣经中四处点火的狐狸[7]一样，马丁·路德
慷慨激昂地四处宣扬他的那些诉求，从而点燃起全体民众
的内心怒火。伊拉斯谟所追求的一切最终都是为了心灵的
平静与安宁；马丁·路德所追求的一切则是为了振聋发聩
和激情满怀的斗志。所以，"怀疑论者"伊拉斯谟讲话最平
心静气、最清楚明白的时候，正是他显示自己最具人格魅
力的时候，与此相反，"煽动者之父"马丁·路德为使民众
义愤填膺和同仇敌忾而谈锋最健的时候，正是他显示自己

最大强势的时候。

如此之大的反差势必会自然而然导致两人的对立，纵使两人的奋斗目标相同也会对立。起初，马丁·路德和伊拉斯谟都为相同的目标而奋斗，然而，两人不同的气质却使他们采取完全对立的方式，以致相同的目标由于两人不同的本性而成为互相对立。在世间所有的天才人物中，马丁·路德也许是最狂热、最固执、最肆无忌惮和最不讲和睦的一个。他需要自己周围有唯唯诺诺的人，只不过是为了能够利用他们而已，他也需要自己周围有说"不"的人，只不过是为了能够在他们身上发泄自己的怒火并把他们斥责得哑口无言而已。与此相反，对伊拉斯谟而言，切忌狂热恰恰是似同宗教一般的神圣和至高无上。马丁·路德不管说什么话总是一副盛气凌人的腔调，简直就像要将一把尖利的匕首插入伊拉斯谟胸膛似的。马丁·路德说话时唾沫四溅，不时用拳头敲打桌面，简直会使伊拉斯谟的身体感到受不了。由于伊拉斯谟一贯把在思想界人士之间提倡那种世界公民般的互相理解作为自己最崇高的目标，所以马丁·路德的那种自信——马丁·路德声称他的自信就是对天主充满信心——这在伊拉斯谟看来无非是一种蛊惑人心，甚至是亵渎神灵的傲慢：在我们这个不得不一再陷入谬误和妄想的人世间蔓延的一种傲慢。不言而喻，马丁·路德必定极不喜欢伊拉斯谟在对待天主教信仰和新教信仰上不冷不热和优柔寡断的态度——从未有过一种明确表示的信念：一种在信念上左右逢源、模棱两可和难以捉摸的态度。恰恰是伊拉斯谟追求美学上的完美无缺——

"矫揉造作的言辞"而不是清楚明确的表白使马丁·路德十分恼火。伊拉斯谟最内在的本性中必定有某些因素使马丁·路德看不顺眼,马丁·路德最内在的本性中也必定有某些因素使伊拉斯谟看不顺眼。所以,认为这两位最早的新福音派[8]宗教领袖——马丁·路德和伊拉斯谟没有为共同的事业联手是由于外在的因素和偶然的因素:这样的看法并不靠谱。即便他们两人思想的最相似之处一旦遇到如此不同的血脉和精神渊源也必定会改变性质,因为他们之间的不同乃天生而成。这种天生的不同通过血液渗透到有意识的思想意志不再能够控制的深处——从大脑的思维直至错综复杂的本能反应。所以,他们两人虽然出于政治上的考虑和为了共同的事业能够相安无事一阵子,犹如同一条河道里漂流而下的两根平行的树干,但是在第一个弯道和转折关头,他们命中注定势必要互相碰撞:这样一种世界历史上的冲突乃是一种无法避免的冲突。

这场斗争的胜利者必定是马丁·路德——这从一开始就已经确定,这不仅是因为马丁·路德是一个更具强势的天才人物,而且还因为他是一个更习惯于斗争和更乐于斗争的人物。马丁·路德毕生都是一个好斗的人——一个天生要与天斗、与地斗、与人斗的硬汉。斗争对他而言不仅仅是一种释放自己能量的方式,而且还是对他浑身有劲无处发泄的一种解脱。打架、吵嘴、谩骂和争论对马丁·路德而言都是一种发泄的方式,因为只有在破口大骂和动用拳脚中他才会感觉到自己的全身力量并且感到十分得意。所以,他会兴致勃勃地介入任何有道理或者没有道理的争执。他的朋友布泽[9]曾写道："马丁·路德这个人一旦遇到自己的一个对手，就会立刻怒不可遏。当我想起他怒气冲冲的那副样子，我就浑身颤抖，怕得要死。"无可否认，马丁·路德进行斗争时就像着了魔似的，全身不能自已，怒容可掬，眼睛血红，口吐白沫，仿佛是要用"条顿人的疯狂"[10]驱散体内瘟热似的。事实上，马丁·路德也往往是在无名孽火中揎拳捋袖和发泄怒火之后才会感到轻松——诚如他自己所言："那时候我才会感到全身血液清凉，文思泉涌，妖魔[11]的种种诱惑一扫而光。"受过高等教育的神学博士马丁·路德在斗争场合会立刻成为一名打手——诚如他自己所言："如果我到了斗争场合，我会随身带着棍棒。"他是一个随时都会大发雷霆的粗鲁人——一个中了魔的狂暴斗士[12]，他会毫无顾忌地拿起身边任何一件武器：可能是一柄闪着寒光的双刃剑，也可能是一柄沾满污秽和粪土的粪叉——他没有任何顾忌，并且为了除掉对手，必要时也会歪曲真相和污蔑诽谤——诚如他自己所言："为了教会和更美好的未来也必须不怕撒善意的弥天大谎。"农民出身的斗士马丁·路德全然没有骑士风度。即便对待已经被战胜的对手，他也绝不同情，绝不讲君子的大度——纵使对手已躺在地上毫无抵抗之力，他仍然会怀着莫名的盛怒穷追猛打这个对手。当托马斯·闵采尔和成千上万的农民惨遭杀害时，他却沾沾自喜地说："他们愿意打着我的旗号去死嘛。"[13]当茨温利、卡尔施塔特[14]和其他所有曾与马丁·路德意见相左的人最终悲惨地死去时，他都会幸灾乐祸，譬如，他说"邋遢的"茨温利终于死了。好记仇和报复心强的马丁·路德从未宽让过一个自己

的对手，即便在他的对手们死后也绝不说几句公道话。马
丁·路德在布道坛上的亲切声音十分迷人。他在家里是一
位和蔼的父亲。善于辞令的他显示出他有极高的文化修养，
可是一旦开始论战，他就会立刻变成一匹披着人皮的狼，
走火入魔，暴跳如雷，没有任何顾忌，也不讲什么公平。
马丁·路德出于他的这样一种桀骜不驯的天性，毕生都不
断寻衅闹事，因为他觉得好斗不仅是一种充满乐趣的生活
方式，而且也是一种在伦理上最最正确的生活方式，诚如
他自己所言："一个人，尤其是一个基督徒，必定是一个好
斗的人。"——这番话正是他扬扬得意的自我写照。而后，
他在一五四一年的一封书信中神秘莫测地把自己的这样一
种自白和上天联系在一起，他写道："天主肯定好斗。"

　　可是，身为基督徒和人文主义者的伊拉斯谟却从不知
道有一个好争论的耶稣基督和一个好斗的天主。文化贵族
伊拉斯谟觉得，仇恨和报复心会使人重新陷入卑鄙和野蛮。
一切喧嚷和骚动——任何激烈的争吵都会使他反感。天性
和气友善的伊拉斯谟不像马丁·路德那样对争论有那么多
的乐趣。有一次，伊拉斯谟在谈到自己厌恶争论时说了一
句很能反映他性格特征的话："假如我有可能得到一座大庄
园而必须对簿公堂时，那么我宁可放弃这座庄园。"毋庸置
疑，思想精英伊拉斯谟喜欢在学术上和同道交锋，但是这
种交锋犹如一个贵族骑士参加马上比武一般，因此，高雅、
睿智、善于应对的伊拉斯谟能够在受过人文主义教育的有
识之士的论坛上展示自己在古典语言文学的熔炉里千锤百
炼的辩论艺术。伊拉斯谟谙熟"精神骑士"[15]的这样一种
比武：他只要小试锋芒——用几句精准的拉丁语就能使一

个拉丁语非常蹩脚的"精神骑士"——一个自诩的人文主义者落马，不过，伊拉斯谟百思不得其解的是：马丁·路德践踏和蹂躏一个对手时竟然会有乐趣。伊拉斯谟从不会在自己的无数次笔战中忽视礼貌，也从不会怀有马丁·路德攻击对手时的那种"杀人凶手般"的仇恨。伊拉斯谟天生就不是一个斗士，因为归根结底他没有任何要为之斗争的僵化信念。在伊拉斯谟的禀性中缺乏自信。他的禀性很容易使他怀疑自己的观点是否全对并愿意至少要考虑考虑对手的论据。而让对手说话本身就已经意味着让对手有辩论的余地嘛。与此相反，盛怒莫名的马丁·路德则一味好斗。他会毫不在乎地拉下头顶上的软帽帽檐捂住自己的双耳，以便听不见任何声音，而且他的那种走火入魔的斗争状态也会使他听不见任何声音——好像是起老茧的厚皮塞住了他的双耳似的。对亢奋的修士马丁·路德而言，每一个和他论战的对手皆为魔鬼的走卒——耶稣基督的敌人，马丁·路德有义务把他们个个剪除。但是，崇尚人性的伊拉斯谟则不然，纵使论战对手的言辞十分放肆，他也至多表示无奈和遗憾而已。马丁·路德和伊拉斯谟这两个对手的性格反差，茨温利曾作过绝妙的形象比喻，他将马丁·路德比喻为埃阿斯[16]，将伊拉斯谟比喻为奥德修斯[17]。埃阿斯和马丁·路德都是天生的勇士，大胆好斗，斗争场所就是自己的家，别无去处。奥德修斯和伊拉斯谟原本都只不过是出于偶然而走上战场，幸运的是他们最终又都回到自己的家园：奥德修斯回到宁静的伊达卡——回到可以静思默想的天堂般的岛屿，伊拉斯谟则从诉诸行动的世界又回到精神世界——而在精神世界，一时的胜利或者一时的失败在柏拉图的各种不可战胜和不可动摇的理念面前就显得微不足道了。

伊拉斯谟天生就不好斗，他自己知道得很清楚。一旦他违背自己的禀性而参与和马丁·路德的争论，他就必定失败，因为一个有艺术才华的学者如果不坚守自己的本分而去阻拦一个诉诸行动的人——去阻拦一个迎合时代的强有力的人物所走的路，这个有艺术才华的学者就往往会降低自己原来的分量。伊拉斯谟知道，一个思想精英不可以持宗派立场。他的国度是公正的国度，不论何时何地都应超脱于任何纷争之外。

伊拉斯谟疏忽了马丁·路德的第一次轻轻叩门。但是，伊拉斯谟不久就不得不悉心注意并把这个新的名字——马丁·路德铭刻在心，因为这个不相识的奥古斯丁修士会修士将他的《九十五条论纲》[18]钉在维滕贝格大学教堂的大门上。敲钉子的铁锤声在整个德意志民族神圣罗马帝国的大地上回响。印着同样内容、墨迹未干的传单就已迅速流传——"好像天使们自己都当了信差似的"。全体德意志人一夜之间除了知道伊拉斯谟这个名字之外，又把那个马丁·路德称作为自由研究基督教神学的最最名副其实的先驱斗士了。这位未来的民众代言人马丁·路德凭借自己的天才直觉在该《论纲》中所触及的恰恰是德意志民众觉得受罗马天主教廷压迫最最痛苦之处——认购赎罪券[19]。一个民族国家最难忍受的莫过于被迫向国外的一个强权进贡。罗马教廷通过用百分比分成的代理人——以出售赎罪券为职业的中介人——将世人对自己有罪的原始恐惧转换成钱币。这些用预先印好的赎罪券从德意志农民和城市平民身上榨取而来的钱币走出国门并流向罗马教廷。这样的事情早就在德意志土地上怨声载道——成为憋在心头和还没有发声的民族怒火。马丁·路德原本只不过是以他自己的坚决行动点燃了这样一种怒火罢了。这就非常清楚地表明：在世界历史上起决定性作用的并非是谴责滥用权力本身，而是谴责的方式。伊拉斯谟和其他人文主义者也曾机智地嘲笑过赎罪券——这种可以免除炼狱之苦的交款证明。然而，讥诮仅仅是指摘赎罪券的一种消极力量。伊拉斯谟及其同道们并未积蓄力量以新的奏效方式抨击赎罪券。而马丁·路德则不然，他是一个能使群情激愤的人物，也许是德意志历史上真正凭借别人无法仿效的天生直觉知道怎样抓住各种人人都会明白的昭然若揭的事物而使群情激愤的唯一人物。他具有成为民众领袖的天赋才能——他讲话提纲挈领且手势生动，令人印象深刻。他在其《论纲》中言简意赅地写道："教皇不可能赦免罪孽。"他还写道："教皇只能赦免他自己强加于世人的惩罚，而不可能赦免任何其他的惩罚。"[20]这样的言辞犹如耀眼的闪电、振聋发聩的惊雷，震撼着一个民族国家的全体民众的良知，并使梵蒂冈的圣彼得大教堂开始动摇。伊拉斯谟及其同道们是用嘲笑和批评唤起有识之士们对赎罪券的注意，并没有去激发广大民众的愤慨情绪，而马丁·路德则不同，他一下子就触及民众的感情深处。他在两年之内就成为德意志国家的象征——成为反对罗马教廷的各种民族愿望和要求的代言人：成为一切反抗力量的集中体现。

像伊拉斯谟这样一个听觉灵敏而又好奇的同时代人毫无疑问必定会很快获悉马丁·路德的所作所为。伊拉斯谟原本应该为此感到高兴，因为在为自由研究神学的奋斗中有这样一个盟友站在他这一边，而且伊拉斯谟最初也没有听到马丁·路德对伊拉斯谟的指责。所以，伊拉斯谟在和自己的人文主义者朋友们谈论马丁·路德时往往用这样一种赞许的口气——"心地善良的人都会喜欢路德的直率"，"迄今为止，路德肯定会对世人有益"。不过，有远见和懂得人的心理的伊拉斯谟当初就已谨慎地表示自己的疑虑。伊拉斯谟虽然说，"路德抨击的许多事情切中要害，"接着他又轻轻地叹了一口气说，"要是他能把握得更有分寸就好了。"敏感的伊拉斯谟本能地觉得马丁·路德过于激愤的气质暗藏着危险。伊拉斯谟抓紧时机让友人告诫马丁·路德：不要总是如此言论粗暴。伊拉斯谟说："我觉得，谦和远比咄咄逼人更能奏效。耶稣基督就是以谦和赢得世人的心。"也就是说，使伊拉斯谟感到不安的并不是马丁·路德所要表达的内容——论点本身，而纯粹是马丁·路德阐述论点时的那种口吻——马丁·路德在其一切文稿中以及在其一切所作所为中所表现的那种煽动性和狂热性使伊拉斯谟感到不安。按照伊拉斯谟的看法，讨论这类棘手的神学问题最好是在学者圈内平心静气地进行——通过采用做学问的拉丁语而让鄙俗的百姓站在一边。讨论神学不能在大街小巷高声叫喊，从而使鞋匠和小贩这样一些人也对这类微妙的事情盲目地激动不已。伊拉斯谟认为，按照人文主义者鉴赏的品位，在社会下层喧嚣的人群[21]面前进行任何讨论和为这些人群进行讨论，水平就会降低，并且不可避免地会有导致"动乱"[22]的危险——会有导致民众激愤的危险。伊拉斯谟厌恶任何的宣传和煽动——即便是为了真理，他也厌恶。他相信真理自

身的持久影响力。伊拉斯谟认为，一种认知一旦通过语言
被世人知晓，然后必定会通过纯粹的思想途径而获得普
遍承认，没有必要为了使这种认知变得更真实和更符合
实际而寻求众人的喝彩，也无须为此结成宗派。思想精
英伊拉斯谟觉得，他自己应该做的无非是发现和表述各
种真谛和各种清楚明白的事情，他没有必要为这样的事
情进行争论。伊拉斯谟并非像他的对手所责备的那样是
出于嫉妒，而是出于一种真诚的忧虑——伊拉斯谟是出于
精神贵族的一种责任心无可奈何地眼望着马丁·路德气势
汹汹的言论之后立刻出现的民怨沸腾的巨大风暴。诚如伊
拉斯谟在谈论马丁·路德时所言："要是他能把握得更有
分寸就好了。"——此后，伊拉斯谟一再抱怨这个没有分
寸的马丁·路德，而且预感到：伊拉斯谟自己高尚的精神
王国——经典古籍、各种学问和人性的精神王国很可能经
受不住这样一种尘世的巨大风暴。这种心知肚明的预感极
其隐秘地使伊拉斯谟感到心情沉重。不过，伊拉斯谟和马
丁·路德之间还始终没有语言文字交流——德意志宗教改
革的这两位最著名的人物还始终互相保持沉默。而这样
一种沉默渐渐地变得令人瞩目。谨小慎微的伊拉斯谟没
有理由要亲自去和这个不可捉摸的马丁·路德打交道。而
马丁·路德越是为自己的信念而斗争，他对怀疑论者伊拉
斯谟越是明显地持怀疑态度。马丁·路德在谈论伊拉斯
谟时曾写道："在伊拉斯谟看来，人的事情比神的事情更
重要。"这句话绝妙地道出了他们两人之间的距离：对马
丁·路德而言，世间最最重要的是宗教；对伊拉斯谟而
言，世间最最重要的是人性。

　　话又说回来，当年的马丁·路德已不再是他一个人。这虽然不是他的愿望，或许他自己也不完全理解：他已成为一个代表人物——以他的仅仅是思想上的要求代表着世间各种各样的利益，他已成为德意志民族事业的奠基人——马丁·路德已成为教皇、神圣罗马帝国皇帝和各封建邦国君主之间政治棋盘上的一枚重要棋子。那些他完全不认识但绝对是从他的成功中受益的非福音派人士开始追随马丁·路德本人，以便为了他们自身的目的充分利用马丁·路德这个人。于是，一个未来宗派的核心——一个即将来临的宗教体系已渐渐地围绕着单独的个人——马丁·路德而形成。不过，早在新教这支浩浩荡荡的队伍形成之前很久，马丁·路德周围就聚集了不少人，其中有梅兰希顿、斯帕拉提努斯、封建邦国的君主、各等贵族和学者们，他们建立了一个符合德意志人天赋组织才能的政治、神学和法律的总参谋部。外国的使节们好奇地将目光投向德意志萨克森选帝侯国，看看是否能将倔强的马丁·路德作为一个楔子打入强大的神圣罗马帝国之内：一种错综复杂的政治外交把使节们自己和马丁·路德的纯属伦理道德的要求联系在一起。而马丁·路德最亲密的同道——正在为宗教改革寻找自己的同盟者的梅兰希顿大概知道：马丁·路德的《告德意志贵族书》[23]一旦发表，势必会引起非同寻常的震动，于是梅兰希顿竭力主张：为福音派的新教事业去争取一位不持宗派立场的非常重要的权威人物——伊拉斯谟。马丁·路德终于打破沉默，并于一五一九年三月二十八日首次亲笔致函伊拉斯谟[24]。

　　人文主义者写信都免不了要先向对方礼貌地恭维一番，就像中国人一贯过于谦恭一样。所以，马丁·路德的这封信一开始就是一番溢美之词的赞扬，一点都不奇怪。马丁·路德写道："有谁不是受益于伊拉斯谟才有自己的丰富思想呢？有谁不受他的教诲呢？又有谁不被他所左右呢？"接着马丁·路德说自己是一个粗笨而又不拘小节的年轻汉子，还没有学会怎样给一位真正的大学者写信。但是，因为他听说，由于自己对赎罪券作了"微不足道"的评说而让自己的名字被伊拉斯谟知道，所以，如果他们两人之间继续保持沉默，很可能会引起误会。马丁·路德接着写道："您是一位和蔼可亲的人，如果您认为合适，请您承认我这个信奉耶稣基督的小兄弟吧，虽然这个小兄弟只配埋没在一个黯然失色的角落里，而不配和您在同一个阳光灿烂的天空下。"这封信完全是为了这一句话而写："请您承认我这个信奉耶稣基督的小兄弟吧。"这封信包含了马丁·路德对伊拉斯谟的全部期望：能得到一封伊拉斯谟表示赞同的信——对马丁·路德的主张随便说上一句表示友好的话，我们今天似乎可以这样说：希望伊拉斯谟说上一句有舆论效应的话。因为当时马丁·路德正面临事态不明朗的关键时刻。他已经向世间最有权势的人——教皇宣战。罗马教廷已发出将他革出教门的通谕。如果他在这样一场斗争中有伊拉斯谟作为道义上的紧急援手，这对马丁·路德的事业十分重要，或许对他取得胜利具有决定性的意义，因为伊拉斯谟这个名字意味着公平正义。不持宗派立场的伊拉斯谟始终是那些持宗派立场的人所需要的一面最重要和最好的旗帜。

　　然而，伊拉斯谟从不愿意承担义务和很少为一笔尚未算清的债务做担保。因为如果他现在公开肯定马丁·路德——肯定一个不讲分寸和没有节制的人，这就意味着：他已预先对马丁·路德所有未来的书籍和著作以及马丁·路德对其他人的攻击表示赞同。而马丁·路德的那种"强词夺理和蓄意报复的煽动性文风"恰恰是崇尚和睦的伊拉斯谟在自己内心深处不以为然的。再则，马丁·路德的事业又究竟是什么呢？他在一五·九年所干的事又是什么呢？他明天又会干什么呢？一个人一旦承担义务持宗派立场，这就意味着：他要在道义上放弃某种自由——为不明底细的各种要求承担责任。伊拉斯谟可永远不会被别人限制住自己的自由。或许这位老教士伊拉斯谟凭自己嗅觉灵敏的鼻子已闻到马丁·路德文章中散发出的淡淡的异教徒的气味。谨小慎微的伊拉斯谟从来不会毫无必要地用自己的德行和身价去损害自己的名誉。

　　所以，伊拉斯谟在自己的回信[25]中小心翼翼地回避表态，既不明确表示赞同也不明确表示反对。首先，他巧妙地为自己筑起一道防御工事——他向左右两个阵营解释说：他根本没有真正读过马丁·路德的著作。确实，依照条文规定，伊拉斯谟身为天主教会的教士如果没有上司的明确许可是不可以阅读挑战天主教会的著作的。因此，写信高手伊拉斯谟以此为由表示抱歉说：他没有读过马丁·路德的书，从而为回避决定性的表态找到了巧妙的托词。接着伊拉斯谟向马丁·路德"这位信奉耶稣基督的兄弟"的信函表示感谢，然后转告马丁·路德的著作在卢万所引起的巨大反响以及那些反对马丁·路德的人的言行如何可恶——伊拉斯谟用"可恶"这样委婉的措辞实际上也就向马丁·路德表示了几分同情。然而冷静地维护自己思想独立的伊拉斯谟从来都是十分巧妙地回避向任何人说出明确表示赞同的话，因为世人很可能会用他自己说的话束缚他以后的言行并要求他承担义务呢！于是，伊拉斯谟特别强调：他自己仅仅"翻阅了几页"马丁·路德所著《〈圣经·旧约·诗篇〉评注》，也就是说，他没有读过马丁·路德的这部著作。不过，伊拉斯谟"但愿"马丁·路德的这部著作会对世人有所裨益——伊拉斯谟再次用"但愿"代替直接的评价。伊拉斯谟还在信中嘲笑那些谣言是多么愚蠢和居心叵测：说什么伊拉斯谟本人参与了撰写马丁·路德的文稿。而伊拉斯谟所有这些转弯抹角的话只不过是为了和马丁·路德保持距离。但是，伊拉斯谟在信的末尾终于说出了自己的真实想法。他清楚明白地申明：他不愿意让自己卷入到非常烦人的争论中去。伊拉斯谟说："我要尽可能保持中立，以便能够更好地促进正在复兴的各种学问的繁荣，并且我相信：机智地采取保留态度比鲁莽地介入更有利于复兴事业的发展。"最后，伊拉斯谟再次敦促马丁·路德言行要有分寸，并用一句善意而又笼统的祈祷的话结束这封信：但愿耶稣基督将自己的精神与日俱增地赐予马丁·路德。

伊拉斯谟就这样表明了自己的立场。正如他在罗伊希林[26]风波中表明自己的立场一样，当时他就说："我不是罗伊希林分子。我不参加任何一派。我是基督徒，因而我只知道大家都是基督徒。我不愿知道有什么罗伊希林分子

或者伊拉斯谟分子。"他当时就下定决心不超越自己真正
意愿的任何一步。伊拉斯谟是一个谨小慎微的人，而谨小
慎微也是一种眼力：有时候他能够神奇地突然从自己的感
觉中预见到未来不可思议的事情。当所有其他的人文主义
者把马丁·路德当作救世主欢呼时，伊拉斯谟比他们看得
更清楚，他从马丁·路德固执、好斗的作风中看到了"动
乱"的预兆——伊拉斯谟看到的不是改革，而是一场革
命。而伊拉斯谟是绝对不愿走这样一条危险道路的。伊拉
斯谟说："假如我和马丁·路德合伙去干危险的事，那么，
我除了搭上自己的性命陪他走上一条死路之外，我还能对
他有什么帮助吗？……马丁·路德曾发表过一些极好的言
论和提出过有益的告诫，所以我真心希望他不要被他自己
的严重错误损害他已经做过的好事。不过，即便马丁·路
德所写的一切均出于好心，我也不会为了寻求真谛的缘故
而拿自己的头颅去冒险，并不是任何人都具备当殉道者的
精神力量。我必定会满怀忧虑地担心：一旦发生动乱，我
很可能会遭遇像奥劳斯·佩特利[27]那样的命运。如果教
皇和君主们的谕旨是公正的谕旨，我就会服从。我会忍受
他们令人痛苦的律令，因为这样做比较安全。我相信，这
样一种态度适合所有心怀善意的人，如果他们看不到反抗
有成功希望的话。"伊拉斯谟出于自己内心的婉约和要坚
持自己的思想独立，决心不和任何人——也就是说，不和
马丁·路德一起干共同的事业。马丁·路德走他自己的路，
伊拉斯谟要走自己的路。因此，他们两人达成的一致仅仅
是：不互相敌对。联手的建议被婉拒了，默契是：伊拉斯
谟保持中立。马丁·路德肯定是世界大舞台上的人物。而

伊拉斯谟则希望自己始终只是一个观众：一个"旁观者"。伊拉斯谟说："假如路德的事业蓬勃发展是完全出于天主的旨意——或许天主认为，在那样腐败堕落的时代需要有一个像马丁·路德那样大刀阔斧的外科医生，那么，我就不会干和马丁·路德对抗的事。"——事后证明，伊拉斯谟这样的希望完全落空！

在任何政治风云变幻的时代，要始终置身于局外和保持非宗派的立场比采取宗派立场更难。使伊拉斯谟非常头疼的是，主张宗教改革的这个新宗派想方设法要证明伊拉斯谟就是属于他们自己这个阵营。是伊拉斯谟曾为宗教改革者对教会的批判奠定了基础，而马丁·路德则将伊拉斯谟的这种批判转变为对教皇权力的攻击罢了，就像天主教神学家们的刻薄之言："马丁·路德孵的蛋是伊拉斯谟下的。"不管伊拉斯谟愿不愿意，伊拉斯谟都得作为宗教改革的先驱者在一定程度上对马丁·路德的作为负责，有人说："伊拉斯谟指向哪里，马丁·路德就会奔向哪里。"——伊拉斯谟小心翼翼打开的大门，马丁·路德就会以迅雷不及掩耳之势闯进去。就连伊拉斯谟本人也不得不向茨温利承认："马丁·路德所要求的一切乃是我自己的主张，只不过没有像马丁·路德那样激烈，也没有像马丁·路德那样刻意追求极端的字眼。"原来，使这两个人分道扬镳的仅仅是方法不同而已。两人都做出了相同的诊断：天主教会已病入膏肓，内部的没落日趋表面化。然而，伊拉斯谟建议采用缓慢渐进的治疗——通过细心点滴"理性和揶揄的盐水"使血液逐渐净化，而马丁·路德则采用动手术的流血方法。这样一种危及生命的处理方式势必会被惧怕流

血的伊拉斯谟拒绝。伊拉斯谟反对一切暴力行为。他说:
"我的决心不会动摇。我宁可自己粉身碎骨,也绝不会怂恿
宗派纷争,尤其不会怂恿宗教信仰的纷争。尽管马丁·路
德的许多追随者根据福音书中的这样一句话行事:'我降
临世间,不是带来和平,而是带来刀剑。'而我虽然认识
到天主教会应该有某些改变以有利于宗教信仰,但我唯独
不喜欢会导致流血的一切动乱。"伊拉斯谟以一种会使人
想起托尔斯泰[28]的决心拒绝任何使用暴力的号召。伊拉
斯谟声称自己宁可继续忍受令人厌恶的现状而不愿以"动
乱"——以流血为代价改变现状。当其他的人文主义者——
那些比伊拉斯谟目光短浅但又比伊拉斯谟乐观的人文主义
者——把马丁·路德的行为当作拯救天主教会和德意志人
的国土而欢呼时,伊拉斯谟却从中认识到:普世教会将会
分裂——世界统一的教会将会分裂为各国的教会,从而使
德意志人的国土脱离统一的西方世界。伊拉斯谟更是从内
心深处预感到——这种预感比通过理性认识更能明白:神
圣罗马帝国和其他日耳曼民族的各国要摆脱教皇至高无上
的权力不可能不经过最血腥、最惨无人道的冲突。由于在
伊拉斯谟看来,战争意味着倒退——意味着倒退到早已经
历过的野蛮时代,所以他要竭尽全力阻止基督徒内部这样
一种最可怕的灾难。于是,一项伊拉斯谟力不从心的历史
使命就突然降落在他自己身上:在各种亢奋者中间独自一
人体现清醒的理性并且只依靠一支笔捍卫欧洲的统一、教
会的统一、人性的统一、天底下世人的统一,以免天下陷
入崩溃和毁灭。

　　伊拉斯谟试图通过安抚马丁·路德开始自己的调解

使命。伊拉斯谟始终通过自己的朋友规劝刚愎自用的马丁·路德写文章不要如此"咄咄逼人"——不要以如此"违背福音之道"[29]的方式传授福音之道。伊拉斯谟说："我希望马丁·路德把各种争议搁置一边一段时间，专心致志传播福音之道。这样，他可能会有更大的成就。"伊拉斯谟说，最主要的是：并不是所有争议非得公开讨论不可，而且也不一定非得把对教会的各种改革诉求大声嚷嚷灌输到那些不安分和喜欢盲动的民众耳中。伊拉斯谟说："不一定非得始终说出全部真相。许多事情取决于如何披露真相。"由此可见，善于外交手腕的伊拉斯谟是多么语重心长地希冀一个思想精英在适当的时候采取保持沉默的高明艺术——采取这种别样的巧妙，而不赞赏使用雄辩术的鼓动力量。

马丁·路德未必懂得伊拉斯谟的这样一种见解：为了眼前的利益可以暂时不挑明真相。在信奉福音之道的马丁·路德看来，良知最最神圣的责任是：一个人的心灵一旦觉察到真相——即便是零零星星的真相——就应该大声说出来，而不管是否会从中产生战争、动乱和天翻地覆的变化。马丁·路德从来不可能和不愿意学会沉默的艺术。马丁·路德在这四年期间[30]嘴里说的是一种强有力的新语言，手中掌握着整个德意志民族由于怨恨而蕴藏的巨大力量。自从鞋会[31]密谋武装起义以来，在广大农民中蔓延的那种蒙昧的、社会的、宗教的强烈感情：对教士的憎恨、对异族人的憎恨——所有这一切都被马丁·路德通过在维滕贝格大学教堂大门上张贴《九十五条论纲》的铁锤声唤起而成为全体德意志人的民族意识：热切盼望针对

罗曼语族人的国家[32]和神圣罗马帝国的一切采取革命行
动。各阶层——封建邦国的君主们、农民们、市民们都觉
得他们自己私人的事务和各自阶层的事务，根据福音之道
均为神圣不可侵犯。全体德意志人把马丁·路德视为一个
有勇气和有作为的人，从而把他们此前分散的激情全都倾
注在马丁·路德身上。然而，在强烈的宗教狂热中把民族
国家的自主和社会福利的事务扯在一起，始终会在尘世引
起巨大动荡。就像此时此刻数不胜数的人都认为，唯独马
丁·路德能实现他们各自心中的意愿，于是马丁·路德身
上就有了神奇的力量。而一旦整个民族国家在听到最初的
召唤以后就把自己的力量凝聚成为某个人的力量，那么
这个人很容易觉得自己就是天主的使者。尘世经历了许
多许多年之后，在德意志人的土地上又有一个人——马
丁·路德用先知般的语言说："天主命我作为他的一个使
徒和一名福音之道的传教士在德意志人的土地上布道和裁
判。"忘乎所以的马丁·路德觉得天主授予他的使命是：清
除教会的弊端——把德意志民族从教皇：这个"违背基督
者"[33]——这样一个"伪装得实实在在的魔鬼"手中拯救
出来——用福音之道把德意志民族从教皇手中拯救出来，
如果这样做不行，那么就用流血的手段——用刀剑和烈火
进行拯救。

　　两耳充满民众热烈欢呼的巨大声浪和自以为受命于天
主的马丁·路德势必听不进任何劝他谨慎行事的告诫。马
丁·路德不久就几乎不再倾听伊拉斯谟的谏言或者想法了。
马丁·路德不再需要伊拉斯谟。马丁·路德迈着坚定的步
伐不顾一切地走他自己的历史之路。

不过，与此同时，伊拉斯谟就像当初以迫切的心情警告马丁·路德一样，现在也以同样迫切的心情警告马丁·路德的对立面——警告教皇和主教们、君主们和统治者们不要仓促以过激的行为对付马丁·路德。伊拉斯谟也在这些人身上看到了自己的宿敌：盲目和自负的狂热——狂热从不愿意承认自己有错。于是，伊拉斯谟提醒他们说，革出教门或许过于严厉，马丁·路德毕竟是一个完全正派的人，他的生活作风受到普遍好评。确实，马丁·路德对赎罪券抱有怀疑，但是，在他之前也有其他人大胆地表示过同样看法。伊拉斯谟说："并非什么错误都是异端邪说。"永远是调解人的伊拉斯谟提醒马丁·路德的对立面并为自己最顽固的对手马丁·路德进行辩护。伊拉斯谟说："马丁·路德写的许多文章与其说怀有恶意，不如说写得过于仓促。"伊拉斯谟说，遇到这样一种情况不必总是立刻大声疾呼要使用火刑，况且并不是任何一个受到怀疑的人就已经可以被指控为异端分子。如果不是用辱骂去激怒马丁·路德，而是用告诫教诲他，岂不更可取吗？伊拉斯谟在致红衣主教坎佩焦[34]的信中写道："假如教皇让任何一个教派都能公开表明各自的信条，那么这可能是平息纷争的最佳办法。如若这样，有人滥用错误的表白很可能会无济于事，放肆的言论和文章也很可能会因此而有所收敛。"和气友善的伊拉斯谟一次又一次地迫切要求召开一次由教皇主持的秘密会议——建议在会议上讨论学者圈内和神职人员圈内与马丁·路德《九十五条论纲》有关的各种问题，他认为：这样一种秘密讨论必定会导致"一种符合基督教精神的谅解"。

　　然而，罗马听不进这样一种劝告的声音，就像维滕贝格听不进劝告的声音一样。教皇此时此刻操心的是另外一些忧虑：他的亲爱的拉斐尔——这个文艺复兴赠予新生天地的神圣宝贝突然在这几天去世了〔35〕。现在有谁能担当完成梵蒂冈教堂里的壁画呢？有谁能将追求如此豪华的圣彼得大教堂建筑竣工呢？在出身梅迪奇家族的教皇利奥十世心目中，艺术——伟大而又持久的艺术要比萨克森选帝侯国某地一座小城的一个小修士的捣乱重要百倍，而恰恰因为这位教皇有如此博大深远的眼光，所以他对这个微不足道的小修士马丁·路德也就不屑一顾。教皇左右的那些傲慢和自以为是的红衣主教们再次要求用革出教门作为对马丁·路德放肆的叛逆行为的唯一回应。——萨伏那洛拉不是已经被火刑处死了吗？西班牙的异教徒不是已经被驱逐出西班牙了吗？在红衣主教们看来，要先听取马丁·路德的申辩——还要和这样一个农民出身的神学家多费口舌，究竟是为了什么呢？于是，伊拉斯谟进行告诫的那些书信被梵蒂冈漫不经心地束之高阁。罗马教廷的枢机处匆匆忙忙签发了将马丁·路德革出教门的教谕，并派教皇特使要全力以赴严厉处置这个德意志的捣乱者。由于对立双方的态度都顽固不化，所以，第一次——因而也是最好的一次和解机会就错过了。

　　不，或许还没有错过。在那些关键性的日子里，德意志宗教改革的整个命运是短暂地掌握在伊拉斯谟手中——可惜，这样一种背景很少被人重视。神圣罗马帝国皇帝卡尔五世已决定在沃尔姆斯召开帝国议会大会，要在会上责问马丁·路德，一旦马丁·路德在最后时刻不认错，那么就惩罚他的所作所为。马丁·路德所在的邦国——萨克森选帝侯国的君主弗里德里希三世也应邀参加那次会议。不过，当时的弗里德里希三世还不是马丁·路德的公开信徒，而仅仅是马丁·路德的庇护者。弗里德里希三世是个怪人。他是天主教会的虔诚信徒，是德意志土地上最大的圣徒遗物和圣徒遗骨的收藏家。而这些物件是被马丁·路德嘲笑为不值分文的小玩意儿和魔鬼的游戏。弗里德里希三世确实对马丁·路德怀有某种同情——他为马丁·路德感到自豪，是马丁·路德给弗里德里希三世创办的维滕贝格大学带来如此高的声誉。当然，弗里德里希三世不敢公开认同马丁·路德的观点。他出于谨慎和因为尚未下定决心，所以采用外交手腕：自己身居幕后，不亲自和马丁·路德来往，不接待马丁·路德——这和伊拉斯谟完全一样，以便在必要时为了掩护的目的能够说，他本人和马丁·路德毫不相干。不过，出于各种政治原因和因为他在和卡尔五世皇帝对阵的棋局中能够好好利用这样一个强势的农民马丁·路德，而且最后也是出于他对自己所拥有司法权怀有一种地方主义的自豪感，所以他始终庇护着马丁·路德，并始终让马丁·路德在维滕贝格大学教课和布道，尽管教廷将马丁·路德革出教门的教谕已经下达。

然而，即便是这样一种小心翼翼的保护现在也有了危险，因为马丁·路德果然不出所料将被卡尔五世皇帝宣布为不受法律保护[36]，如果此时此刻继续庇护马丁·路德，这无异于一个邦国的君主公开反叛自己的皇帝。而那些刚刚开始信仰新教的君主们还没有真正下决心要进行公开反抗呢。虽然他们知道，自己的皇帝在军事上已焦思苦虑，皇帝的双手已被束缚在他对法兰西和意大利的战争[37]之中，此时此刻或许是封建邦国的君主们扩大自己势力的有利时机，而且为了达到这样一个目的，面对当时历史最最冠冕堂皇的理由是：支持福音之道的事业。不过，弗里德里希三世本人是个虔诚和正直的人。他还始终处在深深的疑虑之中，他思忖着，他的这样一个教士和教授——马丁·路德是否真的也是一个真正的福音派教义的使者，或者仅仅是无数宗教狂热者和宗派主义者之一。弗里德里希三世还没有下决心：自己是否能够面对天主和世人的理性承担起责任继续庇护这个伟大而又危险的思想精英——马丁·路德。

弗里德里希三世正是怀着这样一种犹豫不决的心情在途经科隆时获悉，伊拉斯谟此时也同样在这座城市作客[38]。弗里德里希三世立刻通过他的秘书斯帕拉提努斯邀请伊拉斯谟前来面谈，因为伊拉斯谟在当时还始终是各种世俗事务和神学事务的最高道德权威——伊拉斯谟还始终享有名副其实绝不介入任何宗派纷争的美名。犹豫不决的弗里德里希三世期待着伊拉斯谟最可靠的建议，他直截了当地问伊拉斯谟：马丁·路德到底对不对。伊拉斯谟向来就不喜欢要求自己明确回答：对或者不对的问题，尤其是他的判断和重大责任联系在一起的此时此刻。因为如果他赞同马丁·路德的言行，他就会使深受鼓舞的弗里德里希三世继续庇护马丁·路德，那么马丁·路德就会得救，从而也就拯救了德意志的宗教改革。但是，如果这位萨克森选帝侯由于伊拉斯谟令人沮丧的回答"不"而置马丁·路德于不顾，那么马丁·路德为了拯救自己免遭火刑而不得不逃出萨克森选帝侯国。所以，当时天下的命运正处在伊拉斯谟的肯定与否定之间，假如伊拉斯谟真的像他的对手们所说：会出于妒忌或者敌意反对自己的伟大同道——马丁·路德，那么现在可是时不再来的最佳机会：将马丁·路德一劳永逸地彻底铲除。一个断然否定的"不"字似乎很可能会让选帝侯弗里德里希三世放弃对马丁·路德的庇护。一五二〇年十一月五日这一天，德意志宗教改革的命运——世界历史的转折似乎完全掌握在柔弱而又谨小慎微的伊拉斯谟手中。

伊拉斯谟正是在这样关键时刻保持着自己的诚实态度——不是一种无所畏惧、气吞山河的态度；不是一种坚定不移、英雄般的态度，但确确实实是一种诚实的态度——这就非常了不起。选帝侯弗里德里希三世问伊拉斯谟：他是否能够从马丁·路德的观点中看出某些不对之处和异端邪说之处，对于这样一个问题，不愿采取宗派立场的伊拉斯谟首先用一句风趣的话进行回避。伊拉斯谟说，马丁·路德的主要不对之处是他抓住了教皇的皇冠和教士们的肚皮。但是，选帝侯接着严肃地要求伊拉斯谟表明他自己的观点，于是伊拉斯谟凭自己的全部所知和最诚实的良知用二十二句被他自己称之为箴言的简短的话[39]说明自己对马丁·路德的看法。其中有几句是非议马丁·路德的，如"马丁·路德滥用了教皇的容忍"，但是，伊拉斯谟在关键性的论点上却有勇气大胆站在受到危险威胁的马丁·路德这一边。伊拉斯谟说："在德意志的所有大学中只有两所大学责难马丁·路德，而这两所大学并未将他驳倒，所以，如果马丁·路德期盼进行公开讨论和期盼不偏袒的

裁判者，这只不过是理所应当的要求。"他又说："最好的
办法——即便对教皇来说也是最好的办法，那就是这件事
通过有威望、不偏袒的裁判者进行调解。世人渴望真正的
福音之道。这是时代的总趋势。世人不应该以如此仇恨的
方式对付马丁·路德。"伊拉斯谟最终的建议仍然是：在这
件棘手的事情演变成一场"动乱"和使天下数百年不得安
宁之前，应该通过商量和通过公开的帝国议会大会处理好。
伊拉斯谟的这些话当然有利于宗教改革朝顺利发展的方向
转变——马丁·路德事后却没有感激伊拉斯谟，反而以怨
报德。尽管选帝侯弗里德里希三世对伊拉斯谟话语中的某
些模棱两可和谨小慎微之处略感惊讶，但他还是完全按
照伊拉斯谟在那天夜里谈话中所建议的去做。第二天——
一五二〇年十一月六日，弗里德里希三世向教皇特使要
求：马丁·路德应该由公正的、独立的、不偏袒的裁判者
们公开审理；马丁·路德的书籍不应该在此前被焚毁。弗
里德里希三世这样的要求是对罗马教廷和神圣罗马帝国皇
帝所持强硬态度的抗议——是德意志封建邦国的君主们第
一次声援新教。伊拉斯谟通过自己悄悄的帮助向处在关键
性时刻的宗教改革提供了决定性的援助。伊拉斯谟理应赢
得一座纪念碑，而不是得到后来宗教改革向他投掷的石块。

德意志民族神圣罗马帝国终于在沃尔姆斯召开帝国议
会大会，这是具有世界历史意义的时刻[40]。这一天，沃
尔姆斯城人山人海，就连屋顶和房屋的山墙上也都是人。
年轻的卡尔五世皇帝[41]由教皇的特使、各封建邦国的使
节、选帝侯们和秘书们陪同，在服饰艳丽的骑兵和步兵

簇拥下进入会场。几天以后，一个小小的修士马丁·路德走着这同一条路步入会场。他孑然一身，仅仅在自己的口袋里藏着一张折叠的、由官方签署的保证其生命安全的文书——这能保护他免于被当作异端分子而处以火刑。然而马丁·路德在沃尔姆斯城的出现，大街小巷再次响起向他热烈欢呼的声浪，犹如暴风骤雨。德意志封建邦国的君主们选择卡尔五世作为德意志国家的领袖，而德意志民众则选择另一个人——马丁·路德作为德意志国家的领袖。

第一次对话没有作出命运攸关的决定。伊拉斯谟的想法仍然起作用——仍然给调解的可能性带来一线希望。但是马丁·路德在第二天说出这样一句具有世界历史意义的话：“我坚持自己的立场，我别无选择。”[42]这就把天下分裂成两半。自胡斯以来第一次有人在皇帝和宫廷大臣面前拒绝服从天主教会。宫廷大臣们稍稍打了一个寒战，他们窃窃私语，对这个放肆的小修士马丁·路德惊讶不已。但是台底下的士兵们却向马丁·路德欢呼。难道这些士兵已经预感到马丁·路德这样一种表态对他们来说是一个好兆头吗？难道这些士兵——这些暴风雨中的海燕们已经预感到战争正在临近吗？

可是伊拉斯谟此时此刻在哪里呢？——谨小慎微的伊拉斯谟在这样一个世界历史的关键时刻始终待在自己的书斋里[43]——这是他的悲剧性的过错。伊拉斯谟原是教皇特使阿莱安德[44]青年时代的朋友。他们两人曾在威尼斯同吃同住。伊拉斯谟又是卡尔五世皇帝信任之人和福音派信徒们的知音，所以，伊拉斯谟是唯一还有可能在沃尔姆斯大会上阻止作出残酷决定[45]的人。但是，永远踌躇不前的伊拉斯谟害怕公开站出来。只是当他获悉这个坏消息时他才明白：错过的时机已无法挽回，他说："倘若我当时亲自在场，我很可能会尽力通过适当的协调避免这出悲剧。"然而，具有世界历史意义的时刻已不再可能被追回。不在场的伊拉斯谟始终难辞其咎。伊拉斯谟在这样重要的具有世界历史意义的关键时刻未能充分利用自己的身份——未能为自己的信念竭尽全力，他要实现自己"伊拉斯谟精神"的事业也就因此而失败。而马丁·路德则以非凡的勇气和以必胜者百折不挠的意志全力以赴：马丁·路德的意志也就因此而成为业绩。

注　释

〔1〕　自 1516 年 8 月底至 1517 年上半年，伊拉斯谟在尼德兰的安特卫普、布鲁塞尔和根特逗留。

〔2〕　1463 年 1 月 17 日，德意志萨克森选帝侯弗里德里希三世（Friedrich Ⅲ，1463—1525，旧译：腓特烈，雅号：智者 der Weise）在德意志萨克森的托尔高（Torgau）出生。自 1486 年起为选帝侯，1502 年创建维滕贝格大学，1500 年起任神圣罗马帝国议会主持人（diet），1519 年谢绝皇位，聘任马丁·路德和菲利普·梅兰希顿到维滕贝格大学任教，保护路德，拒绝教皇发布的逮捕路德的敕令。1521 年 5 月，路德在沃尔姆斯（由德意志各诸侯国君主组成的）帝国议会大会上公开宣称："我坚持自己的立场，我只能如此。"因而使路德既面临教会的惩罚又面临世俗政权的惩处。此时弗里德里希三世再次进行干预，派人把路德秘密带到这位选帝侯在瓦尔特堡的城堡。路德在此城堡内平安地度过一年，并开始将《圣经》译成德语。弗里德里希三世于 1525 年 5 月 5 日在托尔高附近的洛豪（Lochau）去世。

〔3〕　乔治·斯帕拉提努斯（拉丁语名：George Spalatinus，1484—1505），德意志人文主义者。曾任萨克森选帝侯弗里德里希三世的图书馆馆长和秘书。他于 1516 年 12 月 11 日致信伊拉斯谟，此信的主要目的是向伊拉斯谟介绍马丁·路德。参阅《年谱》1516 年记事〔7〕。

〔4〕　原罪，基督教的一种教义，称人类始祖亚当因违背上帝禁令吃禁果而犯下的罪，传给后世子孙，绵延不绝，故称"原罪"。

〔5〕　公元前 384 年，古希腊著名学者亚里士多德（Aristoteles 或 Aristotle，公元前 384—公元前 322）在爱琴海西北部卡尔基狄克半岛希腊人移民地——斯塔吉拉（Stagira）城出生。准确日期不详，17 岁到雅典拜柏拉图为师。柏拉图去世后，他到小亚细亚的阿索斯从事学术研究。阿索斯是当时研究柏拉图哲学的中心。公元前 343 年—前 342 年任马其顿王子亚历山大的老师。公元前 323 年，亚

历山大大帝逝世后，雅典出现反马其顿统治的运动。亚里士多德离开雅典，前往希腊埃维亚岛（Euböa）的卡尔基斯（Chalkis），公元前 322 年在该地逝逝。准确日期不详。亚里士多德的传世著作有：《工具论》（逻辑学）、《动物学》、《动物志》、《论生成与消灭》、《气象学》、《论天》、《物理学》、《形而上学》（第一哲学）、《伦理学》、《政治学》、《诗学》、《修辞学》等。

〔6〕摩西（Moses），《圣经·旧约》中人物，是率领以色列人离开埃及的领袖。米开朗琪罗受命为教皇尤利乌斯二世（Julius Ⅱ., 1443—1513）的陵墓创作雕像，其中最著名的是 1513—1515 年创作的《摩西》，坐着的摩西形象头顶长着一对犄角——"神"的象征物，右手握着《十诫》，左手抚着飘至腰际的美髯，气宇轩昂。

〔7〕《圣经·旧约》的《士师记》（Judges）第 15 节 "参孙击败非利士人"（Samson Defeats the Philistines）记载：力士参孙在家过了一段时间，又思念妻子——一个非利士女子，于是在割麦季节带了一只小山羊去看望她。当他来到非利士人岳父家要求见他妻子时，岳父不让他进，并说："我确信你恨她，所以把她嫁给你的一位伴郎了。她妹妹长得漂亮，你可以娶她。"参孙非常生气，为报复非利士人，他捉了三百只狐狸，把它们的尾巴一对对地接上，插上一支火把，然后点燃火把，把狐狸放进非利士人的麦田中，这样就把他们割下和未割下的麦子都烧尽了，还殃及橄榄园。

〔8〕重新解释福音书教义的教派，在德意志通常被称为新福音派。

〔9〕1491 年 11 月 11 日，16 世纪欧洲宗教改革家、人文主义者马丁·布泽（德语：Martin Butzer，法语：Martin Bucer，1491—1551）在德意志的施雷特施塔特（Schlettstadt）出生。布泽早年是多明我会修士（Dominikaner），后受伊拉斯谟和路德影响，参加新教活动，先是在德意志西南地区，曾在斯特拉斯堡（Straβburg）、乌尔姆（Ulm）、黑森（Hessen）、科隆（Köln）等地传教，最后到达英国剑桥（Cambridge），并在该地去世。布泽希望用人文主义改造人和社会，认为只要宣传真正的福音，只要根据《圣经》的教导，便可实现这种改造。在新教与天主教、路德派和加尔文派发生冲突时，他往往采取温和态度，以期折中。他是新教坚信礼的创立者。1551 年

2月27日或28日去世。

〔10〕 "条顿人的疯狂",此处引用拉丁语原文:furor teutonicus。条顿人（Teutones）是古代日耳曼族的一支,居住在今德国易北河河口附近北海沿岸,公元前120年条顿人入侵古罗马帝国境内,公元前102年被罗马军队击溃。中世纪十字军东征时,条顿人组成条顿人骑士团（Teutonic Order）,以粗野彪悍著称。今条顿人泛指日耳曼人,但往往在暗喻日耳曼人粗野的精神气质和种族优越感时使用。

〔11〕 马丁·路德信鬼神,曾说自己见到过鬼魂。

〔12〕 狂暴斗士的德语是Berserker,原是指古代斯堪的纳维亚神话中的蛮悍斗士,可转义为蛮汉、暴跳如雷的人。

〔13〕 是指马丁·路德发动的德意志宗教改革引发德意志农民战争。

〔14〕 安德烈亚斯·卡尔施塔特（Andreas Karlstadt,约1480—1541）,德意志宗教改革派神学家。1519年和马丁·路德一起在莱比锡辩论会上抨击天主教神学家约翰内斯·埃克。1534年起任德意志卡尔施塔特（Karlstadt）大学教授,后来成为新教改革激进派的发言人,但与马丁·路德的观点相左。1541年12月24日在巴塞尔去世。

〔15〕 精神骑士（Geistesritter）是比喻当时的人文主义者。伊拉斯谟时代的人文主义者是指学习、研究古典（古希腊古罗马）语言文学并承袭其思想的学者。

〔16〕 埃阿斯（Ajax）,荷马史诗中的希腊神话人物,身躯魁梧、臂力过人。在特洛伊战争中曾对阵赫克托耳,阿喀琉斯阵亡后,埃阿斯在和奥德修斯争夺阿喀琉斯的盔甲时因中计而告失败,气愤之极自刺身亡。埃阿斯有一个比他年幼的战友和伙伴,亦名埃阿斯,后世称之为小埃阿斯,也参加特洛伊战争,是优秀的投枪手,但小埃阿斯的故事不涉及和奥德修斯争夺盔甲,也不是本书中所指的埃阿斯。

〔17〕 奥德修斯（Odysseus）,荷马史诗中的希腊神话人物,希腊伊达卡岛国王,参加希腊联军远征特洛伊,献木马计攻克特洛伊城,他以阅历丰富、足智多谋著称,通用的雅号是"经验丰富者"、"机智者"。他起初打算逃避远征而故意装疯,后被识破而不得已参战。他凡事都得到智慧女神雅典娜的帮助。但海神波塞冬为难他。

特洛伊战争结束后，奥德修斯在海上漂流十年才回到故乡。

〔18〕 1517 年 10 月 31 日（万圣节前一天的中午），马丁·路德将其
《九十五条论纲》（副标题：关于赎罪券效能的辩论）张贴在维滕
贝格大学教堂（也是维滕贝格城的主教堂）的大门上。顾名思义，
赎罪券（Ablass）是花一定的钱买一张教皇出售的有赎罪功效的
证明书。教皇发售赎罪券，名义上是为了天主教会的事业，而实
际上是为了敛财致富。在神学理论上，教皇宣称自己是基督在世
的代表，掌握着最高神权，所以他有权赦免世人的罪愆。基督徒
购买赎罪券是一种补赎和善行，亦即花钱可以免罪。和马丁·路
德及其追随者发生直接关联的赎罪券是教皇尤利乌斯二世于 1510
年发行的新年赎罪券，其收入用于兴建梵蒂冈新的圣彼得大教堂。
1513 年教皇利奥十世重新恢复发行赎罪券，也是将收入用于扩建
圣彼得大教堂。时任美因茨大主教的阿尔贝特（Albert，1490 年 6
月 28 日生，1545 年 9 月 24 日卒）以捐巨款换取教皇利奥十世违
规同意他掌握一个以上的主教管区。阿尔贝特以出售赎罪券的一
半收入赠送给利奥十世。阿尔贝特大肆出售赎罪券引起当地农民
和城市平民的强烈不满。路德在其《论纲》中谴责他的这种做法。
阿尔贝特于 1518 年任红衣主教后，其宗教思想倾向开明，曾一度
和人文主义者胡滕与伊拉斯谟友好往来。阿尔贝特晚年鼓励德意
志人反对宗教改革。路德在其《论纲》中一再指出，赎罪券会将
世人引入歧途，告诫基督徒们自己虔诚悔罪的重要性。《论纲》第
五条写道："教宗除赦宥凭自己的权力或根据教规所加之于人的刑
罚以外，教宗无意也无权免除其余任何刑罚。"《论纲》第六条写
道："教宗本人并无任何赦免罪愆的能力。……"（参阅《路德文
集》第一卷，上海三联书店，2005 年 3 月第 1 版，第 16 页）文中
"教宗"在中国内地称"教皇"。路德发表《论纲》的原来用意是
要引起大学内外同道及有识之士的学术辩论，却不料从此揭开由
他领导的德意志宗教改革的序幕并引发德意志农民战争。

〔19〕 赎罪券，参阅本章注〔18〕。

〔20〕 此处内容是《九十五条论纲》的第五条和第六条。参阅本章注〔18〕。
斯蒂芬·茨威格的引文引自《九十五条论纲》德语原著。

〔21〕 此处原文是德语：Galerie，原义是：剧院顶层的楼座，观众多为社会下层的百姓，故转义为：社会下层爱喧闹的人群。

〔22〕 "动乱"，原文是拉丁语：tumultus。

〔23〕 1520年夏，马丁·路德完成他的三大名著：《告德意志贵族书》（一译《致德意志基督教贵族公开书》或《致德意志民族基督教贵族书》，旧译名中的"基督教贵族"似应译为"基督徒贵族"）、《教会被掳于巴比伦》和《基督徒的自由》。中译文全文参阅《路德选集》，徐庆誉、汤清等译，宗教文化出版社，2010年11月北京第1版，第104—158页。亦可参阅中文版《路德文集》第一卷，上海三联书店2005年3月第1版。

〔24〕 1519年3月28日，马丁·路德首次致函伊拉斯谟。但是，伊拉斯谟没有直接回复这封信。参阅《年谱》1519年记事〔2〕。

〔25〕 伊拉斯谟没有回复马丁·路德于1519年3月28日首次致伊拉斯谟的信。尔后，马丁·路德于1519年5月28日再次致函伊拉斯谟。此处的回信是指1519年5月30日伊拉斯谟从卢万写给马丁·路德的回信。参阅《年谱》1519年记事〔4〕。

〔26〕 1455年2月22日，德意志人文主义者，当时著名的古希腊语和希伯来语学者约翰内斯·罗伊希林（Johannes Reuchlin，1455—1522）在德意志普福尔茨海姆（Pforzheim）出生，1506年出版其《希伯来语基础》一书。随着这第一部希伯来语语法书在德意志的出版，罗伊希林成为德意志研究希伯来语古代经典和重新研究《圣经·旧经》的先驱之一。一名改信基督教的科隆犹太人约翰内斯·普费弗科恩（Johannes Pfefferkorn）自1507年至1509年连续发表文章和出版小册子，指责犹太人善于谋取暴利和仇视基督教，企图以此证明自己改信基督教是正确的，并要求当时的神圣罗马帝国皇帝马克西米利安一世禁止犹太人的希伯来语古代经典，尤其是禁止犹太教法典《塔木德》（Talmud）。当时科隆大学的天主教神学家们支持普费弗科恩的立场，但遭到当时在斯图加特执教的罗伊希林的反对，他挺身而出捍卫希伯来语古代典籍，伊拉斯谟和德意志人文主义者支持罗伊希林。双方展开激烈论战，史称普费弗科恩—罗伊希林大辩论。这次大辩论促使《蒙昧人书简》

的产生。罗伊希林于 1522 年 6 月 30 日在巴特·利本采尔（Bad Liebenzell）去世，遗体安葬在斯图加特。

〔27〕 1493 年 1 月 6 日，瑞典宗教改革家奥劳斯·佩特利（Olaus Petri, 1493—1552）在瑞典厄勒布鲁（Örebro）出生，早年在瑞典的乌普萨拉（Uppsala）城以及在德意志的莱比锡和维滕贝格城上大学，是马丁·路德的学生。曾以福音派教会的社会福利执事（Diakon）身份在瑞典传播宗教改革思想。1540 年被控犯有叛国罪而判处死刑，但后被赦免。尔后在斯德哥尔摩任牧师。将《圣经·新约》译成瑞典语。编有《拉丁语—瑞典语词典》。1552 年 4 月 19 日在斯德哥尔摩去世。

〔28〕 1828 年 9 月 9 日，19 世纪俄罗斯大文豪列夫·尼古拉耶维奇·托尔斯泰（Лев Николаевич Толстой, 1828—1910）在图拉省克拉皮文县的亚斯纳亚·波利亚纳出生。他出身伯爵贵族世家，有长篇小说《战争与和平》、《安娜·卡列尼娜》、《复活》等传世，19 世纪 70 年代至 80 年代，托尔斯泰的世界观发生激变，转到宗法制农民的立场。他对有教养的富裕阶级的生活及其基础——土地私有制表示强烈的否定，对国家和教会进行猛烈的抨击。但坚持不用暴力抗恶，宣扬基督教的博爱和自我修身，试图从宗教、伦理中寻求解决社会矛盾的道路。身为贵族出身的托尔斯泰生活十分俭朴，一身农民装束，还下地劳动。1910 年 11 月 10 日，他从亚斯纳亚·波利亚纳秘密出走，途中患肺炎，20 日在阿斯塔波沃车站逝世。遵照他的遗言，遗体安葬在亚斯纳亚·波利亚纳的树林中。黄土堆成的梯形坟墓上没有墓碑和十字架。有关列夫·托尔斯泰告别人世的最后几天，可参阅（北京）三联书店出版的《人类的群星闪耀时》中的《逃向苍天》篇。

〔29〕 福音之道，是指耶稣基督在福音书中的教谕。

〔30〕 四年期间，是指 1517 年 10 月 31 日马丁·路德公布《九十五条论纲》至 1521 年 5 月神圣罗马帝国皇帝卡尔五世在沃尔姆斯召开帝国议会大会，宣布马丁·路德为异端分子。在这四年期间，马丁·路德于 1520 年夏先后发表其三大名著：《告德意志贵族书》、《教会被掳于巴比伦》、《基督徒的自由》，尔后又发表不少猛烈抨

击天主教会的文章。

〔31〕 鞋会（德语 Bundschuh），15 世纪至 16 世纪上半叶德意志西南部
　　　 农民反封建统治和反教会压迫剥削的秘密帮会，会旗上绘有一只
　　　 农民穿的低鞋帮毡靴，以示对抗穿长靴的贵族，故名。该组织曾
　　　 密谋数次武装起义，均告失败，是 1524—1525 年德意志农民战争
　　　 的先声。

〔32〕 罗曼语族人的国家，指意大利（教皇所在地）、法国、西班牙等。

〔33〕 "违背基督者"（Antichrist），是欧洲宗教改革时期对当时教皇的
　　　 贬称。

〔34〕 洛伦佐·坎佩焦（Lorenzo Campeggio，1474—1539），意大利人，
　　　 人文主义者，曾任律师。罗马天主教廷红衣主教。伊拉斯谟在罗
　　　 马认识的高贵朋友。

〔35〕 拉斐尔于 1520 年 4 月 6 日在罗马去世。参阅本书第三章注〔53〕。
　　　 当时的教皇是利奥十世。参阅本书第三章注〔9〕

〔36〕 在欧洲中世纪，君主可宣布某人为不受法律保护，此人即可被任
　　　 何人杀害，这种传统始自古罗马。

〔37〕 卡尔五世于 1519 年成为德意志民族神圣罗马帝国皇帝，自 1521
　　　 年至 1525 年在意大利与法国国王弗朗索瓦一世交战，并于 1525
　　　 年在意大利北部帕维亚（Pavia）战役中俘虏了这位法国国王。

〔38〕 1520 年 10 月底，德意志民族神圣罗马帝国皇帝卡尔五世在德意志
　　　 亚琛（Aachen）举行加冕典礼。伊拉斯谟在场，而后他陪同卡尔
　　　 五世前往科隆。11 月 5 日，当时也在科隆逗留的弗里德里希三世
　　　 约见伊拉斯谟面谈。

〔39〕 1520 年 11 月 5 日，弗里德里希三世约见伊拉斯谟面谈关于马
　　　 丁·路德的事态。事后伊拉斯谟应约将谈话内容整理为《关于马
　　　 丁·路德的二十二句箴言》，不久，此文稿未征得伊拉斯谟的同意
　　　 而发表。

〔40〕 1521 年 4 月 18 日下午，神圣罗马帝国皇帝卡尔五世在德意志沃尔
　　　 姆斯城召开帝国议会大会，此次会议旨在责问马丁·路德。参阅本
　　　 书第一章注〔35〕。

〔41〕 卡尔五世当时年仅 22 岁。参阅本书第六章注〔9〕。

〔42〕 这句话的德语原文是：Hier stehe ich, ich kann nicht anders。这句所谓世界名言在不同的史书中有不同的中译文。如"我坚持自己的立场，我只能如此"，"我站在这里，我不能有其他选择"，"我站在这里，我只能这样"。但是在今天的史学界有证据表明，这句话的真实性存在问题。

〔43〕 1521 年 4 月至 5 月，伊拉斯谟在卢万自己的书斋里编订教会之父们的著作。

〔44〕 希罗尼姆斯·阿莱安德（Hieronymus Aleander，1480—1542），意大利人，天主教主教，人文主义者，但反对马丁·路德的宗教改革，他比伊拉斯谟年幼 11 岁。阿莱安德的岳父是威尼斯印刷商阿尔杜斯。1507 年至 1508 年，伊拉斯谟在威尼斯督导出版自己的著作时曾在阿莱安德家借住。参阅《年谱》1520 年记事〔3〕。

〔45〕 此处所说的"残酷决定"或者"坏消息"，是指宣布马丁·路德为异端分子，这在当时意味着马丁·路德将被火刑处死。

第八章　为思想独立而斗争

随着神圣罗马帝国议会大会在沃尔姆斯的召开，罗马教廷在会上宣布将马丁·路德革出教门、卡尔五世皇帝在会上宣布马丁·路德不受法律保护，这一切使伊拉斯谟相信：马丁·路德宗教改革的试图已经完结——绝大多数人也都有同感。剩下的事无非就是马丁·路德公开反叛国家和公开反叛教会——马丁·路德很可能就会像一个立刻遭到残酷镇压的新阿尔比根派[1]、一个新瓦勒度派[2]，或者一个新胡斯派[3]。而伊拉斯谟不想看到的恰恰就是这样一种用战争解决的办法。伊拉斯谟曾梦想用改革的方式把福音派的教义融入天主教会。他说，他很愿意为这样一个目标助一臂之力。他曾公开许诺说："倘若马丁·路德继续留在天主教会之内，我就愿意站在他这一边。"可是，诉诸暴力的马丁·路德猛的一下就永远脱离了罗马天主教廷。现在，一切都已于事无补。失望的和平之友伊拉斯谟叹息道："马丁·路德的悲剧已告结束，是呀，要是这出悲剧从未在舞台上出现该有多好啊！福音派教义的火花已经熄灭，闪耀着思想光芒的明星已经陨落。"现在是涂炭生灵和大炮主宰着耶稣基督的事业，不过，伊拉斯谟自己已下定决心在未来的任何冲突中将站在旁边，他觉得自己过于软弱，经不起巨大的考验。他谦卑地承认：他是凡人，不具备天主拥有的那种公允和把握。他自己也确实没有那种足够的把握：能作出如此重大和负责任的抉择——站在哪一边。而另一些人却自信有这样的把握。伊拉斯谟说："可能茨温利和布泽有这种神奇的本领吧。我伊拉斯谟是个凡人，对这种神奇的本领一窍不通。"五十岁的伊拉斯谟早已有深刻的认识：神的问题难以深究。他觉得自己在罗马教廷和马丁·路德的争论之中没有资格成为任何一方的代言人。他只想在永远清楚明白的领域——在文学和学术的领域不事声张地默默耕耘。所以他从神学界、政界和教会的纷争中脱身，遁入自己的书斋——从无休止的吵闹回归到自己埋头于书籍的清高和沉默之中。他觉得，唯独书海中的他还能对世人有用。伊拉斯谟说，一个老人还是回到自己的斗室中去吧，用窗帘和时代隔绝！把斗争让给那些在自己心中感觉到自己被天主召唤的其他人，而一个老人所要遵循的是比较静悄悄的使命——在比较纯净的文学和学术领域中捍卫真谛。伊拉斯谟说："即便罗马教廷教士们的道德败坏要求有特殊的良药，我和像我一样的人也没有能力医治呀。我宁可忍受现状，也不会去唤起新的动乱——动乱往往会和其初衷背道而驰。我完全意识到：我过去不是而且将来也永远不会是动乱的始作俑者或者参与者。"

伊拉斯谟从教会的纷争回归到自己的工作——文学和学术。他觉得自己对宗派之间无休止的谩骂和争论已感到厌恶。伊拉斯谟说："要从容不迫地探讨。"——才华横溢的伊拉斯谟只想能有更多的安宁：享有他的神圣不可侵犯的平静。可是世人发誓不让他安宁。有些时代会把中立称为犯罪。世人会在政治风云变幻的时刻要求他人明确表态——赞成或者反对。他们要求伊拉斯谟要么站在马丁·路德这一边，要么站在教皇这一边。伊拉斯谟当时居住的城市卢万[4] 很难使他处境安宁。当处于宗教改革浪潮中的整个德意志人国家责备伊拉斯谟是马丁·路德的一个过于冷漠的朋友时，严厉的卢万天主教神学院则与伊拉斯谟为敌，称伊拉斯谟是"马丁·路德瘟疫"的罪魁祸首。卢万的大学生们——往往是任何一种激进主义的冲锋队——举行喧闹的示威活动反对伊拉斯谟，他们掀翻伊拉斯谟的讲台。与此同时，卢万的布道坛上讨伐伊拉斯谟的声音此起彼伏，以致担任教皇特使的阿莱安德不得不动用自己全部权威，至少要把对自己的故旧伊拉斯谟的公开漫骂压制下去。伊拉斯谟从来说不上有勇气，所以他宁可逃避而不是斗争。就像平时逃避瘟疫一样，他眼下为了逃避别人的仇视而要离开这座他工作了多年的城市卢万。这位年老的漫游者匆匆收拾起少许几件行李，踏上漫游的旅途。伊拉斯谟说："我得多加小心，别在我离开德意志人国家以前就被现在像着了魔似的德意志人挤轧得粉身碎骨。"——是呀，不持宗派立场的人总会饱受最激烈的争议。

　　伊拉斯谟不愿意再住在一座天主教势力独霸的城市，也不愿意住在一座已完成宗教改革的城市，只有中立的地区才是和他的遭遇相适宜的空间。于是他在瑞士——谋求

各种各样独立的永久庇护所——寻找避难之处。他选择了
巴塞尔[5]，后来他在这座城市居住了许多年[6]。巴塞尔
位于欧洲的中心，是座秩序井然的安谧城市，街道整齐干
净，市民温文尔雅，这座城市不隶属于任何好战的君主，
而享有民主和自由。这样一座城市肯定会给争取思想独立
的学者伊拉斯谟带来他所渴望的安宁。这里有瑞士最古老
的巴塞尔大学，有认识并尊敬伊拉斯谟的学识渊博的朋友
们，有像小荷尔拜因这样的艺术家，而更主要的是这里有
谙熟印刷工艺的大师——著名出版商弗罗本。伊拉斯谟和
弗罗本两人已愉快地合作多年。通过尊敬伊拉斯谟的友人
们的热心张罗，一幢舒适的住宅已为伊拉斯谟准备好——
一直四处漂泊的伊拉斯谟第一次在这座自由而又宜于居住
的城市感觉到宾至如归。他在这里能够享受自己的精神生
活——他真正的现实世界。因为只有他能安静写书的地方，
只有他的书籍被精心印刷的地方，他才会感到舒坦嘛。巴
塞尔成为他一生中最安宁的栖身之处。永远四处游学的伊
拉斯谟在这里居住的时间比任何地方都长——第一次迁移
至此就住了整整八年。在这段时间之内，伊拉斯谟和巴塞
尔这两个名字始终互相联系在一起，共享盛誉：从此以后，
人们想起伊拉斯谟就必定会想起巴塞尔，想起巴塞尔就必
定会想起伊拉斯谟。今天，在巴塞尔的伊拉斯谟故居仍然
保存完好。故居里保存着若干幅小荷尔拜因画的肖像，从
而使伊拉斯谟的音容笑貌永留人间。伊拉斯谟在巴塞尔写
下他的许多最脍炙人口的著作，尤其是《拉丁语常用会话》
一书[7]——精彩的拉丁语对话：拉丁语散文艺术中代代相
传的杰作。在巴塞尔印行此书的第二版的初衷是给小弗罗

本[8]作为拉丁语教材。伊拉斯谟在巴塞尔还完成编订基督教教会之父们[9]的巨著。他从巴塞尔向世界各地寄去一封又一封的书信。工作就是他防御一切的壁垒，他远离尘嚣，写下一部又一部的著作。欧洲的思想界人士如果要朝自己的领袖看一看，就会遥望这座莱茵河畔古老而又庄严的城市。巴塞尔在那几年由于伊拉斯谟居住于此而成为欧洲的思想中心。一群信奉人文主义的弟子，譬如奥科兰帕迪乌斯[10]、雷纳努斯[11]、阿默巴赫[12]等，就聚集在这位大学者伊拉斯谟周围。没有一个重要人物——没有一个封建邦国的君主和著名学者、没有一个崇尚学问的人会在逗留巴塞尔时错过去弗罗本印刷所或者去一幢名为"朝向空旷"[13]的楼房拜访伊拉斯谟。人文主义者们从法兰西、德意志和意大利络绎不绝前来朝圣，为的是要目睹这位备受尊敬的孜孜不倦工作的伊拉斯谟的风采。当在维滕贝格、苏黎世和所有其他各地的大学正热衷于神学争论时，唯独巴塞尔这座城市似乎再次显示自己是各种艺术和学术的最后一个宁静的庇护所。

可是伊拉斯谟您老人家，您可别产生错觉。您的真正的时代已经过去——您耕耘的地方已经荒芜。尘世正在进行一场斗争——一场生死存亡的斗争。思想界已分成宗派——世人已结成敌对的帮派：自由自在的人、思想独立的人、冷静旁观的人已不再受人钦羡。世人的斗争已涉及是否赞成或者反对重新解释福音之道。关上窗户并埋头于书籍现在已无济于事。由于马丁·路德已在全欧洲把基督教世界彻底分裂，所以现在要做的事不是像鸵鸟似的把头钻入沙地和继续试图用天真的托词——我没有读过马丁·路德的著作——进行搪塞。左右两个阵营的人现在都已发出永远令人可怕的怒吼声："谁不支持我们，也就是反对我们。"如果天下分裂成为两半，这道裂缝就会涉及任何个人。伊拉斯谟呀，您的逃避纯属徒劳！熊熊烈火的烟雾会使您透不过气而不得不离开书籍的壁垒。这样一个时代需要您作出交代——世人想要知道：他们自己的精神领袖伊拉斯谟是支持或者反对马丁·路德呢，还是支持或者反对教皇。

一场惊心动魄的斗争开始了。世人执意要把一个厌倦斗争的人——伊拉斯谟卷入这场斗争之中。五十五岁的伊拉斯谟抱怨说："不幸的是，这场风暴恰恰是在我希望通过自己的许多工作能赢得安静的这一时刻突然袭来。世人为什么不允许我在这出悲剧中只当一个观众呢？我是非常不适宜在这出悲剧中充当演员的，更何况有那么多的其他人渴望着登上舞台呢。"然而，声望往往会在如此关键性的时候变成一种义务——变成一种厄运。伊拉斯谟面临世人太多的好奇心。他说的话太重要了，以致左右两个阵营的宗派人士都不愿意放弃利用伊拉斯谟的权威性。两个阵营的领袖人物用尽各种手段要把伊拉斯谟拉拢到自己这一边——他们用金钱和奉承引诱他；或者嘲笑他缺乏勇气，以便把他从过于聪明的沉默中引诱出来。他们用假消息恫吓他：说他的书籍已在罗马被禁止和被焚毁。他们伪造他的书信，歪曲他的言论。一个思想独立者的真正价值原来会在这样的时刻变得格外清楚。由于神圣罗马帝国皇帝和多数封建邦国的君主们与三位教皇站在一边，马丁·路德、梅兰希顿、茨温利站在另一边——两边现在都谋求伊拉斯谟说一句表示赞同的话，所以，如果伊拉斯谟现在愿意站在这一派或者站在另一派，他很可能会得到尘世间的一切：他知道，如果他明确表示赞成马丁·路德这一派，他很可能"成为宗教改革的先驱人物"，另一方面他也知道："如果我著文反对马丁·路德，我很可能成为一名主教。"然而，恰恰是伊拉斯谟的诚实使他在表示绝对和片面的赞成面前畏缩不前。他不可能真心诚意捍卫教皇的教会，因为是他在这场纷争中第一个抨击罗马天主教会滥用权力，第一个要求罗马天主教会进行内部改革。但是，他也不愿意完全为福音派新教人士承担义务，因为这些福音派人士并未将伊拉斯谟关于和平基督的理念带给世人，而是成为一批桀骜不驯的狂热分子。伊拉斯谟说："他们不断地叫嚷：福音之道！福音之道！但是，这无非是他们自居为福音之道的解释者而已。以往，福音之道曾使粗野的人变得文雅，曾使盗贼回归善良，曾使寻衅者平心静气，曾使诅咒者成为祈福者。而现在这批自称弘扬福音之道的人就像着了魔似的到处兴风作浪，恶意中伤好人。我看到的是这些新的伪君子——新的暴君，而没有看到任何福音之道的精神。"伊拉斯谟不愿站在两派中的任何一派——既不愿站在教皇这一派，也不愿站在马丁·路德这一派：他不愿公开表明自己属于哪一派。他只想要安宁、安宁、安宁——置身于局外和不受干扰：他只想为有益于普天下所有的人而工作！伊拉斯谟说："我考虑的是自己的安宁。"

可是，伊拉斯谟的名声太大，希望他明确表态的期待太急切，所以四面八方的呼声越来越高涨，都说：他应该挺身而出，应该为自己和为大家说句一锤定音的话。一个伟大的德意志人——阿尔布雷希特·丢勒发自内心深处而又动人心弦的呼声最能说明文化人圈内对一个不受任何利诱的高尚者——伊拉斯谟的信任是多么深。丢勒是在尼德兰旅行时认识伊拉斯谟的[14]。几个月后，有谣言说：德意志宗教改革事业的领袖人物——马丁·路德已死去。于是，丢勒把伊拉斯谟视为唯一有足够资格将宗教改革这一神圣事业继续进行下去的人，并以激动的心情在自己的日记中用这样的话呼唤伊拉斯谟："鹿特丹的伊拉斯谟，您在哪里？您是耶稣基督的骑士，您应该站出来，在天主耶稣基督的身边捍卫真理，您应该为殉道而得到桂冠！要不然，您无非是一个迂腐的小老头而已。我听您自己说过：您还要让自己再活有所作为的两年时间呢。那么，就请您把这两年时间献给福音之道和献给基督徒对天主的真正信仰吧！从而让世人听见您的声音！这样，就会像耶稣基督所言，地狱——现如今就是罗马教廷——的各种大门对您无可奈何……伊拉斯谟呀，挺身而出吧，我会在天主面前赞美您，就像大卫在《圣经》中被赞美一样。然后，您很可能真的会这样做，您很可能会把歌利亚[15]砍倒在地呢。"

丢勒就是这样想的，而且整个德意志民族和他一起这样想。但是，处在困境中的罗马天主教会也同样对伊拉斯谟寄予一切希望。身为耶稣基督在世间的代表——教皇[16]

在一封亲笔信中几乎用同样的措辞劝说伊拉斯谟："挺身而出吧，站出来支持天主的事业！为天主的荣耀，发挥你的非凡天才吧！你应该想到：在天主的帮助下，你能够把被马丁·路德诱入歧途的大部分人重新引上正道，你能够使那些尚未堕落的人坚定地留在罗马天主教会之内，并保护他们远离陷阱！"这位全体基督徒的主人——教皇和他的主教们以及世俗的统治者们——英格兰的亨利八世、神圣罗马帝国皇帝卡尔五世、法兰西国王弗朗索瓦一世、勃艮第公爵兼奥地利君主费迪南德一世为一方，另一方是宗教改革的领袖们。双方的领袖人物全都站在伊拉斯谟面前进行催逼和请求，就像古代荷马史诗中希腊联军的各城邦之王站在盛怒的阿喀琉斯[17]营帐前请求他放弃袖手旁观和重上战场一样，场面动人心弦。世上有权势的人竟会如此竞相争取一名有才智的单独个人说上一句表态的话，这在历史上非常罕见——崇高的精神力量竟会如此举世瞩目地凌驾于世俗权力之上，也同样非常罕见。然而，伊拉斯谟本性中左右逢源的心态也在此时此刻显露出来。面对所有那些想争取得到他善待的人，他都不多说一句话，他只说："我不愿意表态。"——这样一句清楚明了、敢于担当的话。他不能直截了当地说"不"——这样一个坦率、明确的词。但他又不愿意和任何一派站在一起，因为他要尊重自己内心的思想独立。遗憾的是，他与此同时也不愿意和任何一派搞坏关系，因为他要恪守完全公正的态度。他不敢公开对抗那些有权势的人——他的那些资助者、他的那些赞赏者、他的那些支持者，而是用含糊其辞的借口敷衍他们：伊拉斯谟的言辞往往文不对题、或者巧妙回避、或者顺水推舟、或者天花乱坠——我们为了形象地说明伊拉斯谟虚与委蛇的态度而不得不在此选用以上这些最不体面的词语：伊拉斯谟会许诺，但迟迟不兑现，他写下答应的话却不会约束自己，他说些让人高兴的话却不流露真实的想法，他时而以患病为由，时而以疲惫为由，时而以此事不归我管为由，为自己的保留态度表示歉意。伊拉斯谟以非常谦逊的语气给教皇利奥十世写了一封回信说，他是一个微不足道的文人，所受教育在中等水平之下，怎么敢承担铲除异端邪说这样惊天动地的大事呢？伊拉斯谟还月复一月，年复一年地敷衍英国国王。与此同时，伊拉斯谟又会抚慰另一方——写信恭维梅兰希顿和茨温利。伊拉斯谟会找到和编造无数托词——借口一个接一个。但是，在所有这些令人不快的花招背后隐藏的是一种坚定的意志——伊拉斯谟说："假如有某人不愿敬重伊拉斯谟，因为此人觉得伊拉斯谟是一个软弱的基督徒，那么，他愿意怎么想就怎么想吧。我没法改变我自己。如果有另一个人领受了耶稣基督赐予的更多才智并且比我更自信，那么，但愿此人能为耶稣基督的荣光施展他的才智吧。我的思想方式更适合走一条比较宁静和比较安全的道路。我除了厌恶分裂、爱好和平和互相谅解之外，我不会别的。因为我已经认识到：人与人之间的一切事情多么难以弄清。我知道，煽动骚乱要比平息骚乱容易许多。由于我不能在任何事情上都相信我自己的理性，所以我宁可站在旁边，不愿用完全肯定的语气去谈论别人的思想方式。我的愿望是：大家共同为基督教事业的胜利而奋斗，也为和平的福音之道的胜利而奋斗，而且是用非暴力的手段——仅仅是在理性和追求真谛的意义上进行奋斗。我的愿望是：我们大家既在维护教士们的尊严方面又在为民众争取自由方面能互相理解——耶稣基督是愿意让民众有自由的呀。我伊拉斯谟将非常愿意和所有那些全力以赴促进实现这一目标的人站在一起。但是，如果有某个人想要把我卷入骚乱，那么，他就别指望我会成为他们的引路人或者同路人。"

伊拉斯谟的决心是不可动摇的。他让神圣罗马帝国的几位皇帝、国王们、几位教皇和马丁·路德、梅兰希顿、丢勒这样一些宗教改革家们——所有这一大群剑拔弩张的人等呀，等呀，年复一年。可是没有一个人能迫使伊拉斯谟说出一句明确表态的话。伊拉斯谟无论对谁都会礼貌地露出笑容，但是他始终守口如瓶，绝不会说出一句最后明确表态的话。

不过，那时候有一个人不愿意等待，此人就是乌尔里希·冯·胡滕，他是思想界一个性情暴躁刚烈的武士。他决心用快刀斩乱麻的方法[18]扭转这种僵局。这一个"与死神和魔鬼作斗争的骑士"——德意志宗教改革的天使长米迦勒[19]曾经信赖和爱戴伊拉斯谟，就像对待父辈一般。年少气盛的胡滕满腔热情献身于人文主义，他梦寐以求的最大愿望是："能成为伊拉斯谟——这样一位新的苏格拉底——的亚西比德[20]。"胡滕曾十分信任地将自己的一生交给了伊拉斯谟，胡滕曾对伊拉斯谟说："总而言之，只要神灵们一直保佑我，只要您为了德意志人国家的荣光始终不抛弃我们，那么，为了能够永远和您在一起，我会把一切置之度外。"任何时候都会被赞美之词感动的伊拉斯谟也曾真心

实意地提携过胡滕——"这样一个独特的多才多艺的年轻
人[21]"。伊拉斯谟曾一度赏识过感情奔放的年轻胡滕——
胡滕曾像一只顽强不屈的云雀在天穹尽情欢呼:"啊,愿人
文主义永葆青春!啊,愿人文主义与世永存!"[22]胡滕祝
福世人的由衷之言是:"活着就是乐趣!"伊拉斯谟曾真诚
希望并愿意以实际行动帮助这个年轻弟子成为人文主义学
术界的一名新秀。然而胡滕不久就卷入政治旋涡。胡滕渐
渐觉得书斋的空气太沉闷,人文主义的书籍天地太狭窄。
年轻的骑士和骑士的儿子胡滕重新穿戴骑士的铠甲——他
不再愿意仅仅用笔杆而是也要用刀剑反对教皇和天主教的
教士们。胡滕虽然戴着拉丁语诗人的桂冠,但却不惜放弃
当时文人学士共同使用的外来语——拉丁语,而只用德意
志人的语言呼唤时代用武器传播德意志人的福音之道。胡
滕写道:

> 我以往用拉丁语写作,
> 这是并非人人都懂的语言。
> 我如今用德意志人的语言大声向祖国呼唤!

　　然而,德意志人的国家却把雄心勃勃的胡滕逐出国
门。他很可能会被罗马教廷作为异端分子用火刑处死。于
是,他被迫背井离乡,一贫如洗,未老先衰,可怕的梅毒
已病入膏肓,全身脓疮,就像一头遍体鳞伤的野兽,当年
他还不到三十五岁呢。胡滕用尽最后的力气,拖着沉重的
步伐走向巴塞尔。那里住着伊拉斯谟——他的一位了不起
的朋友——"德意志人国家的明灯"、他的导师、他的保

护人。胡滕曾宣扬过伊拉斯谟的荣耀，和伊拉斯谟有过一段友谊。伊拉斯谟的劝告曾使他受益匪浅。胡滕的艺术才能——如今已消失得无影无踪或者说一半已经耗尽的艺术才能——的大部分应归功于伊拉斯谟。走投无路的胡滕在濒于毁灭之前逃向伊拉斯谟——就像翻船后一个被看不清的波涛吞没的求生者伸手去抓最后一块木板似的。

但是，伊拉斯谟没有让狼狈不堪的胡滕走进自己的家门——伊拉斯谟内心深处令人惋惜的胆怯从来没有像在这样一次惊心动魄的考验中赤裸裸地暴露。动辄争吵和喜欢闹事的胡滕早就让伊拉斯谟感到不快和尴尬。伊拉斯谟在卢万时，胡滕就曾要求伊拉斯谟向卢万的教士们和神学家们宣战[23]，但遭到伊拉斯谟的断然拒绝，伊拉斯谟说："我的使命是促进教育事业。"伊拉斯谟真不愿意和这个为政治而牺牲诗艺的狂热分子胡滕——和这个自称是"路德的忠诚朋友"[24]的人有瓜葛，至少不愿意公开来往，尤其是在卢万这座城市——这里有上百个密探窥视着伊拉斯谟家的窗户呢。现在，伊拉斯谟还真害怕这样一个被追逼得走投无路、半死不活的胡滕在巴塞尔登门造访呢。伊拉斯谟的害怕有三：一怕全身是病的胡滕可能会请求在伊拉斯谟家住下，从而可能会带来瘟疫——伊拉斯谟最怕传染上瘟疫；二怕这个"一无所有的叫花子"可能会长期成为他的累赘；三怕这个辱骂过教皇并挑动德意志民众向天主教教士们宣战的胡滕会损害伊拉斯谟自己彰显的超越宗派的立场。所以，伊拉斯谟拒绝胡滕在巴塞尔登门造访，而且是按照伊拉斯谟自己的方式：不是直截了当地说"我不愿意见你"，而是用一些微不足道的借口——说什么他不能在一间生炉火的屋内接待胡滕，因为他伊拉斯谟患有肾结石和腹绞痛，受不了炉火的烟雾，而胡滕恰恰需要室内的温暖。很清楚，这是一种托词，或者更确切地说，是一种虚假的托词。

于是，在众目睽睽之下出现了一幕令人感到蒙羞的场面：当时的巴塞尔还是一座小城，或许总共只有一百条左右的大街小巷和两三个广场，城里的人几乎都可能互相认识。现在，一个会令人产生恻隐之心的病人乌尔里希·冯·胡滕——那个伟大的诗人、马丁·路德和德意志宗教改革的马前卒——已在巴塞尔流浪了数星期，一瘸一拐地徘徊在小巷和客栈之间。他一再路过那幢楼房——里面住着他昔日的朋友伊拉斯谟——福音派事业的第一位倡导者和促进者。胡滕有时候会站在那个广场上，用愤怒的目光朝那扇闩上的大门和被伊拉斯谟小心翼翼关上的窗户望去。瘦弱的小老头伊拉斯谟此时此刻又重新坐在这些紧闭的百叶窗后面像蜗牛似的躲在自己家里呢。然而，伊拉斯谟先前却曾热情地向世人宣告：胡滕是一个"新的卢奇安[25]"——当时伟大的讽刺作家。现在，伊拉斯谟却不能期待胡滕——这个爱闹事的家伙和令人讨厌的流浪汉——最终会重新离开巴塞尔，因为胡滕还一直在等候：大门是否会打开；老朋友是否最终会对他的苦难伸出援助之手——这些都是私下流传的消息。伊拉斯谟却始终保持沉默，他虽然问心有愧，却依然拒不接待胡滕。为防万一，他坚守在自己家中不出门。

胡滕终于离开巴塞尔。他来时身体已受到伤害，现在还要带着一颗受伤害的心离去。他去苏黎世投奔茨温利，茨温利毫无畏惧地接待了他。他在病榻上艰难度日，几个月后就咽气了。他被埋葬在乌弗瑙岛[26]上的一座孤坟里。不过，这个不幸的骑士在倒下之前还是既无怨恨又无畏惧地最后一次举起那柄已经破残的剑，至少要给过于谨小慎微——虽有信仰却又不愿承认自己信仰——的伊拉斯谟以致命的一击。这一击就是那部义愤填膺的可怕著作《忠告伊拉斯谟》[27]。胡滕在其著作中抨击自己的这位昔日的朋友和引路人——伊拉斯谟。胡滕在所有世人面前指责伊拉斯谟追逐名誉贪得无厌，因而嫉妒别人的势力不断强大——这是指伊拉斯谟在马丁·路德的事业中拆台[28]。胡滕指责伊拉斯谟绝不可靠，非议伊拉斯谟的为人处世，并大声宣称：伊拉斯谟虽然内心深处也赞同马丁·路德的事业——德意志民族的事业，但是却已抛弃和可耻地背叛了这项事业。胡滕的大声叫喊响彻德意志大地。胡滕从弥留的病榻上用火辣辣的语言向伊拉斯谟挑战说：由于伊拉斯谟没有足够的勇气捍卫福音派的教义，那么就不妨让伊拉斯谟自己也去抨击福音派的教义吧，因为在福音派信徒的行列中早已不再有人惧怕伊拉斯谟了。胡滕写道："准备上阵吧，现在是您行动的时候了。这是您这个上了年纪的老人值得去完成的使命。集中您的一切力量吧，把您所有的力量都用在这件事情上！您会发现您的对手们已做好准备。您想彻底驱散的马丁·路德这一派正等着论战呢！他们不会拒绝和您论战的。"对隐藏在伊拉斯谟内心深处的矛盾心理有深刻认识的胡滕对自己的对手伊拉斯谟预言说：伊拉斯谟不会在这样一场论战中赢得胜利，因为伊拉斯谟的良知在许多方面承认马丁·路德的教义是对的。胡滕写道："您的一部分言论与其说是和我们对着干，不如说是和您自己早期的著作对着干。您将不得不用您自己当年的认知和现在的您自己对着干。您将不得不用您自己的能言善辩和您自己从前的能言善辩对着干。您自己的著作将会互相对着干。"

伊拉斯谟立刻感觉到这一击的厉害。迄今为止，仅仅是一些小人物曾对伊拉斯谟说三道四。偶尔有对伊拉斯谟感到不快的拙劣文人会指出伊拉斯谟翻译中的几个小错——翻译得不够精准和引文不完全正确。不过，这样一些无伤大雅的小错已经使敏感的伊拉斯谟坐卧不安，更何况他现在第一次遭到一个真正对手的攻击——在整个德意志人国家面前遭到攻击和挑战。伊拉斯谟在惊愕之初曾试图减轻胡滕这部先以手稿流传的著作《忠告伊拉斯谟》带来的压力，但未获成功，于是伊拉斯谟拿起笔杆，怒气冲冲地写下自己的著作《用海绵擦去胡滕的污蔑》〔29〕作为回应。伊拉斯谟针锋相对地进行反击，并且不惜在这样一场无情的斗争中攻击胡滕的下身——伊拉斯谟知道胡滕的下身由于梅毒已受到致命的伤害。伊拉斯谟在这部著作的四百二十四节段落中逐一驳斥了胡滕的污蔑。每当事关自己的抉择——事关自己的思想独立，伊拉斯谟始终是伟大的。他在这部著作的最后做了明确和强有力的表白，他写道："我已在那么多的书籍中、那么多的书信中和那么多的争辩中坚定不移地申明：我不愿和任何一个宗派的事情搅和在一起。如果胡滕对我大发雷霆是因为我没有如胡滕所愿望的那样支持马丁·路德，那么我可以说，我在三年前就已公开说清

楚：我对马丁·路德这个宗派完全陌生，并且愿意始终
陌生，甚至可以说，不仅我自己要一直置身于局外，而
且也鼓励我所有的朋友们采取这样一种态度。就是说，
我将毫不动摇地置身于局外。我明白：加入马丁·路德
这一派就意味着完全相信马丁·路德过去、现在和将来
的一切言论——这样一种彻底的自我牺牲有时候也会发
生在杰出人士身上。但是，我曾公开向我所有的朋友们说
清楚：如果他们只能把我作为一个坚定的路德分子爱戴，
这是办不到的。他们愿意怎么看我就怎么看我吧。我热爱
自由——我从不愿意和永远不可能为某一个宗派效劳。"

　　不过，这样尖锐的反驳再也没有击中胡滕。当伊拉斯
谟这部怒气冲冲的著作印刷完毕之时，战斗了一生的胡滕
已安静地长眠于地下，萦绕着他的那座孤坟的是苏黎世湖
轻柔的波浪声。在他遭到伊拉斯谟的致命一击之前，死神
已经战胜了他。但是，胡滕虽然失败却非常了不起：他在
弥留之际还是赢得了最后一次胜利——他用辛辣的讽刺迫
使伊拉斯谟走出隐居之处，就像用刺鼻的消毒剂把狐狸从
洞穴中熏出来一样。这是神圣罗马帝国皇帝、封建邦国的
君主们、教皇和教士们根本无法办到的。因为伊拉斯谟现
在不得不面对公开的挑战——面对在世人面前被指责为优
柔寡断和胆小怕事——作出自己的回答：他伊拉斯谟不怕
和马丁·路德——所有对手中最强大的对手论战。他现在
不得不摊牌，不得不采取宗派立场。伊拉斯谟一心只愿太
平无事，而且也毫不怀疑马丁·路德的事业早已变得无比
强大——不是用一支羽毛笔还能压制住的——然而，年老

的伊拉斯谟无可奈何，现在不得不心情沉重地应战。伊拉斯谟知道自己说服不了谁。他自己改变和改善不了任何事情。他是毫无兴致——毫无乐趣地介入这场强加于他的论战。然而，他无法再退却。当他于一五二四年把自己批驳马丁·路德的著作[30]交给印刷商弗罗本时，他一边如释重负一边叹息道："论战已不可避免！"[31]

注　释

〔1〕　阿尔比根派（Albigensertum，一译：阿尔比派），欧洲中世纪基督
　　　教异端教派，12 世纪和 13 世纪在法国南部阿尔比（Albi）地区出
　　　现。该教派反对当时教会有关基督教的正统教义，认为基督的救赎
　　　仅限于教诲，认为贪图物质就是邪恶，主张过禁欲的苦修生活。自
　　　1165 年起该派被判为异端，后被教皇和法国国王组织的十字军镇
　　　压。14 世纪末以后该教派不再存在。

〔2〕　瓦勒度派（Waldensertum，一译：韦尔多派），瓦勒度派创始人原
　　　是里昂富商瓦勒度（Peter Waldo，约 1140—约 1217），1173 年他受
　　　《马太福音》（19：21）感动，变卖自己家产周济穷人，并成立传教
　　　组织，但该教派遭到历任教皇反对。欧洲宗教改革后，瓦勒度派分
　　　子成为新教的宗派之一，奉行加尔文主义，至今主要在意大利都灵
　　　（Turin）以西、阿尔卑斯山的意大利法国接壤地区活动。

〔3〕　胡斯派（Hussistentum，一译：胡司派），创始人是捷克波希米亚宗
　　　教改革者和殉道士扬·胡斯（Jan Hus，约 1372—1415），胡斯被火
　　　刑处死后爆发胡斯战争直至 15 世纪中期结束。

〔4〕　1517 年 7 月，伊拉斯谟去卢万大学任教直至 1521 年 10 月 28 日离
　　　开卢万。卢万天主教大学是 16 世纪保守派神学的重镇。参阅《年
　　　谱》1502 年记事〔3〕、1517 年记事〔5〕、1521 年记事〔2〕。

〔5〕　巴塞尔（Basel），位于瑞士西北边境，今瑞士第二大城市。公元 44
　　　年由罗马人所建。1096—1501 年是神圣罗马帝国的自由城市（亦称
　　　城市国家），享有高度自治权，权力机构是市议会，行政机构是市
　　　政厅，行政长官由议会选举产生，享有司法终审权，拥有自己的军
　　　队维持社会秩序。1501 年参加瑞士联邦，城市国家地位不变。

〔6〕　1521 年 11 月 15 日，伊拉斯谟到达巴塞尔，居住约八年。后因巴塞
　　　尔爆发破坏天主教堂内的圣像运动，伊拉斯谟深感失望，于 1529
　　　年 4 月 13 日离开巴塞尔移居弗赖堡约六年，1535 年 6 月重返巴塞

尔，直至 1536 年逝世。

〔7〕《拉丁语常用会话》(Colloquia)，伊拉斯谟传世名著之一。此书中通常意义的日常生活会话仅占一部分，其余篇目皆为伊拉斯谟以会话形式写的讽喻文学作品。参阅《年谱》1496 年记事〔3〕、1518 年记事、1519 年记事〔1〕、1522 年记事〔1〕。

〔8〕巴塞尔著名出版商弗罗本父子，父亲老弗罗本(Johannes Froben)于 1527 年年底去世。儿子小弗罗本(Hieronymus Froben)继承家业。当伊拉斯谟于 1535 年 6 月从弗赖堡重返巴塞尔时，小弗罗本请年事已高的伊拉斯谟在他自己家中安居，并按照伊拉斯谟的爱好新修专用住房。一年后，伊拉斯谟在弗罗本家中逝世。

〔9〕伊拉斯谟自 1521 年至逝世前在巴塞尔先后完成编订教会之父西普里安(Cyprianus)、希拉流(Hilarius)、安波罗修(Ambrosius)、奥利金(Origenes)、圣奥古斯丁(Augustinus)、爱任纽(Irenaeus)、克里索斯托姆(Chrysostomos)等人的著作。

〔10〕1482 年，瑞士宗教改革家、神学著作研究家、布道师、人文主义者约翰内斯·胡斯根·奥科兰帕迪乌斯(Johannes Hussgen Occolampadius 或 Ökolampadius, 1482—1531)在德意志的魏恩斯贝格(Weinsberg)出生，准确日期不详，曾在海德堡大学求学，1515 年移居巴塞尔，协助伊拉斯谟编订《圣经·新约》希腊语拉丁语双语文本；以后逐渐景仰路德，曾任巴塞尔大学教授，1522 年起加入茨温利领导的宗教改革，1529 年任巴塞尔牧师领袖，制定宗教改革条例。他的宗教思想对加尔文有所影响。1531 年 11 月 24 日在巴塞尔与瑞士各州天主教联军的战斗中阵亡。

〔11〕贝亚图斯·雷纳努斯(Beatus Rhenanus, 1485—1547)，德意志人文主义者，编辑，为弗罗本印刷所编辑和监督出版许多书籍，是为伊拉斯谟著作编目的第一人(1540)。他原名贝亚特·比尔特(Beat Bild)，在施雷特施塔特(Schlettstadt)附近的雷瑙(Rhenau)出生，准确日期不详，1503 年在巴黎大学获硕士学位，曾在多家印刷所任校对，先后服务的印刷所有：巴黎的亨利·斯特凡努斯(Henry Stephanus)印刷所、斯特拉斯堡的许雷尔(Schürer)印刷所、巴塞尔的弗罗本印刷所，1547 年去世，准确日期和地点不详。

〔12〕 博尼费修斯·阿默巴赫（Bonifacius Amerbach, 1495—1562），巴塞尔大学法学教授，艺术品收藏家，伊拉斯谟的好友，是伊拉斯谟遗嘱和遗产的执行人。

〔13〕 伊拉斯谟自 1535 年直至逝世一直住在弗罗本家的寓所——名为"朝向空旷"（Zum Luft）的三层楼房，地址是巴塞尔，小树巷 18 号（Basel, Bäumleingasse 18.）。

〔14〕 丢勒初识伊拉斯谟约在 1521 年 4 月以前，当时伊拉斯谟在卢万。参阅本书第四章注〔2〕。

〔15〕《圣经·旧约·撒母耳记上》故事：年少的大卫（David）杀死侵犯者非利士的巨人歌利亚（Goliath）。歌利亚在此处是暗喻罗马教廷。

〔16〕 这位教皇是指利奥十世，参阅本书第三章注〔9〕。

〔17〕 荷马史诗《伊利昂纪》（《伊利亚特》）故事：希腊联军主帅阿伽门农在攻打特洛伊城战役中无理夺走了战将阿喀琉斯的一名女俘。阿喀琉斯盛怒之下退出战场。特洛伊军乘机进攻，一直打到希腊联军的战船边。阿喀琉斯的副将借用他的盔甲杀上战场，不幸阵亡。阿喀琉斯悲愤悔恨交集，重上战场。

〔18〕"决心用快刀斩乱麻的方法"的德语原文是：entschlossen, diesen gordischen Knoten zu zerhauen. 其中 gordischen Knoten 原意是"戈尔迪之结"，戈尔迪（Gordius）是希腊神话中佛律癸亚国王。他所系之结，牢固难解。后被亚历山大大帝用利剑砍开。"斩断戈尔迪之结"遂比喻为快刀斩乱麻或大刀阔斧地解决复杂问题。

〔19〕 基督教《圣经·旧约》故事：米迦勒是上帝的天使长（一译大天使）之一，率领其手下的天使们与魔鬼撒旦战斗。米迦勒在此处是暗喻胡膝。

〔20〕 亚西比德（Alkibiades, 约公元前 450—公元前 404），古希腊雅典城邦政治家、著名将领，钦佩哲学家苏格拉底。两人思想相通。此处是暗喻胡膝和伊拉斯谟曾思想相通。

〔21〕"多才多艺的年轻人"原文是：Liebling der Musen, 原文意思是"缪斯们的宠儿"。

〔22〕 此处拉丁语原文是："O saeculum, o litterae! Juvat vivere!"

〔23〕 1520 年，伊拉斯谟在卢万天主教大学教课。是年初，马丁·路德

引起的争辩在卢万激烈展开。六个月后，支持马丁·路德的激进改革派向伊拉斯谟发动第一次攻击。胡滕态度陡变，要求伊拉斯谟明确表态支持马丁·路德。参阅《年谱》1520年记事〔1〕。

〔24〕 "路德的忠诚朋友"原文是Pylades Luthers，原意是"路德的皮拉得斯"，皮拉得斯（Pylades）是荷马史诗中的福喀斯王子，阿伽门农的外甥，随同好友俄瑞斯忒斯去迈锡尼报父之仇。皮拉得斯遂在西方转义为忠诚的朋友。

〔25〕 卢奇安（Lukian，约120—约180），古希腊修辞学家、讽刺作家。

〔26〕 胡滕于1523年8月29日在苏黎世湖的乌弗瑙岛去世。参阅本书第六章注〔51〕。

〔27〕 《忠告伊拉斯谟》是胡滕生前最后一部著作，指责伊拉斯谟的种种不是。参阅《年谱》1523年记事〔3〕。

〔28〕 1519年4月，伊拉斯谟致函萨克森选帝侯弗里德里希三世，请选帝侯保护马丁·路德，信中写道："请选帝侯保护这一位无辜的人，以免他屈服于少数人在虔诚的外衣下有不虔诚的举动。"但与此同时，伊拉斯谟竭力阻止弗罗本印刷马丁·路德的著作，"以免这些著作继续煽动人们对高尚学问的仇恨"。参阅何道宽译《伊拉斯谟传》，第146—147页。

〔29〕 《用海绵擦去胡滕的污蔑》是伊拉斯谟于1523年为反驳胡滕的《忠告伊拉斯谟》完成的著作，胡滕去世后印成小册子。参阅《年谱》1523年记事〔3〕。

〔30〕 这部著作是指伊拉斯谟著《论自由的意志》。参阅《年谱》1524年记事〔2〕。

〔31〕 此处原文是拉丁语：Alea iacta est，原意是"已成定局"或"木已成舟"。

第九章　大论战

　　文坛传闻不胫而走并非是某个时代所特有，而是一切时代皆如此；纵使在十六世纪的欧洲，当思想精英仅仅屈指可数而且似乎互不联系地分散在各国的时候，在永远好奇、无孔不入的人群中也始终无文坛秘密可言。在伊拉斯谟尚未动笔以前——在伊拉斯谟尚未完全肯定是否和何时参与论战以前，在维滕贝格的人就已经知道在巴塞尔的动静了。马丁·路德早已预料到伊拉斯谟会有这样一次行动。马丁·路德于一五二二年在致一位朋友的信中就已写道："事实真相胜于雄辩。信仰比学识更伟大。我是不会向伊拉斯谟挑战的，一旦他对我进行攻击，我还要思量一下是否要立刻反击呢。不过，我觉得他不值得把他能言善辩的才能用来对付我……话又说回来，如果他真的敢于攻击我，那么他将会知道：耶稣基督既不畏惧地狱的大门也不畏惧世间的各种权势。我会迎战这位大名鼎鼎的伊拉斯谟的，我不会顾忌他的威望、不会顾忌他的名声和他的地位。"

　　不言而喻，这样一封信的内容是有意要传递给伊拉斯谟，信中包含着一种威胁，或者更确切地说，包含着一种警告。使人感觉到在信的言辞背后是处在困难境地的马丁·路德更愿意避免一场笔墨官司，况且朋友们现在正在促使双方和解呢。为了福音派的事业，梅兰希顿和茨温利再次试图促成巴塞尔和维滕贝格之间的和解。他们两人的努力似乎大有希望。出乎意料的是，这时马丁·路德却决定亲自给伊拉斯谟写信[1]。

但是，马丁·路德的口气已和先前大不相同！几年前，马丁·路德是以一个学生的毕恭毕敬的态度——以礼貌和过分礼貌的谦卑态度出现在"大人物"伊拉斯谟面前。而现在的马丁·路德已意识到自己的世界历史地位——已感觉到自己负有德意志人的使命，说话已掷地有声。对已经和教皇、神圣罗马帝国皇帝以及世间的一切权势进行对抗的马丁·路德而言，多一个敌人又算得了什么呢？马丁·路德讨厌暗地里玩弄手腕。他不喜欢模棱两可，也不喜欢含糊其辞的默契。马丁·路德说："模棱两可的言辞——令人疑惑不解的言辞、吞吞吐吐的言辞应该像秋风扫落叶似的被彻底清除，不能让这样的言辞任其自流、四处招摇、扬扬自得。"马丁·路德喜欢清楚明白。他最后一次主动向伊拉斯谟伸出手去，不过，这只手已经戴上骑士的铁手套。

这封信的最初一番话听上去还算礼貌和克制，马丁·路德写道："我亲爱的伊拉斯谟先生，我已静候足够的时日，虽然我一直在等候，虽然您作为比我年长和比我更有影响的人理应首先打破我们互不通音讯的局面，但是，我对您的爱戴催促我在长期等候之后先给您写信。首先，我丝毫不会指责您对我们这一群热衷宗教改革的人采取不闻不问的态度，以便您这样的举动能获得支持教皇这一派的人对您的好感……"然而马丁·路德接着笔锋一转，几乎是轻蔑地大肆数落优柔寡断的伊拉斯谟，倾吐内心的不满。马丁·路德写道："正因为我们看到：天主尚未赐予您这样一种勇气——一种坚定不移的禀性，能使您赞同反对罗马教廷这个庞然大物的斗争和毫无顾忌地站在我们这一边挑战罗马教廷，所以，我们不愿要求您做连我本人也觉得您力不从心的事……虽然您凭借您自己的地位和您的能言善辩可以办成许多事情，但是我更愿意看到：您会把您的天赋才能搁置一边，不干涉我们的行动。这样会更好一些，因为您和我们不是一条心。您只要用天主赋予您的才能侍奉天主就是了。"马丁·路德在信中对伊拉斯谟的软弱和矜持表示遗憾，但是他最后还是毫不客气地说出那几句关键性的话：伊拉斯谟在巴塞尔的行动事关重大，早已超出伊拉斯谟的原来目的，不过伊拉斯谟的行动已不再意味着是对马丁·路德的一种危险，纵使伊拉斯谟竭尽全力攻击马丁·路德也不会构成危险，如果伊拉斯谟仅仅是偶尔挖苦和侮辱马丁·路德，那就更谈不上有什么危险了。马丁·路德以傲慢的、几乎是命令的口气要求伊拉斯谟"放弃一切尖刻、华丽、隐晦的言辞"。马丁·路德说，更主要的是，倘若伊拉斯谟除论战以外不会干别的，那么就请伊拉斯谟"始终只当我们这出悲剧的一名观众"，而不要和马丁·路德的对手们沆瀣一气。马丁·路德说，伊拉斯谟不应该用著作攻击马丁·路德，就像他马丁·路德不愿意采取任何行动攻击伊拉斯谟一样。马丁·路德写道："互相伤害已经够多的了，我们现在必须留神：我们不要互相折磨，不要两败俱伤。"

人文主义思想界的泰斗伊拉斯谟还从未收到过这样一封如此盛气凌人的信。年老的伊拉斯谟尽管性情温和，但也不愿让自己被马丁·路德——一个过去曾谦卑地恳请自己予以庇护的人——如此趾高气扬地呵斥，并把自己当作一个无足轻重的多管闲事的人对待。伊拉斯谟自豪地回应说："我对福音之道的关心要比许多现在自诩为弘扬福音之道的人更多。我看到：他们的那种改革其实祸害不浅，并造就了不少捣乱的人。我还看到：高尚的学问正在倒退；友情被糟蹋得不成样子。我担心：一场流血的动乱将要发生。但是，任何事情都不会使我把福音之道让位给世人的冲动。"伊拉斯谟特别提到，假如他早就准备好要和马丁·路德论战，他会得到权贵们的多少感激和赞赏啊！伊拉斯谟又说，不过，如果有人发表反对马丁·路德的言论，而不是像那些傻瓜似的一味为马丁·路德摇旗呐喊——正是由于那些傻瓜们的存在，他伊拉斯谟才不能"始终只当这出悲剧的一名观众"呢。所以说，和马丁·路德论战的人或许真的会对弘扬福音之道更有益呢。马丁·路德的执拗反而使犹豫不决的伊拉斯谟变得意志坚强。伊拉斯谟怀着不祥的预感叹息道："但愿不要真的是一个悲剧性的结局吧。"接着他便拿起笔——他唯一的武器。

伊拉斯谟完全意识到自己迎战的是怎样一个强大的对手。伊拉斯谟或许在内心深处甚至知道马丁·路德有怎样的战斗力优势——马丁·路德凭借自己的愤怒力量把迄今为止的任何一个对手都击倒在地。不过，伊拉斯谟特有的强项在于知道自己的力量有多大——这在一个有艺术才华的人身上非常罕见。伊拉斯谟知道这场斗智是在一切有教养的人面前进行。欧洲的所有神学家和人文主义者都迫不及待地热切期待着这样一场较量。所以，现在就得寻找一个难以被攻破的位置。伊拉斯谟巧妙地选择这样一个有利的位置——伊拉斯谟并非不假思索地冲击马丁·路德和一切福音派教义，而是用真正锐利的目光找出马丁·路德信条中的一个薄弱或者至少可以被创伤的攻击点：伊拉斯谟选择一个似乎是次要的问题，而实际上是马丁·路德那个根基尚且相当不稳固的神学体系中的一个核心问题。对此，即便是马丁·路德——这位论战的主要参与者自己后来也不得不"高度赞赏和佩服"伊拉斯谟。马丁·路德说："在我所有的对手中唯独您抓住了事情的核心——您是唯一看清整个事情的症结和在这场论战中狠狠抓住要害的人。"伊拉斯谟凭借自己对这场两人角力的技艺的特殊理解，没有选择某种信念作为自己站稳脚跟的立足点，而是宁可选择某个神学理论问题作为自己可以灵活地四面出击的阵地——在此阵地上，挥舞铁拳的马丁·路德不可能完全将伊拉斯谟击倒在地，而伊拉斯谟则知道在此阵地上自己可以得到各个时代最伟大的哲学家们的庇护和得到挡箭牌。

伊拉斯谟使之成为这次论战的中心问题是任何一种神学都会永远涉及的一个问题：探讨人的意志是否自由[2]。遵奉圣奥古斯丁提出的"得救预定论"[3]的马丁·路德声称，人永远在天主的掌控之中，人没有丝毫的自由意志——人的任何行为早被天主预知并由天主预定。这种观念用今天流行的话说："我们的命运完全是由遗传基因决定，或者说是由星座的位置决定——一切皆由天注定，自己的意志无能为力。"用歌德的话说：

> 一切意志
> 只是一种我们刻意而为的意愿，
> 意志面前无随心所欲可言……

在世人的理性中看到天主所赐予的神圣力量的人文主义者伊拉斯谟不能赞同马丁·路德上述这样一种看法——"得救预定论"和人没有丝毫的自由意志。伊拉斯谟毫不动摇地相信：不仅是单独的个人，而且所有世人都能够通过一种正当的、高尚的意志日益提高自己的道德品行，因此伊拉斯谟在内心深处必定对马丁·路德这样一种僵化的和几乎是异教徒的宿命论十分反感，但是，如果伊拉斯谟对论战对方的任何一种看法都生硬粗暴地说一个"不"字，那么，伊拉斯谟也就不成其为伊拉斯谟了。所以，伊拉斯谟在这里就像他在其他地方一样只拒绝马丁·路德的极端说法——只拒绝马丁·路德不缜密和武断的"绝对决定论"[4]，伊拉斯谟用他自己那种小心翼翼和踌躇的方式说，他自己"没有兴趣下任何断言"，他本人始终只倾向于表示怀疑。不过，遇到像现在这样的情况，他愿意听从《圣经》和教会所说的，而有关"得救预定论"的种种说法在《圣经》里的表达又是非常神秘和不完全透彻，因此他伊拉斯谟认为，像马丁·路德这样武断地完全否认人的自由意志也是危险的。他伊拉斯谟绝不会把马丁·路德这样一种"得救预定论"的见解视为完全错误，但是他伊拉斯谟反对"人自己无能为力"[5] 的观点——反对人的一切善行在天主面前根本不起作用因而也是完全多余的观点。伊拉斯谟说，如果按照马丁·路德的说法：一切全凭天主的恩典，那么，行善对世人来说难道还会有什么意义吗？一贯主张折中的伊拉斯谟建议说，至少要让世人对自由的意志有所遐想，从而使世人不至于绝望和不会使世人觉得天主既残酷又不近情理。伊拉斯谟说："我赞成这样一种看法：有些事情取决于自由的意志，但是大部分事情取决于天主的恩典，因而我们不应该为了避开自由的意志——岿然不动的岩礁[6]，而陷入宿命论——天主恩典——的旋涡[7]。"

人们看到，温和的伊拉斯谟即使在论战中对待自己的论战对手也是特别温和。伊拉斯谟还借此机会提醒大家不要过高评价这类讨论的重要性而是要扪心自问："为了一些自相矛盾、似是而非的看法而使天底下骚乱不止——这样做难道是正确的吗？"说真的，只要马丁·路德稍微向伊拉斯谟退让一步，那么，这场思想大论战就会以和平与和睦的方式结束。不过，马丁·路德是那个世纪最顽固的人，纵使他在火刑薪堆上也不会放弃自己的一丁点儿信仰和信念——马丁·路德作为一个天生和死硬的狂热分子宁可自己毁灭或者让天下毁灭也不会放弃自己理论中最微不足道和最无足轻重的一字一句，难道伊拉斯谟能期待这样一个人的让步和谅解吗？

虽然伊拉斯谟在《论自由的意志》中的言论大大刺

激了脾气暴躁的马丁·路德，但马丁·路德并没有立刻回应。他只是用耸人听闻的方式说："当我以养成的习惯把其他的书籍用来擦屁股时，我把伊拉斯谟的这本书挑了出来，不过，我还是有过念头，把这本书扔到椅子背后。"马丁·路德在伊拉斯谟出版《论自由的意志》的一五二四年确实有比神学讨论更重要和更棘手的事情要处理。任何一个革命者难以避免的命运开始在马丁·路德身上成为现实：即便仅仅想要用一种新制度代替旧制度的马丁·路德现在也终于引发出各种造成社会混乱的势力，并陷入这样一种危险——比马丁·路德更激进的人要突破马丁·路德的激进主义。马丁·路德曾要求言论自由和信仰自由，而现在比他更激进的人则要求为了自身的利益应该有其他的自由：茨维考的那些预言家们[8]、卡尔施塔特、闵采尔——所有这些被马丁·路德称为"狂热分子"的人也都以福音之道的名义聚集在一起发动针对神圣罗马帝国及其皇帝卡尔五世的暴乱。马丁·路德自己反对贵族和封建君主的言论在这些结成帮派的农民身上现在已变为长矛和狼牙棒。马丁·路德只希望有一次思想革命——一次宗教革命，而现在这些受压迫的农民们则要求有一次社会革命和一次显而易见的共产主义革命。伊拉斯谟精神的悲剧是：他的言论在天底下产生的动静远远超过他自己的愿望。一五二四年，伊拉斯谟精神遇到的悲剧恰好在马丁·路德身上重演。正如马丁·路德当年斥责伊拉斯谟不冷不热的态度一样，现在鞋会（Bundschuh）的人、冲击修道院的人和焚烧圣像的人也都谩骂马丁·路德是"罗马教皇新的诡辩家、新的头号异教徒和新的头号无赖"，骂

"马丁·路德继承了教皇的衣钵"，骂马丁·路德是"维滕贝格一个目中无人的蠢货"。伊拉斯谟的遭遇是：他的具有思想意义和神学意义的言论会被广大民众和比民众更狂热的领袖人物理解为具有粗俗的"诱惑"意义，即具有煽风点火的意义——诚如伊拉斯谟所言。马丁·路德现在的遭遇正和伊拉斯谟的遭遇相同。一场革命永远难以回避的轮回是：一浪高过一浪。如果说，伊拉斯谟的表现像吉伦特派[9]，那么，马丁·路德的表现就像罗伯斯庇尔派[10]，托马斯·闵采尔及其追随者就是马拉派[11]。曾经是无可争辩的领袖人物马丁·路德现在不得不一下子向两个阵营斗争——既要反对马丁·路德旗下过于温和的这一派，又要反对马丁·路德旗下过于激进的另一派。马丁·路德还不得不对正在发生的这一场社会革命——几百年来在德意志土地上爆发的最可怕和最血腥的起义承担责任。因为起义的德意志农民在心中唯一记住的是马丁·路德的名字——是马丁·路德反对神圣罗马帝国及其皇帝的叛逆行为和终于获得成功给予全体下层民众以勇气：下层民众举行起义反对自己的领主和暴君。他们向马丁·路德说："我们现在是收获你的思想所结的果实。"这就使伊拉斯谟能够理直气壮地大声对马丁·路德说："你不承认这些起义的人与你有关，而他们却承认是受你的影响……你反驳不了这样一种普遍的看法：是你的书籍，尤其是你用德语写的书籍造成了这场灾祸。"

难道马丁·路德——这位扎根和生活在民众之中的马丁·路德、曾反抗过封建君主们的马丁·路德——现在应该背弃那些按照他的思想和以福音之道的名义为自由而斗争的农民吗？抑或，应该背弃那些曾支持过他的封建君主们吗？——这对马丁·路德而言是一种可怕的抉择。于是，马丁·路德第一次试图以伊拉斯谟的方式行事，因为马丁·路德的处境一夜之间变得和伊拉斯谟的处境非常相似。马丁·路德一方面规劝封建君主们要善待农民，另一方面又提醒农民们说："不要把耶稣基督的名字当作你们的挡箭牌——掩盖你们非和平的、不能容忍的、非基督徒的行为。"但是，那些粗鲁的民众已不再听从马丁·路德，而宁愿听从向他们许诺最多的人：听从托马斯·闵采尔和那些再洗礼派的"共产主义"神学家——而这对充满自信的马丁·路德而言是难以忍受的。由于那些无法无天的农民起义使马丁·路德的事业蒙羞，而且马丁·路德也认识到：这样一种为社会革命而在德意志人之间进行的战争干扰了马丁·路德自己为反对教皇统治所进行的思想战，所以马丁·路德现在终于不得不作出抉择。马丁·路德说："假如那些煽动暴乱的杀人幽灵不利用他们的农民撒网羁绊我的话，教皇统治的局面现在大概应该是另一番情景。"一旦事关马丁·路德的事业和他的使命，马丁·路德就绝不犹豫。他本人就是一个革命家嘛。所以，他现在必定会采取反对德意志农民战争的立场，一旦马丁·路德采取了这样一种立场，那么他必定只会作为极端分子行事——以最疯狂、最褊狭、最野蛮的方式行事。在马丁·路德的事业遇到这样一种最大危险的时候，他写了一本反对德意志农民的小册子《反对农民杀人抢掠》[12]——这是在他的文章中最厉害和最杀气腾腾的文章。马丁·路德在文章中宣称："谁为君主这一边丧命，此人死后将会升天成为殉道者。谁为农民暴动这一边阵亡，此人死后将成为魔鬼。因此，凡是能够站在君主这一边的人都应该以隐蔽或公开的方式将长矛投向参加暴动的人，将他们刺死或绞死，并且要记住：没有什么会比一个参加暴动的人更邪恶、更有害和更残忍。"马丁·路德终于站到统治者一边，无情地与民众为敌。马丁·路德说："犟驴应该挨揍，群氓应该用暴力统治。"当获胜的骑士们用极其残酷的暴行蹂躏遭到惨痛失败的农民时，狂暴斗士马丁·路德没有说任何一句温和与宽容的好话——这样一位富有天赋而在盛怒时好走极端的马丁·路德对不计其数的牺牲者没有丝毫同情，可是在牺牲者中有数以千计的人是因为相信马丁·路德的声望和相信马丁·路德本人的叛逆行为才去冲击骑士城堡的呀！而当符腾堡地区的田野上血流成河时，马丁·路德最后以令人不寒而栗的勇气承认说："是我马丁·路德杀死了参加这场暴乱的全体农民，因为是我号召杀死他们的：他们流的鲜血是由于我的缘故。"

当马丁·路德著文反对伊拉斯谟时，在他的文章中仍然可以感觉到这样一种狂怒——这样一种可怕的仇恨力量。马丁·路德原本或许还会原谅伊拉斯谟在《论自由的意志》中所谈及的神学观点本身，但是伊拉斯谟呼吁马丁·路德要有分寸地应对在整个人文主义者圈内伊拉斯谟所得到热烈反响，这使马丁·路德怒不可遏。马丁·路德一想到自己的敌人——那些人文主义者们现在就合唱胜利的凯歌，心里就无法忍受。马丁·路德写道："你们告诉我：在你们中间哪里有坚持自己宗教信仰的马加比[13]——伟大的马加比吗？"马丁·路德现在把对农民们的暴动忧虑搁置一边，因为他不仅要回应伊拉斯谟，而且要把伊拉斯谟彻底击败。马丁·路德当着聚集在他餐桌边[14]的朋友们的面用令人可怕的言辞宣布自己的意图说："我要求你们按照天主的旨意行事，你们要把伊拉斯谟视为敌人，要提防他的著作。我要撰写著作驳斥他。不然的话，你们很快就会在他的著作中丧命和沉沦。我要用笔杀死这个魔鬼——撒旦。"接着他几乎是扬扬得意地补充说："我要用我的著作让他完蛋，就像闵采尔是由于我的著作完蛋一样，闵采尔的死是由于我的缘故。"

不过，即使马丁·路德在自己的盛怒之中——恰恰在怒火中烧的时刻，他仍然不愧为伟大的天才人物——德意志语言的大师。马丁·路德知道，他面对的是一个多么了不起的对手，而且也意识到自己的责任：他现在写的这部著作已变得举足轻重——他写的不是一篇论战小文章，而是一部书——一部全面透彻、比喻生动、充满激情的书。这本书不但证明马丁·路德具有深厚的神学造诣，而且比他的大多数其他著作更充分体现他的文学功底和个人魅力。《论不自由的意志》[15]——关于意志被捆绑的论文——属于这位斗士最强有力的论战著作之一。他和伊拉斯谟的这次论战属于当年德意志思想界这两位气质迥异但又旗鼓相当的巨人之间最最重要的争论之一。纵使我们今天可能会觉得他们论战的主题对现实是多么无关紧要，但是这场斗争由于他们两人自身的伟大而一直是人类思想史上的重大事件。

在马丁·路德开始攻击之前——在他戴上头盔和紧握

长矛进行冲刺之前，他先手举长矛片刻，匆匆说上几句礼貌的客气话表示敬意："我对您本人非常敬仰和尊重，而我平时从未对他人有过这样的表示。"马丁·路德以诚实的态度承认，伊拉斯谟曾经对他"态度温和，始终和颜悦色"。马丁·路德承认，伊拉斯谟是他的所有对手中唯一"看清楚整个宗教改革事业要害的人"。然而，马丁·路德在勉强表示了这样一番敬意之后，就坚决地紧握拳头，变得粗暴无礼——这最符合他本人的气质，因而落笔运用自如。马丁·路德说，他之所以回应伊拉斯谟，只"因为他要秉承使徒保罗的旨意：堵住毫无实际用处的空谈家的嘴"。接着，马丁·路德连珠炮似的诘难伊拉斯谟。马丁·路德以自己特有的风格，用形象的比喻挖苦说，伊拉斯谟"总是在鸡蛋上行走却又不愿踩碎鸡蛋，一直在玻璃杯之间穿行，却又不愿碰着一个玻璃杯"。马丁·路德嘲讽说："伊拉斯谟对什么事情都不愿意说得十分肯定，然而却对我作如此断言，这无异于为了躲避一阵小雨而跳进池塘。"马丁·路德直截了当地揭示他们两人之间的迥然不同：伊拉斯谟为了明哲保身而瞻前顾后，而他马丁·路德则胸襟坦荡和直来直去。马丁·路德说，伊拉斯谟把"个人的平安、舒适和宁静看得比信仰更重"，而他马丁·路德则会随时坚持自己的信仰，"纵使天底下会因此立刻变得不太平，甚至可能会完全沉沦和变成一片废墟"也在所不惜。当论及伊拉斯谟在其著作《论自由的意志》里巧妙地告诫世人解读《圣经》需谨慎——迄今世人没有充分把握能够负责任地解读《圣经》中若干晦涩不清之处时，马丁·路德厉声反驳伊拉斯谟说："基督教若没有明确的教义，就不能称其为基督教。一个基督徒应该对基督教的教义和基督教的事业确信无疑，不然的话，他就不是一个基督徒。"马丁·路德说，谁在宗教信仰这样的事情上犹豫不决、不冷不热或者满腹狐疑，那么此人根本就应该远离神学。马丁·路德厉声斥责伊拉斯谟说："信奉基督教的思想精英不应该是一个怀疑论者——信奉基督教的思想精英不应该将心存怀疑的事注入我们的信念，而应该是确信无疑的事。"马丁·路德执拗地坚持自己的立场，他说，如果一个人的灵魂被天主驾驭，这个人才会行善，如果一个人的灵魂被魔鬼驾驭，那么这个人只会行恶。始终不存在一个人自己的意志。面对不可改变和不可避免的天主预定论，人自己的意志始终无能为力[16]。由于马丁·路德和伊拉斯谟在人的意志是否自由这样一个单一命题上的看法迥异，从而使两人之间的不同观点以此为起因渐渐进一步扩大——关于人的意志是否自由的争论就像成了他们两人之间的一道分水岭似的。这两位要革新宗教的人按照各自的禀性对耶稣基督的本质和使命有着完全不同的见解。人文主义者伊拉斯谟认为，耶稣基督是一切人性的宣告者——具有神性的耶稣基督之所以献出自己的鲜血是为了消除天底下各种流血和纷争；而天主的兵丁马丁·路德则一再坚持福音书中的话，说耶稣基督之所以降临人世，"并非为了和平，而是为了拿起利剑"。伊拉斯谟说，谁愿意成为一名基督徒，此人必定会遵循耶稣基督的精神爱好和平和宽容待人。倔强的马丁·路德则回应说，一个基督徒凡是遇到事关圣经的事就永远不可以退让，即使天下会因此而遭到毁灭也不应该退让。马丁·路德在几年前写给斯帕拉提努斯的信中所说的话是马丁·路德毕生的箴言。马丁·路德写道："我的宗教改革事业不可能是一种没有动乱、没有苦恼、没有抗争就会最终获得成功的事业。你不可能把一柄利剑变为一支羽毛笔，你也不可能把战争变为和平。圣经讲的就是战争、就是苦恼、就是堕落、就是毒计，就好比路边的一头熊和树林中的一头母狮会向以法莲[17]的儿子们扑去一样。"所以，马丁·路德严词拒绝伊拉斯谟呼吁团结和谅解的号召。马丁·路德写道："请你不要抱怨，请你不要嚷嚷，我的这样一种宗教改革的热情是无法阻挡的。这样一场宗教改革的战争是我们天主的旨意——是天主引发这场战争并且将不会停止，直至天主把违背他旨意的一切敌人消灭为止。"马丁·路德说，伊拉斯谟那些软弱无力的唠叨无非是缺乏真正的基督徒信仰而已，所以伊拉斯谟应该远离神学，继续用拉丁语和希腊语去做他自己得心应手的工作——说白了，去干人文主义者爱干的那些玩意儿，而不应该用"矫揉造作的言辞"侈谈那些仅仅属于一个内心毫无保留相信圣经确切无疑的人方能思索的问题。马丁·路德专横地要求伊拉斯谟绝不应该介入这场已具有世界历史意义的宗教改革之战。马丁·路德说："你以往干预我们宗教改革的事业已经够多的了，天主并非愿意，也没有让你这么做。"马丁·路德说，而他马丁·路德自己则感觉到天主的召唤，从而也感觉到内心的自信。马丁·路德说："我知道我是谁和干什么的，我也知道我是以什么样的精神和做什么样的事加入这样一次大论战的。我信赖天主。天主无所不知。天主知道：我的宗教改革事业并非是由于我自己的自由意志，而是由于天主的具有神性的自由意志才得以开始，而且迄今还在进行之中呢。"

于是，这一番言论也就成了人文主义和德意志宗教改革之间的分水岭。伊拉斯谟的思想和马丁·路德的思想——理性和激情、人性的宗教和狂热的信仰、超越国界和民族主义、多样性和片面性、灵活和固执——就像水火一样很难能够互相融合。水火不相容的人一旦在尘世相遇，必定会在盛怒中大打口水仗。

马丁·路德将永远不会原谅伊拉斯谟公开和他马丁·路德对立。好斗成性的马丁·路德除了完全彻底消灭自己的对手之外不容许论战会有别的结局。伊拉斯谟则不同，他用一部题为《反驳马丁·路德过于恶毒的攻击》[18]的著作作了一次回应之后就不再说了，重又去做自己的学问，尽管这部著作的标题对伊拉斯谟的宽厚性格而言显得相当激烈。然而马丁·路德心中依然燃烧着仇恨的怒火。马丁·路德不会错过任何机会大肆辱骂伊拉斯谟——这个仅仅敢于反驳马丁·路德某一论点的人。正如伊拉斯谟所抱怨的那样：马丁·路德那种"杀气腾腾"的仇恨不怕采取任何诋毁手段。马丁·路德曾说："谁把伊拉斯谟踩死，就像捏死一只臭虫一般，而他这只死臭虫比活的更臭。"[19]马丁·路德把伊拉斯谟称为"耶稣基督最难缠的敌人"。有一次，当有人把伊拉斯谟的一幅肖像拿给马丁·路德看时，马丁·路德向餐桌边的朋友们警告说，画像上的人是"一个阴险狡猾的家伙，他既嘲弄天主又讥笑宗教"。说"此人日日夜夜想出一些模棱两可的话，你以为他说了许多，其实他什么都没有说"。马丁·路德怒气冲冲地向餐桌边的朋友们大声说道："我认为伊拉斯谟是千年以来耶稣基督最大的敌人，我会在我的遗嘱中这样写，并请你们大家作为证人。"他最后竟然说出这样一句大逆不道的话："当我祈祷天主保佑时，其实我心里是在诅咒伊拉斯谟和一切亵渎与玷辱天主的异端分子。"

　　脾气暴躁的马丁·路德固然会在斗争中两眼发红充满血丝，但他并非始终只是一介武夫，为了他自己的教义和影响的缘故，他偶尔也不得不扮演外交家的角色。可能是他的朋友们提醒他注意：他用如此粗野的谩骂和诋毁攻击这样一位在整个欧洲备受崇敬的伊拉斯谟老人是多么不明智。于是，马丁·路德放下手中的利剑，拿起橄榄枝——在他咒骂伊拉斯谟是"天主最大的敌人"一年之后终于给伊拉斯谟写了一封几乎是戏谑的信。马丁·路德在信中为"自己曾如此粗暴"对待伊拉斯谟表示道歉。不过，现在的伊拉斯谟断然拒绝和解，他毫不客气地回应说："我还没有天真幼稚到如此程度，以致在我遭到大肆谩骂之后不久就会被几句奉承话或者打哈哈而忘了伤痛……你诽谤我是一个无神论者、一个宗教信仰的怀疑论者、一个亵渎天主的人——我不知道，你的所有这些卑鄙谎言和无端搬弄是非究竟目的何在……我不知道你还说了些什么……我们两人之间发生的事并不重要，至少对我这个行将就木的人并不重要。但是，你的那种狂妄自大、厚颜无耻和搬弄是非的行为破坏了所有世人的行为准则，这会使任何一个像我这样正直的人感到气愤……我们之间进行论战这样一场风暴由于你的意志而没有达到我曾为之竭力争取的互相切磋的结局……我们之间的争论原本是一件私事，但是使我痛心的是这场争论所引起的普遍困惑和无法补救的思想混乱——这只能归咎于你不愿倾听他人好言相劝的桀骜不驯的态度……我希望你有另一种和你现在如此神魂颠倒不同的思想方式。你也可以向我提出各种希望，但是你不能指望我会有和你相同的思想见解，因为只有天主能改变我的思想见解。"伊拉斯谟现在用一种和自己平时完全不同的强硬态度拒绝了与马丁·路德的和解，因为马丁·路德彻底破坏了伊斯拉谟的生活。伊拉斯谟不愿再和马丁·路德友好——他不认识这个破坏教会和平并给德意志国家和世人带来最可怕的思想"混乱"的人。

可是，天下已四处发生动乱，无人能够逃避，即便伊拉斯谟也不例外。伊拉斯谟命中注定无法得到安宁，每当他渴望安宁时，在他周围就会一片纷扰。纵使巴塞尔——伊拉斯谟曾由于这座城市恪守中立而将之当作自己栖身之处的避风港——如今也陷入宗教改革的狂热之中：民众冲击教堂、从圣坛上扯下圣像和捣毁天主的木雕塑像，然后在大教堂前的广场上分三大堆焚毁[20]。伊拉斯谟惊惶地目睹自己永远的敌人——狂热用剑与火在自己寓所周围甚嚣尘上。在这场动乱中只有一点小小的安慰："没有流血，但愿能始终如此！"——伊拉斯谟如是说。不过，现在的巴塞尔已是一座经过宗教改革的宗派城市，厌恶一切宗派的伊拉斯谟不愿再生活在这座城市里。六十岁的伊拉斯谟为了能安心工作便移居到比较清静的弗赖堡——这座由奥地利君主管辖的城市。伊拉斯谟在该城受到市民们和官厅的列队欢迎，并向他提供了一座皇家府邸作为寓所。但是伊拉斯谟谢绝了这幢富丽堂皇的豪宅，而宁愿选择隐修院旁的一幢小房子作为住处，以便在那里清静地工作和安然告别人世。历史未能把始终坚持公允立场的伊拉斯谟塑造为一位更加显赫的象征性人物。他在任何地方都觉得不舒服，因为他在任何地方都不愿持宗派立场：伊拉斯谟不得不逃离卢万，因为传统的天主教势力在那座城市太强大；他不得不逃离巴塞尔，因为新教改革派的势力在那座城市占了优势。自由、独立的思想精英伊拉斯谟不愿意受任何教条的束缚，也不愿意使自己属于任何宗派，所以，他在尘世没有一处可以作为自己的家园。

注　释

〔1〕　指马丁·路德于 1524 年 4 月 15 日写给伊拉斯谟的信。参阅《年谱》
　　　 1524 年记事〔1〕。

〔2〕　1524 年，伊拉斯谟出版神学著作《论自由的意志》，从此揭开和
　　　 马丁·路德论战的序幕。1525 年，马丁·路德发表神学著作《论不
　　　 自由的意志》作为回应。而后，伊拉斯谟又写了一部论著《驳马
　　　 丁·路德所谓不自由的意志》。参阅《年谱》1524 年记事〔1〕、〔2〕
　　　 和 1526 年记事〔1〕、1527 年记事〔2〕。

〔3〕　"得救预定论"（德语 Prädestinationslehre，英语 Predestination）是
　　　 基督教神学理论，最早提出这一理论的是基督教大神学家圣奥古斯
　　　 丁，参阅《年谱》1524 年记事〔2〕。

〔4〕　马丁·路德的"得救预定论"声称：天主决定着被他抛弃的人去行
　　　 恶，而本人不可能凭借行善的意志改变自己的命运。马丁·路德的
　　　 这种观点又被称为"绝对决定论"。

〔5〕　此处"无能为力"引用拉丁语原文：non nihil。

〔6〕　"岿然不动的岩礁"原文是 die Scylla des Stolzes。斯库拉（Scylla）
　　　 是希腊神话中的六头女妖，住在意大利墨西拿海峡的岩礁洞穴里。
　　　 传说荷马史诗中的俄底修斯从斯库拉身边经过时，有六个同伴被
　　　 她抓走。船舶航行至此必定倾覆。她的对面住着另一个妖怪卡律
　　　 布狄斯。

〔7〕　此处"旋涡"的原文是 Charybdis（卡律布狄斯）。诗歌语言中所谓
　　　 "处在斯库拉和卡律布狄斯之间"是比喻双重危险——岩礁和旋涡。

〔8〕　茨维考的那些预言家们，是指德意志宗教改革时期的再洗礼派分子
　　　 （Wiedertäufer），这是 16 世纪 20 年代起在德意志、瑞士、奥地利
　　　 的农民和城市平民中形成的教派。他们认为，出生的婴儿洗礼是父
　　　 母所为，并不是他自己的信仰，主张信徒成年时必须再洗礼，这才
　　　 是自己的虔诚信仰，宣称"千年天国"不能靠等待，而应该通过斗

争在现世建立，这个天国里既没有贫穷也没有剥削，人人平等。当年茨维考（Zwickau，今德国萨克森州一城市）是再洗礼派运动的中心。托马斯·闵采尔于 1520 年 4 月到茨维考城教堂任神父，积极帮助再洗礼派制定教义，1521 年和再洗礼派分子一起领导茨维考的矿工和纺织工人武装起义。闵采尔在起义失败后一度被逐出德意志本土。

〔9〕 吉伦特派是法国大革命时温和的共和派。1789 年 7 月 14 日，巴黎民众举行武装起义，攻占巴士底狱，标志着震撼世界的法国资产阶级大革命（1789—1794）爆发。这次革命推翻了法国封建专制统治，确立了资本主义制度。

1792 年 8 月 10 日，巴黎民众第二次武装起义，推翻国王，结束君主立宪派的统治，代表工商业资产阶级利益的温和共和派——吉伦特派（Gironde）掌握政权，因其领导人物多数出生在法国吉伦特（Gironde），故名。

1793 年 5 月 31 日和 6 月 2 日，巴黎民众第三次武装起义，推翻吉伦特派的统治，建立代表中小资产阶级利益的激进派——雅各宾派专政，把革命推向高潮。雅各宾派，又称罗伯斯庇尔派，得名于该派领袖罗伯斯庇尔（Robespierre，1758—1794），一度掌握法国政权，后因实行恐怖政策和雅各宾派内部矛盾日益尖锐而削弱了统治基础。发生在 1794 年 7 月 27 日的热月政变推翻了雅各宾派专政，次日，罗伯斯庇尔及其战友被送上断头台。

马拉派，是指法国大革命时期的激进派革命家马拉（Jean-Paul Marat，1743—1793）及其追随者。1789 年大革命爆发后，马拉就投入战斗。1789 年 9 月起，马拉作为《民众之友报》的编辑，成为支持最激进的民主措施的喉舌。在 1792 年 8 月 10 日的巴黎民众起义中，马拉是巴黎公社（1792—1794）的领导人之一，随后又当选为国民公会代表。马拉激烈反对吉伦特派的统治。1793 年 6 月雅各宾派取得政权后，身为雅各宾派重要成员的马拉强调要建立革命专政，用暴力确立自由。1793 年 7 月 13 日马拉在巴黎寓所中被刺客杀害。

〔10〕 罗伯斯庇尔派，又称雅各宾派，法国大革命时的激进派。参阅本

237 236

章注〔9〕。

〔11〕马拉，法国大革命时的激进分子。参阅本章注〔9〕。

〔12〕1525年，德意志的图林根农民起义，来势凶猛。马丁·路德对此极为不满，写了一篇相当激烈的文章《反对农民杀人抢掠》，号召诸侯、贵族镇压农民起义。参阅《路德文集》第一卷，上海三联书店，2005年3月1版1印，第39页。

〔13〕马加比（Judas Maccabeus，？—公元前161或公元前160），犹太人游击队领导人，当塞琉西国王安条克四世（Antiochus Ⅳ.，约公元前215—公元前164）下令要犹太人信奉希腊神祇并下令在犹太教圣殿内建起宙斯的祭坛时，犹太人不堪忍受这种亵渎，在马加比领导下展开游击战，捣毁圣殿内的宙斯祭坛，从而迫使塞琉西王国于公元前164年允许犹太人宗教信仰自由。

〔14〕此处所说的马丁·路德当着聚集在他餐桌边的朋友的面用令人可怕的言辞宣布自己的意图，是指他在《桌边谈话录》中的言论。1566年7月，在路德去世20年后，由约翰内斯·奥里法柏（Johannes Aurifaber，约1519—1575）编辑的《桌边谈话录》在艾斯莱本出版。1525年6月，马丁·路德同凯蒂结婚。萨克森选帝侯将过去奥古斯丁修道院的房子送给他们。自马丁·路德生活安定以后，就不断有人来投奔他，主要是亲戚、朋友。路德还将房子租给维藤贝格大学的大学生，以补贴家用。这些学生也同路德一家一起吃饭，用餐的人经常有二十多位。路德喜欢在餐桌上发表自己对神学和各种事情的看法，主要用德语讲，有时也混杂拉丁语，氛围轻松。自1524年起，路德的好友科达图斯（Conrad Cordatus，1476—1546）开始记录路德的桌边谈话，时至1546年，共有12人记录谈话。奥里法柏为最后一人。中文版马丁·路德《桌边谈话录》出版于2013年1月（林纯洁等译，北京：经济科学出版社），此中译本以威廉·哈兹利特1911年的英译本（*The Table Talk of Martin Luther*, translated and edited by William Hazlitt, London, 1911）为底本。此中译本共47章，收录918篇桌边谈话，内容大致可分三部分：路德对神学的看法、路德对世俗生活的看法、路德对异教徒的看法。其中第27章《论路德的敌人》是谈论

路德在神学上的对手。1525 年，马丁·路德与伊拉斯谟以人的意志是否自由为主题进行激烈辩论。马丁·路德在公开的著作中始终保持学者之间的礼貌，如在《论不自由的意志》这部论著开篇之前的题词就是："愿基督的恩典与平安和令人景仰的鹿特丹的伊拉斯谟大师同在。"正文的第一句话就是："令人敬仰的伊拉斯谟啊。"但是在私下谈话中——在《桌边谈话录》里，马丁·路德说起伊拉斯谟则近乎是情绪上的发泄，他说"鹿特丹的伊拉斯谟是最令人可憎的异教徒"（第 671 篇）、"不管我在何时祈祷，我都会祈求天主降罪于伊拉斯谟"（第 672 篇）、"我把鹿特丹的伊拉斯谟视为基督最难缠的一个敌人"、"伊拉斯谟是真信仰的敌人，是基督公开的敌人"（第 680 篇）（参阅《桌边谈话录》上述中译本第 289—297 页）。马丁·路德在《桌边谈话录》中对伊拉斯谟的敌视表现得淋漓尽致，所以，此书一出版，就受到天主教徒和人文主义者的攻击，但民众愿意在此书中看个究竟。

〔15〕1525 年，马丁·路德发表《论不自由的意志》（De servo arbitrio，一译《论意志的捆绑》，源自英译名 The Bondage of the Will，中译文参阅《路德文集》第二卷，路德文集中文版编辑委员会编，上海三联书店，2005 年 3 月第 1 版第 297—571 页《论意志的捆绑》）。此书是路德的神学论著中最复杂的一部著作，写此书的目的是为了回应伊拉斯谟在《论自由的意志》中所阐释的观点。伊拉斯谟肯定天主是造成一切事物的第一因素，但他同时主张出于人的意志的行为则是达到救赎的第二因素。伊拉斯谟把"人的自由的意志"理解为："人的意志能力足以使人去从事可以导致救赎的事，也可以使人不去从事能获得救赎的事。"伊拉斯谟认为，《圣经》中对人的自由的意志的说法并不完全一致。如果像马丁·路德那样全盘否定人的自由的意志，那么就会为不虔诚的基督徒大开方便之门。因为如果人没有自由的意志，那么人就不需要为个人的恶行负责了。马丁·路德则从三方面反驳伊拉斯谟的观点。首先，马丁·路德强调：为了建立内在的信仰，神学的明确论断是必需的，何况《圣经》在关于信仰救赎这一基本教义上并不含糊。由此可见，此书的目的不仅是为了回应伊拉斯谟，更是为

了宣扬信仰基督教能够救赎灵魂确有依据。第二，路德声称，绝对的自由的意志属于天主，人是天主的造物，不配享有绝对的自由的意志，但路德并未全盘否定人有选择的自由，如生活中衣食住行等事。至于关系到救赎的事，或者涉及天主的绝对主权的事，那么，人在这方面就没有丝毫的自由的意志。第三，路德从隐秘的天主与显现的天主两方面讨论教义。隐秘的天主至高无上和威严尊贵。显现的天主就是福音书中被宣扬的耶稣基督。区分两者虽然重要，但不是容易的事。因为天主在其绝对的自由中可以做许多事，但并不在其话语中向我们透露。路德强调，我们不需要关切隐秘的天主有哪些旨意，我们只需要牢牢掌握显现的耶稣基督的旨意。马丁·路德所著《论不自由的意志》历陈人的意志受束缚的事实，但是此书的目的不是为人的行为寻找托词，而是揭露罪恶控制了人心是多么可怕，此书声称：人不能自救，亟须基督救赎。

〔16〕 马丁·路德此处的言论是他的"永生预定论"的基本要点。参阅《年谱》1524 年记事〔2〕。

〔17〕 以法莲（Ephraim），《圣经·旧约》中的人物。他是约瑟在埃及所生的次子，是以色列人十二支派之一——以法莲支派的先祖。以法莲支派分得的土地位于耶路撒冷北方的山区，境内有伯特利、示剑等主要城市。以色列王国时期以法莲支派是最强大的支派。

〔18〕《反驳马丁·路德过于恶毒的攻击》，参阅《年谱》1526 年记事〔2〕。

〔19〕 马丁·路德此处的各种言论均引自马丁·路德的《桌边谈话录》，参阅本章注〔14〕。

〔20〕 1527 年，新教改革派在巴塞尔市议会获胜。1529 年，由奥科兰帕迪乌斯领导的宗教改革在巴塞尔展开。巴塞尔爆发破坏天主教堂内的圣像运动。伊拉斯谟深感失望，他于 4 月 13 日离开巴塞尔，移居信奉天主教的弗赖堡。参阅《年谱》1529 年记事〔1〕、〔2〕。

第十章 尾 声

　　六十岁的伊拉斯谟已经精疲力竭，他在弗赖堡重又坐在书籍后边——他逃离了人世的纷扰和喧嚣：真不知道他已逃离了多少次。他的瘦小身躯显得越来越干瘪，他的布满皱纹、皮肤细嫩的脸越来越像一张写满神秘符号和古文字的羊皮纸。伊拉斯谟曾满怀激情地相信：通过思想启蒙能重新唤醒世人的良知，通过更为纯洁的人性能使人类的精神面貌焕然一新，可是他现在却渐渐变得苛刻、喜欢嘲笑和调侃。像所有上了年纪的单身汉一样，他的脾气变得越来越怪，他不断抱怨学术的衰落、抱怨自己的敌人阴险恶毒、抱怨物品越来越昂贵、抱怨赌场上的互相欺诈、抱怨葡萄酒不够地道和味道发酸……大失所望的伊拉斯谟越来越觉得自己和世人格格不入。如今的世人根本不愿意维护和平——如今的天下是每天每日用狂热扼杀理性，用暴力扼杀正义。伊拉斯谟的心早已变得麻木不仁，但是他的手没有麻木，他的异常清醒和敏锐的大脑没有麻木。他的大脑犹如一盏明灯始终将无懈可击的光芒照遍他的不受诱惑的精神世界所涉及的一切视野。伊拉斯谟的工作一直是

他唯一的最佳知音，永远忠实地陪伴在他身边。伊拉斯谟
天天要写三四十封书信，整本整本地翻译教会之父们的著
作，修订补充《拉丁语常用会话》手册，撰写一系列不期
待发表的宣谕美德的文章赠送他人。伊拉斯谟著述和工作
是凭自己的意识——他相信理性的权利和义务就是告诉不
知感恩的世人：理性是他们永恒的天主。不过，伊拉斯谟
在内心深处早就知道：在世人如此疯狂的时刻讴歌人性，
毫无意义。伊拉斯谟知道，他的人文主义的崇高理念已经
失败。伊拉斯谟所愿望的一切——他所追求的一切：用互
相谅解与善意的和解取代野蛮的战争——由于宗教狂热分
子的顽固不化而落空。伊拉斯谟的精神之国：他的学者共
和国——他在尘世追求的柏拉图式的理想之国在各个宗派
奋力博弈中没有立锥之地。狂暴斗士正在各宗派之间——
在罗马、苏黎世、维滕贝格之间厮杀。远征军正在德意志
国家、法兰西、意大利、西班牙之间不停地你来我往，犹
如滚动的风雷。耶稣基督的名字成为战场上的呐喊和各种
军事行动的借口。在这样的时候还写规劝信教的小册子和
提醒君主们要三思而行，该是多么可笑。自从罗马教廷将
福音之道当作一把战斧使用以来，他伊拉斯谟还要充当福
音派教义的代言人，又该是多么荒唐。伊拉斯谟写道："所
有这些争执不休的人嘴上都挂着这样五个词：福音之道、
圣经、信仰、耶稣基督、圣灵。可是我却看到他们中的许
多人表演得像是中了邪魔似的。"在这样一个政治如此敏感
的时代，还要继续充当一个中间人和调解者不再有任何意
义。建立一个品德高尚的统一国家：一个人文主义的欧洲
之国——这样一个崇高的梦想已经结束。曾经为世人做过

这样一个美梦的伊拉斯谟自己现在也已是一个疲惫不堪的
年迈老人，他不中用了，因为他的话已无人理会。世人从
他身边匆匆而过：世人不再需要他了。

然而，蜡烛在熄灭之前的火苗往往还会绝望地向上蹿
动一下。一种理念在被时代的风暴扼杀之前还会再一次施
展自己最后的力量。伊拉斯谟的想法——和解与斡旋的理
念同样还会在具有历史意义的关键时刻再一次放射光芒，
时间虽短却无比辉煌。两个世界——教会世界和世俗世界
的主人卡尔五世作出一个意义深远的决定：一五三〇年在
奥格斯堡[1]召开一次德意志民族神圣罗马帝国的帝国议
会大会。现在的卡尔五世皇帝已不再是当年出现在沃尔姆
斯帝国议会大会[2]上的一个缺乏自信的青年。种种挫折
和经验已使他变得成熟。他时下刚刚赢得对法国的巨大胜
利[3]，从而终于给自己带来必不可少的自信和权威。他一
回到德意志土地，就决心要彻底解决宗教纷争问题——要
重建被马丁·路德分裂的教会统一，如果需要使用武力他
也在所不惜。不过，他没有使用武力，而是打算以伊拉斯
谟的精神——通过互相谅解使旧的天主教会和新教的改革
思想达成妥协。"把有智慧和没有成见的有识之士召集在一
起举行一次高端宗教会议"，以便他们用基督的爱心认真倾
听和思考各种论据——这些论据可能会导致重建一个统一
的新的基督教会。卡尔五世正是为了这样一个目的在奥格
斯堡召开德意志民族神圣罗马帝国的议会大会。

奥格斯堡的这一次帝国议会大会[4]是德意志民族命
运攸关的最伟大的时刻之一，而且也是和世人的命运攸关
的真正时刻——是那些在后来的世纪中不可能重现的历史

机遇之一。从表面上看，这一次奥格斯堡的帝国议会大会
也许不像当年在沃尔姆斯召开的帝国议会大会那样具有戏
剧性，但是，就作出具有深远历史影响的决定而论，这次
大会并不亚于那次大会。两次大会都是事关西方的宗教统
一和精神统一。

在奥格斯堡举行帝国议会大会的那些日子首先非常有
利于伊拉斯谟的想法：大会要锲而不舍地促使在思想和宗
教领域的对立双方通过商讨达成和解。因为旧的罗马天主
教会和新的福音派教会现在都遇到了危机，所以双方都准
备作出巨大让步。自从罗马天主教会看到宗教改革的事业
犹如一场森林大火已遍及整个北欧并且每时每刻都在继续
蔓延来，罗马天主教会在宗教改革之初看待德意志的那
些小小异端分子所持的不可一世的自负现在已失去许多。
新教的教义已赢得荷兰、瑞典、瑞士、丹麦，而主要是
英国的许多信众。始终处于财源窘困的各地封建诸侯们发
现：以福音之道的名义将天主教会的巨大财富据为己有对
改善自己的财政状况是多么有利[5]。自从马丁·路德——
一个奥古斯丁修道院的修士能够当众把教皇拟将其逐出教
门的敕令用火烧毁而没有受到惩罚以来[6]，罗马教廷所
采取的古老的斗争手段：逐出教门和作为异端分子火刑处
死——早已不再能够奏效，完全不同于发生卡诺莎[7]事
件的那样时代。不过，教皇统治的自我意识受到最可怕的
伤害，是在大权在握的教皇不得不从"天使们的城堡"[8]
俯视罗马遭到大肆蹂躏之后。这一场"罗马大洗劫"[9]使
罗马教廷的勇气和自负一蹶不振长达数十年之久。而从另
一方面看，自从马丁·路德和他的信徒们在沃尔姆斯帝国

议会大会上大出风头的那些日子以来，现在也处于忧虑时刻。在福音派教会内部的所谓"充满爱心的教会和睦"的情况同样相当不妙。因为马丁·路德尚未把自己的教会建成一个团结一致的组织以前，已经产生偏离他的教义的教会——茨温利的教会、卡尔施塔特的教会、亨利八世的英国国教会以及托马斯·闵采尔的信徒们"痴人说梦"的教会和再洗礼派的教会[10]。马丁·路德固然是狂热的宗教信仰者，但为人耿直，他本人已经认识到：许多人为了自身的利益恣意利用他的宗教主张，并把马丁·路德的精神追求理解为物质追求。德意志作家古斯塔夫·弗赖塔克[11]非常精辟地说出了马丁·路德后来几年的悲情："谁被命运选中去新建最伟大的功业，此人同时也毁掉了自己生活的一部分。他投入越认真，他越会在内心深处深刻觉察到：是他扰乱了天下的秩序。这是隐隐约约的伤痛——任何一个在历史上为欧洲人出主意的伟人都会有这样一种内疚。"所以，甚至平时从不妥协的硬汉马丁·路德现在也第一次稍微表现出可以进行和解的意愿，而且他的那些平时使他的意志变得无比坚强的同道们、甚至还有德意志各邦国的封建诸侯们现在也更加谨慎地进行思考。德意志各邦国的封建诸侯们发觉：他们的主宰和皇帝卡尔五世现在重又腾出手来准备用铁腕解决宗教纷争。从那以后，他们中的一些人想：或许不背叛卡尔五世——这一位欧洲的主人更可取，顽固地坚持自己的立场很可能会使他们自己丢掉脑袋和领地。

也就是说，罗马教廷和福音派新教双方都第一次表现出不再坚持那种可怕的绝不让步的态度——就德意志人的宗教信仰而论，实属空前绝后。随着宗教狂热的消退，出现了一种可以达成和解的巨大可能性。因为旧的天主教会和新教的教义之间一旦以伊拉斯谟精神达成互相谅解，那么德意志国家就可能会重新获得精神统一——欧洲人就可能会重新获得精神统一。在后来一百年间使一切文化财富和物质财富遭到极大破坏的宗教战争、国内战争、国与国之间的战争很可能会得以避免。德意志国家在道义上的主导地位很可能会在欧洲得到保障。宗教迫害的可耻现象很可能会销声匿迹：很可能不必点燃处死异端的火刑薪堆；罗马教廷的禁书目录和宗教裁判所很可能不需要再给思想自由打上残酷的犯罪烙印——历经磨难的欧洲很可能会免除无法估量的苦难。现在，对立双方之间原本只剩下一段小小的差距。如果这段差距由于互相的迁就而得到克服，那么理性就获得了胜利——人文主义的事业就获得了胜利：伊拉斯谟就又一次获得了胜利。

况且，这一次不是由绝不退让的马丁·路德代表新教事业，而是由更善于外交手腕的梅兰希顿代表。这个状况[12]使双方达成谅解充满希望。性情十分温和而又品格高尚的梅兰希顿被福音派教会誉为是马丁·路德最忠实的朋友和助手。然而，令人奇怪的是：梅兰希顿毕生也是马丁·路德的伟大对手——伊拉斯谟的忠实崇拜者和始终不渝的学生。就梅兰希顿的气质而言，用伊拉斯谟精神阐述福音派教义的人文主义和人性化见解甚至比马丁·路德那种强硬和严厉的表述更符合梅兰希顿的审慎本性。但是，马丁·路德这个人物及其强势一直对梅兰希顿产生不可抗拒的强烈影响。梅兰希顿觉得自己在维滕贝格——直接在马丁·路德身边时[13]完全听从马丁·路德的意志——用自己有条不紊的清醒头脑全心全意为马丁·路德服务。然而，梅兰希顿在奥格斯堡第一次在完全听从首领人物马丁·路德之外也能发挥自己本性中的另一部分——伊拉斯谟精神终于能够不受阻碍地在梅兰希顿身上发挥作用。梅兰希顿在奥格斯堡举行帝国议会大会的日子里毫无保留地表明要做最大限度的让步——他的妥协走得如此之远，以致他的脚几乎已重新站在旧的天主教会这一边。由他亲自起草的《奥格斯堡信纲》虽然措辞明确和能令人心领神会，但完全没有粗暴地挑衅天主教会。《信纲》之所以由他起草，是因为马丁·路德"不会如此和颜悦色与措辞如此温和"——正如梅兰希顿自己坦承。有争议的重大问题在大会讨论中又被小心翼翼地避而不谈。所以，马丁·路德和伊拉斯谟曾激烈争论过的"得救预定论"始终没有讨论。同样，诸如罗马教皇统治的神授权力、神职人员矢志不移的本性[14]、七项圣礼[15]——这样一些最棘手的难点也没有讨论。对立双方说的都是调解的话——令人不胜惊讶。梅兰希顿在《信纲》中写道："只要罗马教皇不排斥我们，我们就会尊重罗马教皇的权威和尊重天主教会的一切清规戒律。"而另一方面，梵蒂冈教廷的一位代表以半官方的方式宣布教士结婚的问题和普通信众参加圣餐礼[16]的问题都可以讨论。尽管有各种困难，与会者都已抱着一线希望。假如现在有一位德高望重的权威人士——一位内心充满强烈和平意愿的人在场并用自己的能言善辩——令人信服的逻辑推理和高超的语言表达——的全部力量进行调解，那么他或许在最后时刻还很可能使新教徒和天主教徒取得一致呢。这个人应该和双方都关系密切：他和新教徒关系密切是出于同情；他和天主教徒关系密切是出于忠诚。假如真有这样一个人在场，那么欧洲人的这个主意：和解——就可能得救了。

这样一个人非伊拉斯谟莫属。左右宗教界和世俗政权的主人——卡尔五世皇帝再三嘱咐邀请伊拉斯谟参加此次在奥格斯堡召开的帝国议会大会。卡尔五世此前曾征询过伊拉斯谟的建议并希望伊拉斯谟能进行调解。然而，伊拉斯谟命运中的悲情又再次重演：每当世界历史的关键时刻降临到伊拉斯谟身上时，他虽然具有远见卓识却从来不敢像其他人似的认识到自己的历史使命而挺身而出，并且由于他个人的软弱——无可救药的胆怯——而丧失作出决定的良机。伊拉斯谟的历史性过错又故技重演：就像他当年缺席在沃尔姆斯召开的帝国议会大会[17]一样，他没有参加此次在奥格斯堡召开的帝国议会大会。他下不了决心亲自出场去面对自己的事业——面对自己的信念。确实，他给两个教派都写了许多信函，信函写得非常有人情味，充满智慧和极具说服力。他试图促使自己在两个阵营里的朋友——梅兰希顿和教皇特使阿莱安德[18]作出最大限度的让步。但是书面语言在命运攸关的紧张时刻从来不会具有生动感人和使人热血沸腾的号召力量，况且马丁·路德随后又接二连三从科堡[19]给梅兰希顿捎来音讯，敦促梅兰希顿务必要比其内在的禀性更强硬和更坚定，双方的对立最终还是重新陷入僵局，因为那个责无旁贷的天才调解人——伊拉斯谟并未亲自到场：和解的想法就像一颗可能会开花结果的种子在无数次犹如磨盘一般的反复争论中被碾碎了。此次旨在探讨如何解决宗教纷争的奥格斯堡帝国议会大会规模盛大，大会原本是想要使全体基督徒们团结一致，不料却使基督徒们彻底分裂为两个宗派——天主教和福音派新教，天底下不是和平，而是纷争。马丁·路德以冷峻的心态从这次大会中得出如下结论，他说："如果从此产生一场战争，那也是无可奈何。我们已经尽了足够的努力。"伊拉斯谟则满怀悲情地说："当你以后看到天底下出现可怕的动乱时，你可能会想到：伊拉斯谟早就预言过这种动乱。"

　　"伊拉斯谟的"理念在这次奥格斯堡的帝国议会大会上经历了最后一次失败，也是一次决定性的失败。年迈的伊拉斯谟从这一天起就蛰居在弗赖堡自己的书斋里闭门不出：他现在只不过是一个没有用处的老人而已——昔日的荣耀已成明日黄花。他深深感受到：一个默默忍让的人无法适应"这样一个喧嚣的时代——说得更明白一些，无法适应这样一个疯狂的时代"。他伊拉斯谟又何必拖着自己颤颤巍巍和患有痛风病的身躯继续为这样一个对一切和平的意愿都置若罔闻的尘世操心呢？以往那么珍惜自己生命的伊拉斯谟对人生感到厌倦了，他竟然吐露出这样令人唏嘘的祈祷："但愿天主终于要将我从这样一个疯狂的尘世带领到他的身边！"因为一旦人心痴迷于狂热，哪里还会有智慧的容身之地呢？"知识渊博和能言善辩"的各种时代已经成为往事[20]。如今的世人不再聆听典雅和经过反复推敲的文学语言，而仅仅倾听粗俗和煽动性的政治语言。群氓们的狂热左右着思想，而思想都披着宗教信仰的外衣，不是路德派就是教皇派。学者们论战不再用措辞文雅的书信和小册子，而是以集市上泼妇的方式用污言秽语互相辱骂。没有人想要听明白对方的话，而是每一个人都想要把自己这一派的信仰——自己这一派的教义强加给对方。这对那些想要置身于局外和坚持自己信仰的人来说则是苦不堪言：他们夹在两个宗派之间又想要超脱这两个宗派，因而发泄到他们身上的是双重的怨恨呀！对一个只追求精神的人而言，生活在如此这般的时代该是多么孤独！是呀，如果政治性的谩骂和聒噪不绝于耳，听不见任何风趣调侃和内涵深远的声音，写作又是为了谁呢？自从天主的教谕落到墨守成规者和宗教狂人的手中，将天主的教谕当作为他们征集雇佣兵、骑兵和大炮进行辩解的最好和最后的论据以来，又去和谁从神学的层面讨论天主的教谕呢？唯我独尊的思想专制——对持有不同思想的人和思想自由的人进行迫害已经开始：认为要侍奉基督教就得使用狼牙棒和屠刀，而且恰恰是那些信仰基督者中最有才智、最有胆识的人会遭到最残忍的暴力蹂躏。伊拉斯谟预言过的动乱已经来临。骇人听闻的消息从各国传来，伤透了伊拉斯谟疲惫和绝望的心。伊拉斯谟的追随者和伊拉斯谟著作的法语译者路易·贝尔坎[21]在巴黎被当作异端分子用火刑慢慢烧死。深受伊拉斯谟爱戴的两位最高贵的朋友——约翰·费希尔和托马斯·莫尔在英国被拖上断头台。——愿天主让那些有力量为自己的信仰而殉道的人进入天堂吧！伊拉斯谟闻讯后悲叹道："我觉得似乎我自己也已经和他们一起死去。"经常和伊拉斯谟通信进行友好交谈的茨温利在卡佩尔战场上被天主教联军用狼

牙棒打死。托马斯·闵采尔被用严刑拷打致死，其残酷程
度就连异教徒和中国人也想不出来。再洗礼派分子的舌头
被割去。宗教狂热分子用通红的火钳把布道师们烫得遍体
鳞伤，并把他们绑在处死异端分子的火刑柱上烧烤。雇佣
兵们抢掠教堂、焚毁书籍、火烧城市、将世上最美丽的罗
马变为废墟。啊，天主呀，以你的名义发泄的竟是怎样残
暴的本能嗬！天底下不再有人文主义学说的原本想法：有
思想自由、谅解和宽容存在的空间。各种艺术不可能在血
流成河的土地上繁荣。超越国界共同生活的时代将会消失
几十年、几百年，或许从此一去不复返。欧洲最后的统一
语言拉丁语——伊拉斯谟心灵的语言也正在渐渐死亡；所
以，你——伊拉斯谟也正在渐渐死亡呢！

可是，这样一位永远漂泊无定的伊拉斯谟不得不再次
经历他一生中的厄运——不过，现在也是最后一次了；他
不得不再次踏上迁徙的旅程。几乎已是七十高龄的伊拉斯
谟突然要离开自己的家园。一种完全无法解释的渴望驱使
他要离开弗赖堡和迁往布拉班特[22]的布鲁塞尔。布拉班
特的公爵曾延聘他到那里去。但是，他在内心深处却觉得，
召唤他的不是别人，而是死神。一种神秘的不安困扰着他。
整个一生以四海为家的伊拉斯谟——有意识作为一个背井
离乡者的伊拉斯谟现在却隐隐约约感觉到需要有一片温馨
的故土。疲惫的身躯愿意回归到他原来诞生的地方。他心
中预感到，他的这一次旅程是走向生命的终点。

可是他再也达不到目的地了——他没有回到他诞生
的故乡。一辆小型旅行马车——就像平时女眷们乘坐的那

种轻便马车——将年迈体衰的伊拉斯谟送到了巴塞尔。伊拉斯谟老人原想在那里再休息一段时间，等到随着春天的来临冰雪消融时再回到布拉班特公国自己的故乡去。不过在此期间他已没有要离开巴塞尔的任何念头了。这里毕竟还有精神上的温暖，这里毕竟还住着好几个信得过的朋友——弗罗本的儿子、阿默巴赫和其他人。他们为体弱多病的伊拉斯谟安排好舒适的住处，小弗罗本把他接到自己家中热情款待，甚至弗罗本的老印刷所也还在那里呢。伊拉斯谟又能够愉快地一起经历他自己的思想和著作怎样转变为印刷的文字：他能够再次闻到印刷所的油墨气味，他能够再次双手捧着印刷清晰的精美书籍，和书籍进行平心静气、默默无声而又富有教益的对话。然而，现在的伊拉斯谟已疲惫不堪，浑身乏力，他每天下床后最多只能待上四五个小时——他已经静悄悄地完全与世隔绝了。伊拉斯谟是以犹如严冬一般的凄凉心情度过自己一生中的最后时光。他觉得自己已被忘却和已被遗弃，因为信仰天主教的人已不再奉承他，而信仰福音派新教的人又对他冷言冷语，不再有人需要他了。不再有人倾听他的主意和倾听他的箴言。寂寞的伊拉斯谟绝望地叹道："我的敌人越来越多，我的朋友越来越少。"而对伊拉斯谟而言，充满人性的精神沟通乃是人生最美好和最令人愉悦的事。

可是你看：一封向伊拉斯谟表示崇敬和问候的信恰好像一只迟到的春燕叩击严冬里冰封的窗户似的打破了伊拉斯谟的孤寂。信中写道："我所拥有的一切和我能做的一切都源自于您。假如我不承认这一点，我很可能是一切时代中最不知道感恩的人。"信中又写道："向您问安，再次向您问安，您是您的祖国深受爱戴的长辈，您是您的祖国的荣耀，您是各种艺术的保护神，您是为真理而战的坚强斗士。"[23]写这封信的人名叫弗朗索瓦·拉伯雷[24]。后来，拉伯雷的名声甚至超过伊拉斯谟。拉伯雷在自己的荣誉如日中天时向日薄西山的伊拉斯谟大师问安。不久，又有一封信从罗马寄来。几乎已有七十岁的伊拉斯谟迫不及待地拆开那封信。他看完后苦笑着把信放下。不会是有人要嘲弄他吧？原来是新继位的教皇保罗三世[25]考虑提议任命伊拉斯谟——为了自由的缘故毕生都无意担任任何公职的伊拉斯谟——为俸禄极为丰厚的红衣主教。伊拉斯谟婉言辞谢了这样一种令他不堪重负的荣誉。伊拉斯谟说："难道我一个行将就木的人还得去承受我推却了一辈子的累赘吗？"不，自由自在活了一辈子的人就得自由自在死去！穿着平民百姓的服装，没有任何徽章，没有任何世俗的荣誉，最自由自在。所有孤独寂寞的人都自由自在，而所有自由自在的人也必定孤独寂寞。

而工作则永远是一切孤独寂寞的最忠实的朋友和最好的安慰者，是工作伴随着患病的伊拉斯谟直至他生命的最后一刻。由于病痛而全身佝偻的伊拉斯谟斜卧在床上，他用颤抖的手夜以继日地写呀，写呀！他修订《奥利金文集》评注[26]，他写小册子和书信，他写作不再是为了名和利，而仅仅是出于一种神秘的乐趣：通过写作学习如何使生活的精神境界更高尚，而通过这样的学习又会使自己生活得更坚强。他既吸收知识又释放知识。唯有这样一种尘世万物永恒的收与放——唯有这样一种循环还保持着伊拉斯谟的血液流通。伊拉斯谟徜徉在神圣的写作迷宫里，从此逃离他弄不懂的世人，而世人也不再想要弄懂他。要让他永远安息的死神终于来到他的床边。伊拉斯谟一生都非常惧怕的死神现在已近在咫尺。气息奄奄的伊拉斯谟此时此刻正静悄悄地和几乎是以感激的目光迎接死神的来临。他在弥留之际神志依然清醒。他还把站立在他病榻周边的朋友——小弗罗本和阿默巴赫——跟约伯[27]的朋友们相比拟呢——伊拉斯谟用极其熟练和十分风趣的拉丁语同他们交谈。可是后来在最后一分钟，当他呼吸困难得透不过气来时，发生了匪夷所思的事：这位一辈子只用拉丁语讲话的伟大的人文主义学者伊拉斯谟突然忘记了对他来说习以为常和能够脱口而出的拉丁语。出于一个造物对死亡的原始恐惧，他突然用僵硬的嘴唇结结巴巴说出他在儿时学会的家乡话——低地德语："我主和我同在！"[28]——这是他一生中说的第一句也是最后一句荷兰话。接着他又吸了一口气，便得到了永远的安宁——这可是所有的人都非常渴望的呀！

注 释

〔1〕 奥格斯堡（Augsburg），德意志巴伐利亚施瓦本（Schwaben）地区首府，自 1276 年至 1805 年是德意志民族神圣罗马帝国直辖城市。卡尔五世皇帝于 1530 年 6 月 25 日在此召开帝国议会大会，试图斡旋天主教和新教达成和解，但未获成功。

〔2〕 1521 年，卡尔五世在沃尔姆斯召开帝国议会大会，宣布马丁·路德为异端分子。当年卡尔五世 22 岁。

〔3〕 卡尔五世一直身兼西班牙国王，为争夺意大利领土，长期和法国交战，1527 年至 1529 年，卡尔五世率雇佣军在意大利取得巨大胜利。

〔4〕 1530 年 6 月 25 日，《奥格斯堡信纲》（Augsburg Confession）问世，此信纲是马丁·路德应卡尔五世的指令，为同一天在奥格斯堡召开的神圣罗马帝国议会大会而呈交的正式信仰声明。全文语气温和，是在马丁·路德指导下，由梅兰希顿起草，除绪论外，共 28 条，前 21 条陈述路德教派的基本教义，重申"因信称义"和反对教皇最高权威的著名思想，并规定基督徒必须服从当时的国家政权和法律，遵守财产私有原则下的各种社会制度，还指名否定再洗礼派或激进教派，后 7 条指出天主教会需要改革其自身的弊端，主张废除豪华的宗教仪式，简化教士等级，准许神职人员结婚，在圣餐中信徒与教士同样领受饼和酒，取消修士修女发愿等。《奥格斯堡信纲》在会上宣读后，随即受到天主教教士的反驳。梅兰希顿进行了答辩。但是由于卡尔五世皇帝支持天主教会，因此《奥格斯堡信纲》并未在奥格斯堡大会上通过。路德等人不服，将此《信纲》用德语和拉丁语同时公布。《奥格斯堡信纲》后来成为路德宗的信仰纲领。

〔5〕 德意志封建诸侯支持马丁·路德的宗教改革，多数是为谋求壮大自己的地方势力，削弱中央集权。

〔6〕 1520 年 6 月 15 日，教皇利奥十世签署《斥马丁·路德谕》敕令，命马丁·路德在 60 天内收回其宗教改革的各种主张，否则将把马

丁·路德革出教门并作为异端火刑处死。《斥马丁·路德谕》列举被认为是路德之主张的 41 条 "谬误论点"，包括关于告解、圣体、大赦、绝罚、炼狱、教皇权威等各种论述，称这些论述皆为 "异端邪说"，将头脑简单者引入歧途。1520 年 12 月 10 日，马丁·路德发表其著名的《告德意志贵族书》，并当众烧毁《斥马丁·路德谕》。1521 年 1 月 3 日，利奥十世宣布革除马丁·路德教籍。

〔7〕 卡诺莎（Canossa），10 世纪时意大利北部古城堡，其遗址位于今意大利艾米利亚（Emilia）西南方的勒吉奥（Reggio）附近的卡诺莎村。1076 年，神圣罗马帝国皇帝亨利四世（Heinrich Ⅳ., 1050—1106）为和罗马教皇格列高利七世争夺主教叙任权，召开沃尔姆斯宗教会议，宣布废黜教皇。同年教皇开除亨利四世教籍，废黜其帝位，德意志各大封建主乘机叛离。1077 年 1 月，亨利四世被迫亲赴教皇驻地卡诺莎，向教皇 "悔罪"。据记载，亨利四世身穿罪衣，立在城门口哀求三天，始得教皇接见。后来，"到卡诺莎去" 便成为王权向教皇屈服的代名词。不过，亨利四世在其地位较为稳固后又于 1084 年占领罗马，废黜格列高利七世教皇，另立新教皇克力门特三世，并由后者为亨利四世加冕。

〔8〕 "天使们的城堡" 是指梵蒂冈教廷。

〔9〕 卡尔五世于 1527 年率西班牙雇佣军攻占罗马，大肆抢掠，史称 "罗马大洗劫"（拉丁语原文：Sacco di Roma）。

〔10〕 茨温利崇敬伊拉斯谟，在苏黎世建立比马丁·路德的主张较为温和的新教教会。卡尔施塔特是新教激进派的代言人。英王亨利八世是因为自己的离婚与再娶和罗马教会闹翻而建立英国国教，并自任教会领袖。德意志宗教改革家托马斯·闵采尔一度支持马丁·路德，后领导德意志农民起义，与路德决裂。闵采尔和他的信徒们声称：要在人间建立人人平等的天国。"再洗礼派" 参阅本书第九章注〔8〕。

〔11〕 1816 年 7 月 13 日，德意志小说家、剧作家、戏剧理论家古斯塔夫·弗赖塔克（Gustav Freytag, 1816—1895）在上西里西亚（Ober-Schlesien，今波兰境内）的克罗伊兹堡（Kreuzburg）出生于一个医生家庭，1835—1838 年先后在布雷斯劳大学修读日耳曼语言文学，1838 年获哲学博士学位，1839—1844 年在布雷斯劳大学讲授

德意志文学。后专事文学创作，1848—1861 年和 1867—1870 年参
加编辑《边域信使》周刊，曾任北德意志议会议员，普法战争期
间在普鲁士王储大本营供职，1886 年被任命为枢密顾问。他的早
期诗作和剧本具有青年德意志派的激进思想，如诗集《在布雷斯
劳》（1845）等。1850 年以后的作品则是对现实社会进行批判，代
表作有喜剧《新闻记者》，此剧揭露批判新闻界的种种弊端，长篇
小说《借方与贷方》，赞扬和美化新兴资产阶级的事业心和道德修
养，六卷历史小说《祖先》，描写德意志民族从民族大迁徙到 1848
年革命前的历史。其他重要著作还有《论戏剧技巧》和自传《我
的生平回忆》。1895 年 4 月 30 日，古斯塔夫·弗赖塔克在德国的
威斯巴登（Wiesbaden）去世。

〔12〕 在奥格斯堡大会上呈交表明福音派宗教信仰的《奥格斯堡信纲》
是由梅兰希顿起草并由其答辩。

〔13〕 梅兰希顿自 1518 年起在维滕贝格大学教授希腊语，1519 年参与
马丁·路德同约翰内斯·埃克在莱比锡举行的辩论会，从此成为马
丁·路德的主要助手。

〔14〕 神职人员矢志不移的本性，拉丁语原文是 character indelebilis。

〔15〕 天主教会把以下七项典礼作为圣礼：洗礼、坚振礼、圣餐礼、婚
礼、补赎礼、临终膏油礼、按手礼。新教会大多只把洗礼和圣
餐礼作为圣礼。

〔16〕 《圣经·新约》载，耶稣和使徒最后晚餐时对饼和酒进行祝祷后分给
使徒们领食，并称饼和酒是耶稣自己的身体和血，是为众人免罪而
舍弃和流出的；且命后世门徒把分食饼和酒作为圣礼纪念他。天主
教把这一圣礼称为"圣体圣事"，其隆重仪式称为"弥撒"；东正教
称"圣体血"；新教称"圣餐"。新教在《奥格斯堡信纲》中主张：
普通信众和教士在圣餐礼时可以同样领受饼和酒。而天主教则规
定：只有正式信徒（至少已受洗礼和受过坚振礼者）可以领食。

〔17〕 指 1521 年 4 月 18 日在沃尔姆斯召开的大会。

〔18〕 希罗尼姆斯·阿莱安德，参阅《年谱》1520 年记事〔3〕。

〔19〕 科堡（Coburg），德意志土地上的一座小城。

〔20〕 "知识渊博和能言善辩"，斯蒂芬·茨威格此处引用拉丁语原文：

eruditio et eloquentia，所谓各种时代主要是指古希腊和古罗马时代以及以后的文艺复兴时代。

〔21〕 1529 年 4 月 17 日，法国人文主义者路易·贝尔坎（Louis Berquin，1490—1529）在巴黎被作为异端分子火刑处死。路易·贝尔坎于 1490 年在巴泗（Passy，今巴黎）出生。准确日期不详。他是伊拉斯谟的朋友和伊拉斯谟著作的法语译者，他也翻译马丁·路德、卡尔施塔特、梅兰希顿等人的著作，参与宗教改革。1523 年、1525 年、1526 年，他被巴黎大学和巴黎大理院判处为异端，但均被法国国王弗朗索瓦一世（François Ⅰ.，1494—1547）赦免。不过，1529 年这一次未能幸免，终于被火刑处死。

〔22〕 布拉班特（Brabant），今比利时中部一省份，首府布鲁塞尔，自 1477 年起，该地区属于哈布斯堡皇室，是由名为"雄狮公爵"（Löwen Herzöge）的封建贵族统治的小公国。中世纪时，布拉班特地区是比利时的各种行业、商业和文化中心。1535 年 6 月，伊拉斯谟从弗赖堡重返巴塞尔。此前他曾考虑前往的地方有布拉班特地区的布鲁塞尔和安特卫普。伊拉斯谟享年约 67 岁，1535 年约 66 岁。

〔23〕 拉伯雷致伊拉斯谟的信是用拉丁语写的。斯蒂芬·茨威格此处直接引用拉丁语：Salve itaque etiam atque etiam, pater amantissime, pater decusque patriae, litterarum assertor, veritatis propugnator invictissime。

〔24〕 拉伯雷约在 41 岁时给伊拉斯谟写信。当时伊拉斯谟约 66 岁。

〔25〕 保罗三世（Paul Ⅲ.，1468—1549），1534 年起任教皇直至逝世。1535 年 1 月，伊拉斯谟给保罗三世教皇写信表示祝贺。同年 5 月 31 日，教皇回信答谢。不久传来消息，教皇考虑在即将召开的主教会议上提议任命伊拉斯谟为红衣主教。伊拉斯谟婉言辞谢。参阅《年谱》1535 年记事〔1〕。

〔26〕 奥利金（Origenes，约 185—约 254），神学家，早期基督教希腊语教会之父。1527 年，伊拉斯谟编订完成《奥利金文集》，但此文集在伊拉斯谟身后出版。参阅《年谱》1527 年记事〔3〕、《年谱》1536 年记事〔4〕。

〔27〕 《圣经·旧约》第 18 篇《约伯记》载：约伯是个义人，却无端遭受天灾横祸，约伯的朋友们认为这是由于约伯获罪于上帝耶和华之

故。约伯反对此说。最后证明世人的祸福悉由上帝安排。尾声叙述约伯的朋友们认识错误，上帝则倍加赐福于约伯。《约伯记》以长篇诗剧形式讨论善人在世受苦并非由于自己有罪的哲理问题。在《圣经·旧约》各卷中唯《约伯记》将撒旦描写为上帝侍者中的一员，专司秉承上帝旨意察看和考验世人之职。后世将约伯比喻为虽经百般磨难仍对宗教信仰始终不渝的人。约伯的朋友则是忠诚的朋友。

〔28〕 低地德语（Niederdeutsch）是当时尼德兰人（佛兰德人、荷兰人）说的语言。

第十一章　伊拉斯谟的精神遗产

当生命垂危的伊拉斯谟把自己的精神遗产——欧洲和睦相处的理念作为自己最最崇高的使命留给未来的后代之时，尼科洛·马基雅维利[1]的那本饱受非议的《君主论》[2]——世界历史上最重要和最大胆的著作之一在佛罗伦萨问世。在这样一本数学般清楚明白地宣扬肆无忌惮的强权政治和恬不知耻的功利主义的教科书中，一词一句就像一本《教理问答》[2]似的一目了然，和伊拉斯谟精神背道而驰。伊拉斯谟要求君主们和各族民众把他们自己的要求——那些利己主义的帝国主义要求以自愿与和平的方式服从于所有世人的和睦社会，而马基雅维利则把强权意志——每一个君主和每一个民族国家所追求的强势——提升为他们的思想和行为务必遵循的唯一和最高目标。一个民族国家的所有成员都应该以似同一种献身于宗教的理念为自己国家的民族意识——国家利益至上——效劳。所有成员都必须为国家利益竭尽全力发挥自己的个人才能。国家利益必须成为一切历史发展唯一看得见的自身目的和最终目标。不择手段地实现这样的目标必须成为世界历史演变之中至高无上的使命。在马基雅维利看来，强权和实施强权是历史的终极意义，而在伊拉斯谟看来，历史的终极意义是正义。

于是，一切世界政治的两大永恒的基本形态从此为所有的时代形成了两个基本的精神分野：务实与理想，手腕与道德，国家的政治和人性的政治。在以哲学家的眼光观察世界的伊拉斯谟看来，按照亚里士多德、柏拉图和圣托马斯·阿奎那[3]的意思，政治属于伦理学的范畴：国家的引领者——君主首先应该是神性的仆人——道德理念的代表。与此相反，对国家事务的实际运作非常熟悉的职业外交家马基雅维利则认为，政治是一门不属于道德范畴和完全独立的科学。政治和伦理几乎毫不相干，就像天文学和几何学毫不相干一样。君主和国家的引领者不应该对"人性"抱有梦想，"人性"是一个模糊和笼统的概念。君主和国家的引领者应该完全不带感情色彩地把世人当作一种唯一有感觉的物质。君主和国家的引领者应该为自己和为自己的民族国家采取极端的心理手段充分利用人的力量和他们的弱点。君主和国家的引领者应该像弈棋者那样保持清醒冷静的头脑，绝不顾惜和宽恕自己的对手，而应该采取一切手段——无论是允许的还是不允许的手段——为自己的民族国家谋取最大限度的利益和霸主地位。马基雅维利认为，强权和扩大强权乃是一个君主和一国民众至高无上的义务，而取得成功则是他们无可非议的权利。

不言而喻，从此以后不是"伊拉斯谟精神"——不是进行调解和息事宁人的"人性的政治"贯穿于历史的现实之中，而是美化暴力原则的马基雅维利主义——按照《君主论》的精神果断地不择手段的"君主政治"决定着欧洲历史的戏剧性发展。一代又一代的外交家们从马基雅维利——这个目光十分敏锐的佛罗伦萨人所写的这本政治教科书中学到了自己冷酷的艺术：用铁和血划定并且一再重新划定国与国之间的边界。是互相对抗而不是互相合作消耗了蕴藏在欧洲各国民众之中的热情与能量。与此相反，伊拉斯谟的思想却从未造就历史，也没有对欧洲的命运产生过明显的影响。人文主义者的伟大梦想：以公正的精神消除对立——以共同的文化统一欧洲的梦想至今始终是乌托邦[4]。也许这个梦想在我们的现实生活中是难以实现和永远不可能实现的吧！

　　不过，各种对立的观点都可以在思想界占有一席之地。纵使在现实生活中从未显示出会取得胜利的理想也能始终作为一种动力在思想界发挥作用。而且恰恰是那些尚未实现的理想证明自己最难被忘却。所以，一种尚未实现的理念既不能被证明已经失败，也不能被证明是错误的。一种理念的出现都有其必要性，即便这种理念迟迟未能实现，也丝毫不能证明这种理念没有必要。恰恰相反，只有那些没有成为现实就已不成气候或者遭到诟病的理想才会作为道义的因素激励一代又一代的新人呢。只有那些尚未实现的理想才会反复出现呢。所以，人文主义者的理想——伊拉斯谟的理想：为在欧洲达成互相谅解所作的第一次显而易见的尝试虽然从未取得主导地位和几乎没有在当时的政坛发挥作用，但这并不意味着他的理想在思想界没有价值。他的理想没有成为主流的原因并不是他持中间立场的意愿在当时没有形成多数和结成一个宗派，而是人们几乎不能期待：他的那种像歌德一样超脱的最令人敬佩和最高尚的生活方式在当时能够成为芸芸众生精神生活的方式和内容。人文主义者的任何理想——建立在观察天下目光远大和内心洞悉一切基础上的理想——始终是一种精神贵族的理想，只有少数思想精英具备，并且由他们当作一笔精神遗产从这一个传给另一个，从这一代传给另一代。但从另一方面看，对我们世人未来共同命运所抱的信念在任何时代都不会完全消失，即便那是一个最最混乱的时代。感到失望而又不灰心丧气的伊拉斯谟老人在战争和欧洲纷争的混乱中留给后世的精神遗产无非是一切古老的梦想——关于世人未来和不可阻挡的日益人性化以及关于清醒正当的理性将会战胜短暂和利己的狂热的各种宗教和神话——的新版。伊拉斯谟用颤抖的和常常不听使唤的手第一次实际所描绘的理想一再以新的希望使欧洲的十代人和二十代人看到了光明。伊拉斯谟当时出于纯粹的道德力量用清醒的头脑所思考和所言谈的一切都不会完全徒劳无益。纵使用衰弱无力的手写就的一切并非十全十美，但却会启发思想界去不断寻求新的表达形式。在世俗社会遭到失败的伊拉斯谟的荣誉将永世长存，是伊拉斯谟用文字为博爱思想指明了深入世人内心的途径。博爱思想是最简单同时又是永恒的思想：世人最崇高的使命是要使世人变得越来越有人性、越来越有才智、越来越能互相理解。伊拉斯谟的学生蒙田[5]在他之后说，“非人性乃万恶之首”，蒙田还说，“以致我想起非人性就会不寒而栗”[6]。这就意味着蒙田在继续弘扬理解和容忍。斯宾诺莎要求以“理智的爱”[7]取代盲目的激情。既是怀疑论者又是理想主义者的狄德罗[8]、伏尔泰、莱辛为了弘扬理解一切的宽容理念而向思想的褊狭作斗争。在席勒[9]的诗歌中洋溢着人人友爱的精神。在康德[10]的著作中要求持久和平。伊拉斯谟的博爱思想一再被后人用新的形式弘扬，直至托尔斯泰、甘地[11]和罗曼·罗兰[12]。倡导相互理解的思想精英以合乎逻辑的力量要求自己拥有道义上的权利，而不只是君主拥有使用暴力的权力。恰恰是在天底下的纷争非常激烈的时刻，世人可能会获得和平的信念就会一再倏然出现，因为世人如果不把这样一种给世人带来安慰的梦想提升为道义上的要求——如果世人没有这样一种最后的和最终达成相互理解的梦想，世人将永远不可能生活和工作。让那些精明和冷酷的功利主义者们去一再证明伊拉斯谟精神是毫无希望的吧，让现实似乎会一次又一次地证明功利主义者们言之有理吧！而人世间总得有这样一些人，他们会指出各民族之间除了隔阂之外还需要团结，他们会重新唤起在世人内心深处的这样一种信念：一个未来的时代会更有人性。是伟大的预言在伊拉斯谟的精神遗产中创造性地发挥着作用。因为只有让思想精英伊拉斯谟超越自己的生活空间去从事弘扬普遍的人性——弘扬伊拉斯谟精神——伊拉斯谟才会有超越自身的分量。世人和各族民众只有当他们面临超越个人的挑战和面临几乎无法应对的各种挑战时，他们才会感觉到自身有令人敬佩的真正分量呢。

注　释

〔1〕 1469 年 5 月 3 日，意大利文艺复兴时期的政治思想家、历史学家
尼科洛·马基雅维利（Niccolò Machiavelli，1469—1527）出生在佛
罗伦萨（Florenz）一个没落贵族家庭，1494 年参加反抗梅迪奇家
族统治的起义，1498 年起任佛罗伦萨共和国掌管军事外交的"十
人委员会"秘书，负责起草政府文件和佛罗伦萨防务，1500 年出
使法国，他在法 5 个月亲身见闻了一个由君主治理的强大国家的实
情。1513 年梅迪奇家族在佛罗伦萨复辟，他遭逮捕和监禁。恢复自
由后，长期隐居在佛罗伦萨附近的祖传小庄园"圣卡西阿诺"（San
Casciano）。1513 年他完成名著《君主论》（Il Principe，1532 年出版，
一译《君王论》）。1527 年，梅迪奇家族被逐出佛罗伦萨，他重返佛
罗伦萨，新政权因其曾请求梅迪奇家族宽恕而不再任用他，遂忧悒
成疾。他是中世纪晚期意大利新兴资产阶级的代表人物，主张结束
意大利在政治上的分裂状态，他在《君主论》中认为共和制度无力
清除意大利四分五裂的局面，只有建立拥有无限权力的君主政体才
能使臣民服从，抵御强敌入侵。他在书中还强调，为达到政治目的
可以不择手段，只要有助于君主统治，一切权术、残暴、奸诈、伪
善、谎言和背信弃义等，都是正当的。他的这些直率主张被后世称
为"马基雅维利主义"，并使他落得一个不顾道义的恶名。他深知
自己是在开辟"一条前人从未走过的道路"。他是根据人性不变的
观点提出历史循环论和在研究人的基础上建立政治科学的第一人。
他的其他著作还有《论战争的艺术》和《佛罗伦萨史》等。1527 年
6 月 22 日，尼科洛·马基雅维利在佛罗伦萨去世。

〔2〕《教理问答》（德语 Katechismus），基督教教义的普及手册，通常
是一问一答的形式，主要内容包括教会信条、十诫、圣事与祈祷
等。欧洲宗教改革期间出现不少教理问答手册，其中最有名的是马
丁·路德的《小教理问答》、加尔文的《日内瓦教理问答》与著名的

《海德堡教理问答》。

[3]   1274 年 3 月 7 日，中世纪基督教神学家圣托马斯·阿奎那（意大
利语 San Tommaso d' Aquino，1224 或 1225—1274）在教皇国福
萨诺瓦（Fossanova）的西多会修道院突然因病去世。他于 1224 年
或 1225 年在意大利西西里王国阿奎诺（Aquino）附近的罗卡塞
卡（Burg Roccasecca）城堡出生，他的姓名原意是阿奎诺的圣托
马斯（阿奎那是我国史学界约定俗成的译名），准确日期不详。其
父母在神圣罗马帝国皇帝和教皇经常发生争议的边界地带拥有一片
不大的封建领地。其家族在教皇和皇帝发生在南意大利的内战中效
忠于皇帝而地位显赫。1230 年，约五岁的托马斯·阿奎那被送到家
乡附近卡西诺山的本笃会修道院受教育，家人无疑指望他将来成为
修道院院长，由于该修道院过分顺服教皇而被皇帝解散，他也被迫
回家。1239 年起，他在那不勒斯（Neapel）大学修读文科，并于
1243 年在该地加入多明我修士会（Dominikanerorden）。1245 年起，
他在巴黎师从知识渊博的大学者大阿尔伯图斯（Albertus Magnus）。
1248—1252 年，他跟随大阿尔伯图斯在科隆（Köln）的多明我修
道院工作。1252 年重返巴黎，在那里教课至 1256 年。1259 年被
任命为罗马教廷的神学顾问和神学教师，从此先后在奥尔维耶托
（Orvieto）、维泰博（Viterbo）和罗马为教廷工作。1269 年至 1272
年重又在巴黎工作。1272 年复活节返回意大利那不勒斯，为那不勒
斯大学建立多明我修士会研究院，并在该院授课。1274 年 1 月，教
皇格列高利十世亲自下令传召托马斯·阿奎那出席第二次里昂会议，
试图弥合拉丁语教会和希腊语教会的分裂，他在旅途中突然发病离
世。托马斯·阿奎那的传世之作是《神学大全》（Summa theologica）
和《反异族大全》。他还是一位诗人，写下赞颂圣餐的庄严优美的
诗篇。他认为哲学是根据人的理性，神学是根据天主的启示和教会
的权威，二者虽不互相矛盾，但有区别，并认为神学高于哲学。他
认为人是由物质的身体和精神的灵魂相结合构成，并认为人的灵魂
是实体，且具有不灭性。他认为人和社会的最终目的是要在天国享
受永恒的幸福。他主张君主制的政治制度以及教权高于王权、教皇
至上等。1323 年教皇约翰二十二世宣布其为圣徒。1567 年教皇庇

护五世宣布其为"普世教会博士"。

〔4〕1478 年 2 月 7 日，英国人文主义者、政治家、作家托马斯·莫尔（Thomas More，1478—1535）在伦敦出生，1517 年被任命为上诉法院院长，1523 年当选为众议院议长，1529 年任大法官。1534 年亨利八世强迫议会以法令形式宣告自己是英国国教最高首领，莫尔拒不宣誓承认。亨利八世遂下令逮捕莫尔，并于 1535 年 7 月 6 日以叛国罪在伦敦将其送上断头台。后莫尔被追认为天主教圣徒。莫尔的英语著作中重要的有《理查三世史》，拉丁语著作中最著名的是《乌托邦》（Utopia，1516）。"乌托邦"原意是乌有之乡。后世将"乌托邦"比喻为"空想"。

〔5〕1533 年 12 月 28 日，法国 16 世纪杰出的思想家和随笔大师米歇尔·德·蒙田（Michel de Montaigne，1533—1592）在蒙田城堡出生。蒙田出身富商家庭，家族原姓埃康（Eyquem）。祖辈曾在拉卢塞耶小镇（La Rousselle）的海港区经营数十年海运货栈，靠向英国出口熏鱼、葡萄酒等杂货发迹，遂成为富商。1477 年，曾祖父拉蒙·埃康（Ramon Eyquem）从采邑领主波尔多（Bordeaux）大主教手中买下蒙田古堡。该古堡坐落在波尔多以东一个名叫利波尔内的小村庄，属于法国行政区加斯科涅郡（Gascogne）。蒙田的父亲皮埃尔·埃康（Pierre Eyquem）年轻时曾随法国国王弗朗索瓦一世（François Ⅰ.，1494—1547）征战意大利，作为对他忠诚效劳的报答，他得到了蒙田领主（Sieur de Montaigne）这一贵族头衔。皮埃尔·埃康后来成为波尔多市的市长。1549 年，16 岁的蒙田到图卢兹（Toulouse）和巴黎的大学学习法学。1554 年，在父亲皮埃尔·埃康被选为波尔多市市长的同一年，蒙田被任命为该市税务法庭的推事。1557 年，蒙田任波尔多最高法院推事（Parlamentsrat）。1565 年，蒙田和波尔多一名议员的女儿结婚。1568 年，父亲皮埃尔·埃康去世，蒙田继承父亲的爵位和家产。1570 年，蒙田辞去波尔多最高法院推事官职。1571 年，38 岁的蒙田隐居蒙田古堡，并开始撰写随笔，同年，蒙田唯一成活的女儿莱奥诺出生。1580 年 6 月，蒙田离开蒙田古堡外出旅行，先到巴黎，然后途经瑞士、德国、奥地利，到达意大利。这次旅行的目的之一是到沿途的各著名温泉浴场治疗胆结

石。1581—1585 年，蒙田两次当选波尔多市市长。1592 年 9 月 13 日，蒙田因扁桃体严重发炎，在蒙田古堡家中去世。遗体于 1593 年安葬在波尔多的斐扬派修道院。

蒙田的传世之作是三卷《随笔集》，共 107 篇，各篇长短不一，结构松散，文笔自然。蒙田生活在 16 世纪后半叶的法国，当时的法国正处于文艺复兴后期，同时又是一个由加尔文的宗教改革所导致的宗教迫害和法国胡格诺战争（1562—1598）的时代。蒙田目睹了宗教意识的狂热和内战的无比残酷。文艺复兴的辉煌成就为蒙田的思想驰骋提供了无垠的天地，蒙田一生所经历的法国胡格诺战争则从相反的方面为蒙田对人的本性和人类的命运进行深刻的哲理思考提供了活生生的事实。无疑，蒙田《随笔集》是时代的产物，并开创了"随笔"这一文学体裁在欧洲的新纪元。蒙田《随笔集》既不是传记也不是历史著作，而是探讨人性的普遍问题，因而在各个不同的时代都具有现实意义。

〔6〕 "以致我想起非人性就会不寒而栗"，直接引用法语原文：que je n'ay point le courage de concevoir sans horreur。

〔7〕 "理智的爱"，引用拉丁语原文：amor intellectualis。

〔8〕 1713 年 10 月 5 日，法国 18 世纪思想家和作家狄德罗（Denis Diderot）在法国的朗格勒（Langres）出生。父亲是剪刀和刀具作坊业主。狄德罗由于主编当时的法语版《百科全书》（*Encyclopédie*）而成为法国启蒙运动的中坚人物。1732 年，狄德罗获巴黎大学文科硕士学位，后曾学习法学，但他更感兴趣的是语言、文学、哲学和高等数学。1741 年，他和卢梭相识，两人之间的友谊维持 15 年之久。1746 年，狄德罗发表第一部著作《哲学思想录》，对基督教进行无情的攻击。1749 年，发表《给有眼人读的论盲人的书简》，大胆宣扬无神论，强调人的认识依赖于感觉器官，从而被判处三个月监禁。《百科全书》的出版持续 21 年（1751—1772），其间屡遭政府的干涉和禁止。此书的出版使狄德罗分文不名，为使他摆脱经济上的困境，俄国女皇叶卡捷琳娜赐予他一份终身年金。狄德罗于 1773 年前往圣彼得堡向她表示谢意，并希望她能成为开明君主和进行政治改革，在俄国逗留五个月后幻想破灭而归。狄德罗的文学作品有小说《修

女》、《宿命论者雅克和他的主人》、《拉摩的侄儿》。其中最著名者为《拉摩的侄儿》，1805 年，歌德将此小说译成德语。该小说采用对话体。小说假托狄德罗在巴黎一家咖啡馆遇见著名音乐家拉摩的侄儿。此人既是一个有天赋的音乐家，又是一个穷困潦倒的豪门食客。他和狄德罗交谈，一面自嘲一面发表他对人生和社会的看法。他并不认为自己过的是正当、合理的生活，他之所以玩世不恭，是因为社会本身不道德，只有同流合污才能生存下去。小说反映了封建制度下人与人之间的关系，揭示了新兴的市民阶级的心理活动。狄德罗创作的剧本有《私生子》、《一家之主》，文艺理论著作有《论戏剧诗》、《论演员的矛盾》、《画论》等。重要的哲学著作有《对自然的解释》等。狄德罗于 1784 年 7 月 31 日在巴黎去世。

〔9〕　此处所说"在席勒的诗歌中洋溢着人人友爱的精神"是指席勒的著名诗篇《欢乐颂》。1759 年 11 月 10 日，德国伟大诗人和剧作家约翰·克里斯托夫·弗里德里希·冯·席勒（Johann Christoph Friedrich von Schiller）在德国符腾堡（Württemberg）的内卡河畔马尔巴赫（Marbach am Neckar）出生。父亲卡斯帕尔是外科医生，当过军医。母亲姓科特韦斯，是面包师的女儿。他有一个大两岁的姐姐克里斯托菲娜。席勒出生时他的父亲正随军出征。1766 年举家迁往符腾堡卡尔·欧根（Karl Eugen）公爵的行宫所在地路德维希堡。1773 年年初，卡尔·欧根公爵将 13 岁的席勒选入自己创办的卡尔军校（Karlsschule），1780 年年底席勒毕业后在一个步兵旅当卫生员。席勒在军校时就已开始秘密创作反抗暴君的剧本《强盗》，1781 将该剧本送到公爵领地之外的曼海姆出版，次年在那里公演，引起广泛注意，但公爵感到不悦。1782 年 9 月 22 日夜席勒逃出斯图加特到达曼海姆，在该地任剧院编剧，1789 年 3 月经歌德介绍到耶拿大学任历史教授。1790 年 2 月和夏洛特·冯·伦格费尔德（Charlotte von Lengefeld）结婚。自 1791 年起席勒患重病。1794 年起和歌德结成深厚友谊。1802 年 11 月，魏玛公爵封赠席勒为贵族，从此他的姓名中多了一个表示贵族的词"冯"（von）。席勒的作品，除诗歌（哲学诗、叙事谣曲）外，主要是剧本：一、表现狂飙突进运动思想的有《强盗》、《斐爱斯科》、《阴谋与爱情》；二、古典主义韵

文剧本有《唐·卡洛斯》、《华伦斯坦》三部曲、《墨西拿的新娘》、《威廉·退尔》；三、反对拿破仑战争的剧本《奥尔良的姑娘》。席勒的美学著作有《论秀美与庄严》、《论人的审美教育书简》、《论素朴与感伤的诗》、《论悲剧艺术》等。史学著作有《尼德兰衰亡史》、《三十年战争史》等。但使后世经常想起席勒的是他的诗歌《欢乐颂》，这首诗随着贝多芬的第九交响曲（《合唱交响曲》）传遍天下。席勒于 1805 年 5 月 9 日在魏玛病逝，遗体于 1827 年迁葬魏玛陵墓，后来歌德也安葬于此，称为"歌德席勒合陵"。

〔10〕 1724 年 4 月 22 日，欧洲启蒙运动时期伟大的思想家伊曼纽尔·康德（Immanuel Kant）在当年东普鲁士（Ostpreußen）的柯尼斯堡（Königsberg，今在俄罗斯境内，前苏联时称加里宁格勒）出生。他是德意志人，父亲是马鞍匠。母亲是没有上过学的德意志妇女，双亲都是新教路德宗的虔诚信徒。祖籍苏格兰。1740 年入柯尼斯堡大学哲学院修读，毕业后任家庭教师九年，1755 年获哲学博士学位，后任柯尼斯堡大学讲师、教授、哲学院院长和校长，1797 年退休，1804 年 2 月 12 日在柯尼斯堡逝世。1754 年以后，康德发表自然科学论文多种，1775 年发表《自然通史和天体论》、《宇宙发展史概论》，提出关于太阳系起源的星云假说，把太阳系的形成视为物质按其客观规律运动发展的过程，论证了自然界不断变化、发展的辩证思想，在哲学史上起革命性的作用。1770 年以后，康德致力于哲学和社会理论问题的研究，在哲学上企图调和唯物主义和唯心主义，主要代表作有《纯粹理性批判》（*Kritik der reinen Vernunft*，1781，实为"认识理论"：Erkenntnistheorie）、《实践理性批判》（*Kritik der praktischen Vernunft*，1788，实为"伦理学"：Ethik）、《判断力批判》（*Kritik der Urteilskraft*，1790，实为"美学"：Ästhetik）、《论永久和平》（*Zum ewigen Frieden*，1795）等。

〔11〕 1869 年 10 月 2 日，印度民族解放运动领导人、非暴力不合作运动倡导者甘地（Mohandas Karamchand Gandhi）出生在印度西部波尔班达尔（Porbandar）土邦的班尼亚种姓商人家庭。甘地在印度享有"圣雄"（伟大的心灵）称号。其父曾任土邦大臣，母亲是虔诚的印度教徒。甘地 1888 年留学英国，修读法学。在英期间，与

社会主义者、无政府主义者、基督徒以及神智学者广泛交往，深受基督教《新约》博爱思想和俄国列夫·托尔斯泰非暴力主义以及英国 J. 鲁斯金《致后来者》一书的影响，反对暴力，主张忍让。1891 年取得律师资格回国。1893 年开始在南非从事律师职业，处理印度商行的诉讼，同情华工疾苦，并领导 10 余万南非印度人反对种族歧视的斗争。1909 年在南非发表《印度自由》一书，阐述争取印度自由的思想，为以后返回印度从事反英斗争奠定了思想基础。甘地在南非因从事"坚持真理"斗争而出名。甘地在第一次世界大战爆发后回到印度。1920 年印度国民大会党年会确认非暴力不合作运动为党的反对殖民统治的主要斗争手段，从而确立了甘地在党内的领袖地位。同年开展第一次全印范围内的非暴力不合作运动，得到印度资产阶级的全力支持。1924 年当选为国大党主席。第二次世界大战期间，甘地虽已到垂暮之年，仍积极投身政治活动。由于英国坚持不准印度独立，他于 1942 年 8 月 8 日发动要求英国"退出印度"运动。英国早有准备，以致运动刚一开始，即遭到残酷镇压，这在一定意义上标志着甘地时代的终结。第二次世界大战后，L. 蒙巴顿提出印度巴基斯坦分治方案。甘地开始对此竭力反对，后在权衡得失后，欣然接受，同时呼吁民众团结一致，结束教派流血冲突。甘地在个人生活上奉行禁欲和苦行。在反英斗争中先后绝食 17 次。"坚持真理"和"非暴力不合作"是甘地思想的核心。1948 年 1 月 30 日，甘地在德里做晚祷时被大印度教主义准军事性极端组织"民族服务团"的成员 N. V. 戈德赛开枪暗杀，终年 79 岁。甘地为印度独立事业做出过卓越贡献，但其思想显然已不再适应独立后的印度。

〔12〕1866 年 1 月 29 日，法国作家、社会活动家罗曼·罗兰（Romain Rolland）在法国中部高原上的涅夫勒省（Nièvre）的克拉姆西（Clamecy）出生，15 岁随父母迁居巴黎。他从小就在母亲的熏陶下养成了对音乐的爱好，到巴黎上中学后醉心于列夫·托尔斯泰和雨果的作品，形成了自己主张非暴力的人道主义思想。罗曼·罗兰于 1886 年考入巴黎高等师范学校，开始与列夫·托尔斯泰通信，毕业后获中学历史教师资格，赴罗马研究历史，回国后从 1893—

1895 年在中学任教，1895 年 6 月获文学博士学位，10 月到巴黎高等师范学校教授艺术史，同时开始戏剧创作，在社会主义思潮影响下参加了"人民戏剧"运动，创作了《群狼》、《丹东》等以法国大革命为题材的"革命剧"。20 世纪初，他开始为自己所崇拜的作家和艺术家写传记，其中主要有《贝多芬传》、《米开朗琪罗传》、《托尔斯泰传》。自 1904 年起，他创作最著名的长篇小说《约翰·克利斯朵夫》，至 1912 年完成，共 10 卷。全书出版后荣获法兰西学院文学大奖，从此成为职业作家。罗曼·罗兰的其他重要作品还有长篇小说《格莱昂波》、《母与子》（一译《欣悦的灵魂》）、《甘地传》等。罗曼·罗兰除写作外，还积极参加反战运动，第一次世界大战爆发不久，就发表了一系列反战文章，后来结集为《超越混战之上》（1915）。由于其杰出的文学成就和反战态度，瑞典文学院不顾法国政府的阻挠，于 1915 年授予他诺贝尔文学奖，但这次授奖推迟到 1916 年年底才宣布，没有举行授奖仪式，因为他被法国的民族主义者和沙文主义者视为法国的"人民公敌"。罗曼·罗兰于 1944 年 12 月 30 日在法国约讷省（Yonne）的韦兹莱（Vézelay）去世。

伊拉斯谟年谱

舒昌善　编写

1469　10月27日至28日夜间，文艺复兴时期北欧（荷兰）最伟大的人文主义者德西德里乌斯·伊拉斯谟（Desiderius Erasmus）出生。他是教士罗歇·赫拉德（Roger Gerard，此名字的拉丁语拼写：赫拉德·罗格里乌斯 Gerard Rogerius）和一位鹿特丹医生的女儿玛格丽特（Margarete）生育的第二个非婚子，他们的第一个非婚子是比伊拉斯谟年长三岁的哥哥彼得·赫拉德（Peter Gerard）。伊拉斯谟和他哥哥可能均在鹿特丹出生。但父亲的亲属不住在鹿特丹，而是住在离鹿特丹12英里的豪达（Gouda）。由于伊拉斯谟是非婚子，他对自己的出身非常敏感。他成名以后对自己身世的描述既充满悲情又不完全符合事实，据他自己的想象，父亲年轻时和一位寡妇（Margarete）私通，因为他希望娶这位医生的女儿为妻。可是父亲的父母和兄弟们都不赞同，教他听从天主的旨意，于是父亲不得不在孩子出生前背井离乡，浪迹罗马，以抄书为生。他的亲属编造消息说，他的心上人已经去世。年轻的父亲悲恸欲绝，便当上了教士，等他回到家乡，他才发现原来是亲戚们欺骗了他。他谢绝与心上人来往，因为身为教士的他再也不可能娶她。母亲（Margarete）继续照料孩子，但母亲不幸于1483年死于瘟疫，随后父亲也死于瘟疫。有学者指出，伊拉斯谟自述的回忆并非全是事实，他的父亲在生育伊拉斯谟的那场恋情发生时很可能已经是教士。

伊拉斯谟是教名。圣·伊拉斯谟（St.Erasmus）原是名列第 14 位的殉道圣徒。15 世纪的荷兰人用圣徒的名字作为自己的教名是常事。或许当时一般人相信，起名伊拉斯谟会给人带来财运。在这个名字之前加上德西德里乌斯（Desiderius）是他自己的选择，这和早期基督教著名教士和神学家圣哲罗姆（Jerome，340?—420?）有关，在圣哲罗姆的信札里有一位友人叫德西德里乌（Desideriu）。伊拉斯谟初次使用德西德里乌斯是在 1496 年。他第一次使用全名：鹿特丹的德西德里乌斯·伊拉斯谟（拉丁语：Desiderius Erasmus Roterodamus）是在 1506 年第二版《古代西方名言辞典》（*Adagia*）上的署名。

伊拉斯谟的出生年份，20 世纪下半叶的文献一般均记载为约 1469 年。但此前的文献大都记载为"约 1466 年"，如荷兰历史学家、研究伊拉斯谟的学者约翰·赫伊津哈（Johan Huizinga，1872—1945）在其于 1924 年出版的《伊拉斯谟传》（英译名：*Erasmus and the Age of Reformation*）中将伊拉斯谟的出生年份记为"大约是 1466 年"，因此他对伊拉斯谟年龄的推算常常和伊拉斯谟的自述不相一致，而他却说"伊拉斯谟对年代的感觉很差，常差得令人吃惊"。（参阅［荷］约翰·赫伊津哈著、何道宽译《伊拉斯谟传——伊拉斯谟与宗教改革》，广西师范大学出版社，2008 年 10 月第 1 版，第 5 页。）而实际情况是，赫伊津哈自己对伊拉斯谟出生年份的认定可能和伊拉斯谟的自述不一致。

1473　不到四岁的伊拉斯谟和比他年长三岁的哥哥一起被送到豪达（Gouda）上私人授课班。

1474　伊拉斯谟参加乌得勒支（Utrecht）主教堂唱诗班一年。

1475　伊拉斯谟被送到德温特（Deventer）进入著名的圣勒宾（St.Lebuin）分校学习，他在这里结识了佛兰德的人文主义者鲁道夫·阿格里科拉（Rudolf Agricola），随后伊拉斯谟又在黑措根布施（Herzogenbusch）进入共同生活兄弟会办的学校学习，直至1484年。

共同生活兄弟会是天主教修士会组织，1381年由荷兰神秘主义者格鲁特在荷兰德温特创立。该修士会修士不发三绝（绝财、绝色、绝意）誓愿。（绝意是指没有自己的意愿，一味服从教会和教士，也不接受施舍，专事"内心修养"，效法耶稣基督之道。）

1483　伊拉斯谟的母亲因染上瘟疫（鼠疫）病逝。

1484　伊拉斯谟的父亲因染上瘟疫（鼠疫）病逝。伊拉斯谟离开德温特。

1485　伊拉斯谟在豪达（Gouda）附近的斯泰恩（Steyn）进入圣奥古斯丁诵经会的修道院（德语：Kloster der Augustinerchorherren）当修士。

1488　斯泰恩的圣奥古斯丁修道院为伊拉斯谟举行修道士宣誓仪式。

1492　〔1〕4月25日，伊拉斯谟在荷兰乌得勒支（Utrecht）被授予天主教教士圣职。主持仪式的是勃艮第公爵任命的乌得勒支教区主教。有人揣测，他之所以接受教士圣职和他谋划离开修道院有关。

伊拉斯谟被授予天主教教士圣职，是他生平中的一个节点。此前的生平年表大都属于推算，此后的履历有文字记载。斯蒂芬·茨威格所著《鹿特丹的伊拉斯谟——辉煌与悲情》于1934年在维也纳出版，所依据的文献大都为20世纪20年代至30

年代的记载。故斯蒂芬·茨威格有关伊拉斯谟早年生活的记述和本书中《伊拉斯谟年谱》略有出入，不过，只是年纪的大小有些不同，不影响伊拉斯谟发表著作的年份。

〔2〕年底，伊拉斯谟离开在斯泰恩的圣奥古斯丁修道院。

1493　〔1〕是年起，伊拉斯谟任康布雷（Cambrai，今在法国境内）教区主教贝尔根的亨利（德语：Heinrich von Bergen，姓名中的贝尔根〔Bergen〕是地名）的拉丁语秘书。原打算陪同这位主教前往罗马申请红衣主教圣职，但最终并未成行。伊拉斯谟离开斯泰恩的修道院得到乌得勒支主教的批准，也得到该修道院院长和教长的认可。当然，他名义上不可以永远离开修道院，即使在任康布雷主教的拉丁语秘书期间，伊拉斯谟依然是教士身份。他身为教士但实际上过的是世俗知识分子生活，这在当时相当普遍而令人羡慕，但需得到大人物的庇护。伊拉斯谟的恩主是来自比利时的最高贵的家族——格莱姆家族。该家族是勃艮第王朝的亲信，为勃艮第的繁荣昌盛做出过贡献。

〔2〕是年，结识贝尔根（Bergen）市政厅秘书詹姆斯·巴特（James Batt，1464?—1502），以后成为好友。

〔3〕是年，伊拉斯谟在康布雷主教的一幢坐落在哈尔斯特伦的别墅里将自己在斯泰恩修道院完成的《反对蒙昧主义》改写为对话形式。

1494　是年春，完成对话形式的《反对蒙昧主义》（*Antibarbari*），但当年并未出版，26 年后，1520 年在对原来的内容作了修改后出版。

1495　〔1〕夏末，在贝尔根的亨利主教资助下进入著名的巴黎大学蒙太古神学院（Collège de Montaigu）攻读经院神学。

蒙太古神学院于 14 世纪初由一位法国的卢昂（Louans）大主

教兼慈善家创立，坐落在巴黎的拉丁区，1500 年校舍周边改建以前，此处的肮脏小巷相互交错，在交叉的三角地上有神学院、修道院、大教堂、小教堂、旅馆以及满足生活需要的各种设施（包括图书馆乃至妓院，但结果是神学院的学生不得不结伴而行，以免精神与肉体被花花世界腐蚀）。在巴黎上大学，不管学生的地位如何，似乎都必须穿某个学院的统一式样的长袍。蒙太古神学院的学生由于身穿灰色的学院长袍，所以外号叫"长袍儿"（Capettes）。蒙太古神学院在 1789 年法国大革命期间遭查禁，不久被拆除。

蒙太古神学院在 15 世纪一度式微，这种颓势在 15 世纪最后几年得以扭转，这应该归功于扬·史丹东克（Jan Standonck）的领导。此人是共同生活兄弟会（德语：Brüder des gemeinsamen Lebens）的成员。该会是尼德兰国家推动改革修道院生活为宗旨的组织，奉行严苛的纪律。

伊拉斯谟于 1495 年至 1496 年在史丹东克领导下的蒙太古神学院修读两年，其间经常回荷兰。当时这所神学院同那些缺钱缴纳学费的人敞开大门。伊拉斯谟属于清寒生（collegium pauperum），可免缴学费，但必须承担打理内部杂务的工作。他在其《拉丁语常用会话》（Colloquies）最后一版中自述了自己对蒙太古神学院的回忆：教学和管理人员严酷如暴君；院内环境肮脏不堪，四处弥漫着厕所的臭气。伊拉斯谟写道：

甲：你从哪里来？

乙：蒙太古神学院。

甲：那你必定头戴桂冠啦？

乙：哪里？满头虱子。

伊拉斯谟在巴黎蒙太古神学院修读时，和在巴黎的意大利人文主义者以及法兰西人文主义者有接触，并和福斯托·安德烈里尼（Fausto Andrelini）结成友谊，认识法兰西历史学家罗贝尔·加甘（Robert Gaguin, 1433—1501），法国历史学家，他代表作有《法兰克人的起源和业绩》、《法兰西历史纲要》等。

〔2〕9月30日，罗贝尔·加甘的拉丁语著作《法兰克人的起源和业绩》（*De origine et gestis Francorum Compendium*）付印。全书136对页，剩余两页空白。伊拉斯谟为了救急，用一封拉丁语赞美信（*Laudatio*）去填补空白，从而使伊拉斯谟的名字首次出现在出版物中。许多年后，后世铭记《法兰克人的起源和业绩》的主要原因竟是由于伊拉斯谟的名气。

1496　〔1〕伊拉斯谟的一本篇幅不大的拉丁语诗集在巴黎出版。他将诗集献给自己在蒙太古神学院结识的朋友——苏格兰人赫克托耳·博伊斯（Hector Boys）。

〔2〕是年春，伊拉斯谟疾病缠身，决定中断在蒙太古神学院的学习，离开巴黎。他先回贝尔根（Bergen），受到康布雷主教的欢迎，病愈不久，又回到荷兰看望老朋友。

〔3〕是年秋，伊拉斯谟在朋友们的敦促下重返巴黎，但没有再去蒙太古神学院借宿。他尝试依靠给富家子弟私人授课谋生。在他的学生中，有寄居在奥古斯丁·文森特（Augustine Vincent）府上的德国商人诺德霍夫（Nordhoff）的三个儿子：吕贝克（Lübeck）、克里斯蒂安（Christian）和海因里希（Heinrich）；还有英国人：芒乔伊四世男爵威廉·布朗特（William Blount, 4th Baron Mountjoy）、托马斯·格雷（Thomas Grey）和罗伯特·费希尔（Robert Fisher）。他为自己的学生代拟书信。这些书信文笔风趣流畅，甚至略带香艳。他为自己的学生自编教材。这些教材后来成为他的名著的基础，譬如他给诺德霍夫的孩子们编写了一本拉丁语小册子《拉丁语常用会话范本》（*Familiarium colloquiorium formulae*）。这本小册子日后成为他的世界知名的《拉丁语常用会话》（*Colloquia*）的核心内容。他又为罗伯特·费希尔编写了《拉丁语尺牍指南》（*De conscribendis epistolis*）的第一稿。这部论拉丁语书信艺术的名著，很可能是以洛伦佐·瓦拉（Lorenzo Valla）的《论典雅》（*Elegantiae*）一书为蓝本。瓦拉的这部著作是"论纯正的拉丁语"，是伊拉斯谟青年时代文化导航的指路明灯。伊拉斯谟还编写了一部启蒙书籍《丰富多彩的拉丁语词汇》（*De copia verborum ac verum*），此书提供了大量拉丁语词汇，是伊拉斯谟日后篇幅更大的《论拉丁语学习方法》（*De ratione studii*）的雏形。

1498　伊拉斯谟在蒙太古神学院获神学学士学位。

1499　〔1〕年初，经好友詹姆斯·巴特（James Batt）引见，前往地处加来（Calais）和圣奥梅尔（St.Omer）之间的图尔内翰（Tournehem）城堡，拜访法国贵族维尔的贵夫人（Lady of Veere，又称波尔斯林的安娜：Anna of Borselen），这位维尔的贵夫人一度成为伊拉斯谟的赞助人。

〔2〕5月，伊拉斯谟接受一名自己私人授课的学生芒乔伊四世男爵威廉·布朗特的邀请，第一次前往英国。他在英国和托马斯·莫尔结为莫逆之交，有一次，伊拉斯谟在莫尔陪同下散步至埃尔特姆宫（Eltham Palace），巧遇英国王室成员簇拥着九岁的小亨利（即英国国王亨利八世）。不久，伊拉斯谟敬献颂诗给这位小王子。伊拉斯谟在英国还结识了当时英国著名的人文主义学者约翰·科利特。

〔3〕10月，伊拉斯谟造访牛津大学。

〔4〕12月5日，伊拉斯谟从伦敦致信当时在意大利的罗伯特·费希尔（Robert Fisher），盛赞伊拉斯谟自己在英国新结识的朋友和英国高尚的文化氛围。

1500　〔1〕年初，伊拉斯谟从英国回到巴黎，钻研希腊语，并完成《古代西方名言辞典》（拉丁语：*Adagia*，全名：*Adagiorum* *collectanea*），然后由约翰·菲利皮（John Philippi）在巴黎出版。此书是古代希腊语和拉丁语经典作家的名言和《圣经》名句以及基督教教会之父名言的拉丁语版汇编。初版时收录 818 词条。此书主要以道德训词为主题，介绍古代思想家生平及其思想，并加上伊拉斯谟的评注。书的内容不但有古代基督教的思想，也包括古代非基督教的思想。此书的出版使伊拉斯谟一举成名，誉满欧洲。此书在伊拉斯谟有生之年约有六十种版本，在 16 世纪共计有 137 种版本。从书的内容看，此书充分体现伊拉斯谟的"善与圣"相结合的理念，即"人性从善与基督教信仰相结合"的理念。"圣"或"神圣"在西方文化中的内涵，有时是指基督教、基督教会、基督教信仰，如"德意志民族神圣罗马帝国"的意思是"信奉基督教的罗马人后裔德意志人的国家"。

〔2〕是年，伊拉斯谟在巴黎编写完成《拉丁语尺牍指南》（*De conscribendis epistolis*），但当年没有出版，1522 年才出版。

〔3〕是年，伊拉斯谟在法国奥尔良游学六个月。

1501

〔1〕是年春，伊拉斯谟由于害怕黑死病瘟疫（鼠疫）而离开巴黎，他先回荷兰，向斯泰恩修道院再次告假一年。

〔2〕6 月，伊拉斯谟为了躲避当时黑死病瘟疫（鼠疫）再次离开巴黎，在维尔的贵夫人的图尔内翰城堡和自己的好友巴特（James Batt）度过了一段安静的时光。巴特的一个朋友之妻请巴特向伊拉斯谟求情，希望伊拉斯谟为她的丈夫写些道德规劝之类的文字，好使她的丈夫在灵魂救赎方面得到精神指导。因为她的丈夫是一名军人（有文献记载，这个军人名叫特拉津尼斯的约翰：John of Trazegnies），对妻子态度粗暴，既没有文化又敌视基督徒，但听说他对伊拉斯谟有敬佩之心。于是伊拉斯谟编写了《基督徒军人之手册》（*Enchiridion Militis Christiani*），书名中 enchiridion 一词在拉丁语中有两项词义：一是手中的小型武器。如，短剑、匕首；另一项词义是手中的小型书本，如，

手册。所以，这个书名一语双关。这是一部希腊语和拉丁语古典格言警句的注疏汇编，对象是有教养的基督徒军人，内容广泛。关于此书的述评参阅《年谱》1503 年记事〔2〕。

〔3〕是年秋，伊拉斯谟在法国北部暂住相当长一段时间，他先在圣奥梅尔（St.Omer）的圣伯廷修道院作客，然后在附近的科特波恩城堡作客，直至 1502 年夏天。伊拉斯谟在圣奥梅尔结识了圣伯廷修道院院长让·维特里耶（Jean Vitrier，拉丁语姓氏拼写：Vitrarius，维特拉利乌斯）。伊拉斯谟认为，维特里耶是真正的圣贤，是最受人尊重的布道师之一。他是方济各修士会修士，但他直率地抨击修道院生活的弊端，因而受到巴黎大学的谴责，不过，维特里耶并没有因此而放弃修道院生活，仍致力于改良男女修道院的制度。维特里耶对基督徒应该如何生活的观念相当开明，强烈反对违背人性的传统惯例和繁文缛节，这显然和伊拉斯谟的人文主义思想一致。维特里耶十分赞同伊拉斯谟在《基督徒军人之手册》中所表达的理念。

〔4〕是年，伊拉斯谟出版自己编订的西塞罗所著《论义务》。这是他编订的第一部古代经典著作。

1502　〔1〕是年春，好友詹姆斯·巴特去世。伊拉斯谟为纪念巴特，编订了《反对蒙昧主义》（*Antibarbari*）一书。但当年并未出版，18 年后的 1520 年才出版。

〔2〕是年，维尔的贵夫人（英语：Lady of Veere）安娜再婚。伊拉斯谟失去一位重要的赞助人。

〔3〕夏末，伊拉斯谟为躲避鼠疫首次去卢万（Louvain，当时的法语地名，今已通过法令废弃，改为荷兰语地名 Leuven：勒芬。勒芬是今比利时中部城市，属佛来芒语区。该城是公元 9 世纪德意志王族为抵御诺曼人入侵而建的要塞）。1425 年，该城创建卢万大学，目的是要让荷兰人的精神生活不依附法兰西的文化传统。16 世纪初，卢万天主教大学是传统（保守派）神

学的重镇之一，但也是研究古代文献和古代语言的中心之一。伊拉斯谟此次去卢万，是由时任该大学圣彼得学院院长和神学教授的大同乡——乌得勒支的阿德里安（Adrian von Utrecht, 1459—1523）的推荐，谋得在卢万大学教课的机会。乌得勒支的阿德里安，原是神学教授，曾先后任教长、荷兰乌得勒支主教，后任教皇，称阿德里安六世（Adrian VI., 任教皇时间为 1522—1523），是历史上唯一一位荷兰籍教皇。由于卢万生活费用昂贵，加之伊拉斯谟仅有课时费收入，所以他靠卖文为生，替别人作序或从事文字翻译，如伊拉斯谟曾将利巴尼乌斯的《讲演录》（*Declamationes*）从希腊语译成拉丁语，献给阿拉斯的主教兼卢万大学校长。

利巴尼乌斯（Libanius, 314—393），希腊修辞学家，在君士坦丁堡等地办学和演讲，一生致力于维护古希腊文化传统。

〔4〕10 月，康布雷主教贝尔根的亨利去世。伊拉斯谟失去一位恩人。

1503　〔1〕是年，伊拉斯谟结束在卢万的教课，回到荷兰。

〔2〕是年，《基督徒军人之手册》以手抄本形式发表。此书编写于 1501 年，1504 年正式出版，1509 年刊印第 2 版，1515 年刊印第 3 版，1518 年刊印新版。此书从 1515 年以后成为一部相当流行的著作，六年间一连重印 23 次。欧洲有教养的基督徒军人和普通基督徒（非神职人员和非教士）满怀热情阅读此书，此书虽然在形式上是一部希腊语和拉丁语古典格言警句的注疏汇编，主要对象是有教养的军人，但实际上是向普通基督徒传递非传统神学的新观念：指出普通基督徒有能力改革并更新教会。虽然神职人员可能会帮助普通基督徒了解教义，但神职人员并不具有超然地位。宗教信仰是人的内在精神。普通基督徒能够通过阅读《圣经》深化自己对天主的认识。更为重要的是，《基督徒军人之手册》强调基督徒个人修养的重要性，而不过于注重教会的各种形式化的教规。

实际上，伊拉斯谟是借《基督徒军人之手册》概述自己的宗教改革思想，而这种思想和马丁·路德无关，因为伊拉斯谟编写《基督徒军人之手册》的当年，18 岁的马丁·路德才刚进入爱尔福特（Erfurt）大学修读法学。《基督徒军人之手册》的一个具有极大吸引力的论题是：基督徒应回归教会之父们的著作和《圣经》原文，这样就可以重振教会在基督徒心中的威望。

1504

〔1〕1 月 6 日，伊拉斯谟宣读献给勃艮第公爵腓力一世的《颂词》(Panegyricus)。1504 年 2 月，安特卫普的梅尔滕斯（Maertensz）印刷所刊印《颂词》的第一版。腓力一世（Philipp I.，1478—1506，雅号美男子: der Schöne），奥地利大公爵、勃艮第公爵、尼德兰君主。其父马克西米利安一世（Maximilian I.，1459—1519）是神圣罗马帝国皇帝（1486—1519 年在位），其母马利亚（Maria，1457—1482）是勃艮第女大公。其父和其母在 1477 年成婚时，其母将勃艮第的疆土尼德兰作为"嫁妆"划归哈布斯堡皇室。其母于 1482 年逝世后，美男子腓力一世成为尼德兰君主。1496 年 10 月，腓力一世和西班牙两国王斐迪南二世与伊莎贝拉一世生育的女儿胡安娜（Juana）结婚，腓力一世和胡安娜生育的长子是查理一世（即后来的神圣罗马帝国皇帝卡尔五世，Karl V.，1500—1558）。腓力一世一度在西班牙和自己的岳父母——西班牙两国王相聚，1503 年从西班牙返回尼德兰，为庆祝其回国，时任卢万大学发言人的让·德马雷（Jean Desmarez）委托伊拉斯谟撰写一篇《颂词》，因为伊拉斯谟自 1502 年夏末至 1503 年主要是在卢万大学执教，而且自伊拉斯谟编订的《古代西方名言辞典》于 1500 年出版之后，其声名鹊起，被视为拉丁语大师。所写献给腓力一世的《颂词》果然文辞华美。"颂词"（希腊语: panegyric）源自希腊语"集会"（panegyris）一词。在古希腊宗教中，民众为崇奉某个神祇而在某个固定日期举行集会。集

会的活动包括祈祷、宴会和游行，但更吸引民众的是娱乐、比
赛、集市和演讲（即"颂词"）。颂词通常皆为歌功颂德的演
讲。演讲者往往利用希腊各城邦的民众集会之时详述希腊各城
邦过去的光荣历史，并宣扬希腊人的团结。时至公元 16 世纪，
颂词基本可分三类：在节日颂扬著名历史人物；在名人葬礼上
发表颂扬逝者的演说；竞选公职获胜者发表的致谢演说。学术
界普遍认为：伊拉斯谟的《颂奥地利大公腓力》虽然旨在颂
扬，但其主要内容则是和《基督徒君主之教育》一脉相承，中
心思想是：培养一位贤明的君主，最重要的是进行人文主义
教育。国人或许不能选择自己的君主，但至少有能力通过推举
那些能培养君主懂得为君之道的人，以确保君主统治的公正。
《颂奥地利大公腓力》的中译文全文参阅［荷］伊拉斯谟著、
李康译《论基督君主的教育》（李康的中译本书名如是），上海
人民出版社，2003 年 11 月第 1 版，第 189—220 页。

〔2〕是年，《基督徒军人之手册》在安特卫普由出版商狄尔
克·梅尔滕斯（Dirck Maertensz）正式出版。在 16 世纪的欧
洲（神圣罗马帝国版图内的各国），人人都是基督徒。伊拉斯
谟在其各种著作中所言的"基督徒"可理解为"每一个人"的
代指，《基督徒军人之手册》的意思是"每一个军人之手册"，
"基督徒君主"的意思是每一位君主。所以，伊拉斯谟的著作
不仅具有当时的历史意义，同时也具有普遍意义和对后世的现
实意义。

〔3〕是年夏，伊拉斯谟再度到卢万附近的普雷蒙特雷修道
院（Premonstratensian）藏书楼搜寻资料，发现意大利神学
家洛伦佐·瓦拉（Lorenzo Valla）用拉丁语写的《新约评注》
（Annotationes in Novum Testamentum）手稿，这份手稿是对
《圣经·新约》中的《福音书》、《使徒书》和《启示录》所作
的批注。早在 13 世纪，罗马教廷就承认，拉丁语圣经通用文
本并非白璧无瑕。当时的修士会和教士个人都致力于改善该文
本，但使之纯正的努力并未取得重大进展。伊拉斯谟看中洛

伦佐·瓦拉的《新约评注》，这可能是使伊拉斯谟重新把《圣经·新约》从希腊语译成拉丁语的契机之一。

〔4〕年底，伊拉斯谟从卢万第三次到巴黎短住。

1505 〔1〕3月，巴黎出版商巴迪乌斯（Josse Badius）为伊拉斯谟印刷了洛伦佐·瓦拉的《新约评注》。由于瓦拉在神职人员中口碑欠佳，此事引起广泛不满。巴迪乌斯是荷兰布拉邦省人，他在巴黎开设了一家出版社，他本人是学者，其校勘古代经典的精确性可与威尼斯的学者兼出版商阿尔杜斯·马努蒂乌斯（Aldus Manutius）媲美。

〔2〕约翰·菲利皮（John Philippi）在巴黎重印伊拉斯谟的《古代西方名言辞典》，但伊拉斯谟对这个版本并不满意，因为他原本想增补一些古代希腊人的名言。

〔3〕是年秋，伊拉斯谟从巴黎第二次去英国，会晤芒乔伊四世男爵威廉·布朗特、科利特和莫尔，搜集希腊语文稿，计划编订希腊语拉丁语双语版《圣经·新约》。他在芒乔伊四世男爵的府邸寄居数月，结识了研究古希腊文化的英国著名学者，如威廉·格罗辛、威廉·拉蒂默、卡思伯特·滕斯托尔。威廉·格罗辛（William Grocyn，约1446—1519），英国学者，率先在牛津大学教希腊语的教授之一。本人著作不多，和伊拉斯谟常有交往。威廉·拉蒂默（William Latimer，约1460—1545），基督教教士、古典文化学者、翻译古典文献，同情托马斯·莫尔。卡思伯特·滕斯托尔（Cuthbert Tunstall，1474—1559），英国高级神职人员，曾任伦敦主教、大勒姆主教和坎特伯雷大主教威廉·沃勒姆的秘书。除此之外，他还结识了英国高级神职人员，如理查德·福克斯（Richard Foxe）、罗彻斯特主教约翰·费希尔（bishop of Rochester，John Fisher）、坎特伯雷大主教威廉·沃勒姆（archbishop of Canterbury，William Warham）以及当时的英国社会名流。如，知识渊博的托马斯·利纳克尔医生（Thomas Linacre，约1460—1524），他是

英吉利医生，古希腊文化学者，亨利七世的御医，英国皇家内科医师学会首任会长。1484年任牛津大学全灵学院董事，翻译古希腊盖伦的医典，1518年参与创建牛津大学医学院。伊拉斯谟在这第二次逗留英国期间，英国国王亨利七世（Henry Ⅶ.，1457—1509，1485—1509年在位）允诺赐予伊拉斯谟一份教士俸禄。

〔4〕伊拉斯谟此次在英国逗留期间，接到在斯泰恩修道院的朋友塞瓦提乌斯·罗歇（Servatius Roger）的一封告诫信，希望伊拉斯谟遵守修道院的教规，早日返回修道院。

1506　〔1〕1月4日，教皇尤利乌斯二世特许伊拉斯谟在修道院外过世俗生活，清除了伊拉斯谟在英国接受神职俸禄的障碍。教皇尤利乌斯二世（Julius Ⅱ.，1443—1513），以武力恢复整个教皇国，致力于政教合一，鼓励学术和艺术，建造梵蒂冈圣彼得大教堂，委托米开朗琪罗装饰西斯廷教堂。但伊拉斯谟反感教皇尤利乌斯二世的穷兵黩武，1513年教皇尤利乌斯二世去世后不久，伊拉斯谟写了一篇对话形式的韵文讽刺作品《尤利乌斯被拒于天堂之外》（*Julius exclusus e coelis*）。

〔2〕1月4日，伊拉斯谟有了教皇尤利乌斯二世的特许作为尚方宝剑，便写信斯泰恩修道院院长，信中写道："我在伦敦，英格兰所有最杰出、最博学的人似乎都很敬重我。国王允诺赐予我一个有俸禄的教士职位……我在此严肃地思考，如何将我余生最好地完全奉献给天主……"信的中心意思是，他愿意将余生奉献给做学问，而不是回修道院修炼。

〔3〕英国国王亨利七世对伊拉斯谟的允诺并未兑现。伊拉斯谟此次在英国短住（1505年秋至1506年春），主要是以将古代希腊语名著译成拉丁语作为谋生手段。第一部译作是卢奇安的《对话集》。此外，还翻译了欧里庇得斯的戏剧《赫卡柏》和《伊菲格妮亚》，都是献给坎特伯雷大主教威廉·沃勒姆的，还和托马斯·莫尔合著完成《警言集》（*Epigrammata*）。与此同

时，伊拉斯谟开始考虑出版自己的书信集。

威廉·沃勒姆（William Warham, 1450?—1532），1503 年任坎特伯雷大主教，1504—1515 年任英格兰大法官，1506 年任牛津大学名誉校长，和伊拉斯谟来往颇多。

卢奇安，公元 2 世纪希腊幽默作家，主要作品是喜剧性对话集，以戏谑的方式介绍希腊的各派哲学和神话。

欧里庇得斯（Euripides，公元前 485—公元前 406），古希腊三大悲剧作家之一，作品九十余部，但仅存《美狄亚》《希波吕托斯》《特洛亚妇女》《安德洛玛刻》《海伦》《赫卡柏》等 19 部。

赫卡柏（Hecuba），据荷马史诗《伊利亚特》记述，赫卡柏是特洛伊的末代国王普里阿摩斯（Priamus）的妻子，生有赫克托耳、帕里斯和卡桑德拉等子女，在特洛伊战争中几乎失去所有亲人，后悲愤地复仇。

伊菲格妮亚（Iphigenia），是阿伽门农（Agamemnon）和克吕泰涅斯特拉（Clytemnestra）所生女儿，被阿伽门农当作牺牲品献祭，后被阿耳忒弥斯（Artemis）女神救出。

〔4〕是年春，英国国王亨利七世的御医——热那亚的乔瓦尼·巴蒂斯塔·博埃里奥（Giovanni Battista Boerio）邀请伊拉斯谟前往意大利，辅导博埃里奥的几个儿子学习，帮助他们进入大学。

〔5〕6 月初，伊拉斯谟回到法国。

〔6〕8 月，伊拉斯谟应博埃里奥的邀请，和自己的几个学生首次去意大利。伊拉斯谟骑马在阿尔卑斯山的山路行进，诗的灵感油然而生，写下他平生最佳的诗篇——颂诗《阿尔卑斯山颂歌》（*Carmen eguestre vel potius alpestre*），并题词将此诗献给旧友威廉·科普（William Cop），此人是伊拉斯谟在法国教希腊语时的学生之一、一名法国医生和人文主义者。

伊拉斯谟在《阿尔卑斯山颂歌》中回顾自己的人生经历：儿时如何玩坚果、少年时如何渴望学习、青年时如何迷恋诗歌和经院哲学。他回眸自己丰厚的学养，回忆学习希腊语的情景，回味自己渴望功成名就的抱负。在人生的历程中老年悄然而至（其实他当时不到四十岁）。在余下的时光里，他能够做些什么呢？我们再次听见他舍弃尘世、献身天主的心声。再见了，俏皮的笑话、琐屑的小事。再见了，哲学和诗歌。从此以后，他渴望的全然是一颗纯洁的、满怀崇奉天主的心。

〔7〕9 月 4 日，伊拉斯谟被意大利都灵（Torino）大学授予神学博士学位。然后途经意大利的卢卡（Lucca）、佛罗伦萨，最后到达此次意大利之行的目的地博洛尼亚（Bologna），主要任务仍然是辅导博埃里奥几个儿子的学习。同时进一步增补《古代西方名言辞典》。

〔8〕11 月 11 日，伊拉斯谟目睹一身戎装的教皇尤利乌斯二世（Julius Ⅱ.）亲率大军进入博洛尼亚。

1507 〔1〕10 月，伊拉斯谟从博洛尼亚致信威尼斯的著名印刷商阿尔杜斯（Aldus），希望刊印伊拉斯谟翻译的两部欧里庇得斯的戏剧。

阿尔杜斯·马努蒂乌斯（Aldus Manutius，1450—1515），意大利学者、出版界名人，在威尼斯创立阿尔定（Aldine）印刷所，刊印希腊语和拉丁语的古典著作，如，但丁的《神曲》以及荷马、柏拉图等人的著作。

〔2〕年底，伊拉斯谟放弃计划中的罗马之行，决定暂时移居威尼斯，亲自督导出版事宜。他寄居在阿尔杜斯的岳父安德烈亚·阿索拉尼（Andrea Asolani）家中整整八个月。首次认识阿尔杜斯的女婿希罗尼姆斯·阿莱安德（Hieronymus Aleander）并成为朋友，后者日后成为教皇的特使（参阅《年谱》1520 年记事〔3〕）。伊拉斯谟在此期间除勤奋工作外还结交了威尼斯新学园派（New Academy）的文友：约翰内斯·拉斯卡里斯（Johannes Lascaris）、巴蒂斯塔·埃格纳提乌斯（Batista Egnatius）、马库斯·穆苏卢斯（Marcus

Musurus）、杰罗姆·阿莱安德（Jerome Aleander）等。他们纷纷给伊拉斯谟送来希腊语文稿，给他正在增订的《古代西方名言辞典》提供十分珍贵的素材。其中有柏拉图著作的原文、普卢塔克的《人生与道德》（*Lives and Moralia*）、品达的诗歌、保萨尼阿斯的《希腊纪事》等。普卢塔克（Plutarch，46?—120?），古希腊传记作家、散文家、哲学家，著作甚多，代表作有《希腊罗马名人比较列传》等。品达（Pindar，公元前522年?—公元前443年?），古希腊田园诗人，尤以颂歌著称，作品存世不多。保萨尼阿斯（Pausanias），公元2世纪古希腊地理学家和历史学家，著有《希腊纪事》等。

1508 〔1〕9月，增订后的《古代西方名言辞典》（威尼斯版）在威尼斯付梓。此版本首次辑录谚语"只有那些未经历过战争的人才觉得战争有甜头"，拉丁语原文是：Dulce bellum inexperto，文字相当简洁。斯蒂芬·茨威格意译的德译文是：nur denen, die ihn nicht erfahren haben, scheint der Krieg süß。1515年，伊拉斯谟为此谚语所写的说明词实际上是一篇议论文，揭露和强烈谴责战争的残酷，后成为名著刊印单行本。《古代西方名言辞典》增订版在威尼斯发行后，伊拉斯谟名声大振，导致意大利文艺复兴的领军人物和伊拉斯谟来往密切。

〔2〕威尼斯印刷商阿尔杜斯挽留伊拉斯谟在威尼斯工作至12月。伊拉斯谟在此期间编订了普劳图斯、泰伦斯和塞内卡的著作。普劳图斯（Plautus，公元前254?—公元前184），古罗马喜剧作家，代表作有《一罐金子》、《驴子的戏剧》、《吹牛军人》等。泰伦斯（Terence，公元前185?—公元前159?），古罗马剧作家，代表作有《安德罗斯女子》、《自责者》、《阉奴》、《两兄弟》、《婆母》等。塞内卡（一译：塞涅加或塞内加，Lucius Annaeus Seneca，约公元前4—公元65），古罗马哲学家、政治家、新斯多葛派的代表人物。主要著述有《论愤怒》、《论仁慈》、《论幸福》等百余篇。

〔3〕年底，伊拉斯谟接受担任少年亚历山大·斯图亚特（Alexander Stewart）家庭教师的职位。这个少年是苏格兰国王詹姆斯四世的私生子，当时在意大利的帕多瓦（Padova）留学，不久，教皇尤利乌斯二世征服博洛尼亚的战争使师生两人从意大利北部迁至意大利中部的锡耶纳（Siena），随后，伊拉斯谟告假游览罗马。

1509　〔1〕是年，《基督徒军人之手册》第二版面世。

〔2〕年初，伊拉斯谟到罗马游览。此时的他已不再是北欧一位默默无闻的教士，而是饮誉欧洲、受人尊敬的大学者。罗马的红衣主教和高级神职人员对伊拉斯谟关爱有加。这些显贵中有：乔瓦尼·德·梅迪奇（Giovanni de Medici），即后来的教皇利奥十世、多梅尼科·格里马尼、拉法埃莱·里亚里奥等人。

多梅尼科·格里马尼（Domenico Grimani，1461—1523），意大利大主教，收藏家。

拉法埃莱·里亚里奥（Raffaele Riario，1460—1521），意大利红衣主教，修建坎塞勒里亚宫殿（Palazzo della Cancelleria）。

〔3〕4月21日，英国国王亨利七世驾崩，继位的国王亨利八世就是伊拉斯谟于1499年在伦敦敬献颂诗的小王子。伊拉斯谟于1508年旅居博洛尼亚期间，十八岁的亨利八世用拉丁语致信伊拉斯谟，使后者感到不胜荣幸。亨利八世继位可能是伊拉斯谟获得英国皇家赞助的最好时机。

5月27日，芒乔伊四世男爵致信伊拉斯谟，指明这个最好时机。

〔4〕7月，伊拉斯谟告别罗马和意大利，第二次骑马翻越阿尔卑斯山，从斯普吕根（Splugen）山口去瑞士，然后经法国第三次前往英国短住。他在马背上产生灵感，构思完成被后世称为杰作的熔戏谑与诙谐于一炉的名著《赞美傻气》（希腊语名：*Encomium Moriae*，拉丁语名：*Laus stultitiae*，英译名：*The Praise of Folly*，德译名：*Das Lob der Torheit*）。

伊拉斯谟到达伦敦后，适逢盛夏，他借宿在莫尔家中，肾结

石的绞痛使他备受折磨，但即便如此，他还是在不到十天之
内一挥而就，完成了《赞美傻气》，于1511年出版。这部作
品是献给莫尔的，故其希腊语标题为 "*Encomium Moriae*"
（欧洲中世纪的学者常常用拉丁语字母拼写希腊语，此处即
是），其中 encomium 的词义是"赞美"，moriae 的词义是"傻
气"，标题的意思是"赞美傻气"，但因 moriae 和莫尔的名
字 More 是谐音，故也可联想为"赞美莫尔"，以示伊拉斯谟
对莫尔的崇敬和感激之情。在伊拉斯谟看来，托马斯·莫尔
"傻"得可爱——莫尔固然才华横溢，但不谙熟世故，不会见
风使舵，不会阿谀奉承，正因为莫尔有这样的品德，所以莫
尔后来由于对国王亨利八世的离婚案和教会政策持有异议而
遭诬陷被处死。此外，莫尔谈吐风趣幽默，完全不同于当时
道貌岸然、虚伪的假"圣人"。《赞美傻气》的诙谐格调正好
和莫尔的谈锋合拍。

伊拉斯谟为说明自己创作这部作品的初衷和宗旨曾给莫尔写
过一封题为《伊拉斯谟致友人托马斯·莫尔的信函》，这封信
一般都附在这部作品之前作为《序言》，此信落款处写的是：
1508年6月9日于乡间。英译者罗伯特·M. 亚当斯（Robert
M.Adams）在其英译本中为此信加注说明：这个日期是不可能
的。因为伊拉斯谟产生灵感并构思这部作品是在1509年7月
骑马翻越阿尔卑斯山去英国的途中。这封信写上这个日期，可
能是偶然的刊误，也可能是戏谑或者故意伪称。这封信很可能
是1510年6月9日写的。这位英译者也随即将日期改为1510
年6月9日，不过，其他的译者并不响应，明知其中前后矛
盾，也姑且搁置，不做进一步考证。因为也有研究者认为，这
封信很可能是1511年6月9日在剑桥写的，信中落款处的
"在乡间"，指的就是剑桥。1511年夏伊拉斯谟正在剑桥大学教
课，1511年7月至8月间，巴黎出版商吉勒·吉尔蒙（Gilles
Gourmont）出版《赞美傻气》，伊拉斯谟很可能以此为契机用
书信的方式代替此书的《序言》。

伊拉斯谟在自己的这封信中写道:"由于我急切地想创作些什么,而当时周围的状况又不可能让我进行学术著述,于是我想到要为'傻气'(Moriae)唱赞歌,也就是要为莫尔(More)唱赞歌。"伊拉斯谟写这封信,一方面固然是为了向莫尔表示友好钦佩之情和说明创作《赞美傻气》的原委,同时也是为了替自己辩护,因为这篇戏谑之作问世以后不久曾遭到某些人的非议,说该作品如此调侃讥讽世人,有失一位神学家的风范。于是,伊拉斯谟在信中历数欧洲自古希腊古罗马以来曾有许多著名作家写过讽刺作品而被后世称道,其中有被誉为"欢笑的哲学家"的古希腊德谟克利特(Demokritos von Abdera)、古希腊喜剧诗人阿里斯托芬(Aristophanes)、古希腊讽刺作家卢奇安(Lukianos)、古罗马哲学家塞内卡(Seneca)、古希腊传记作家普卢塔克(Ploutarchos)等等,甚至像圣哲罗姆(Saint Jérôme)这样的西方教会之父也谈论过小猪留遗嘱的笑话。伊拉斯谟在此信中最后写道:"至于有人责备说,这是嘲讽,那么人们总该好好想一想,无伤大雅地对世人的生活进行一番笑谈,这毕竟是属于有艺术才华的人的一种特权,只要他们的这种自由并未酿成尖酸刻毒的话。倒是我的同时代人的爱好使我感到更惊诧,他们几乎还都只喜欢徒有虚名的头衔。还有一些宗教观念非常怪异的人,他们可以容忍对耶稣基督最严重的亵渎,却不能容忍对教皇或者某个君主说几句最不怀恶意的开玩笑的话,尤其是当涉及教皇或者某个君主的收入或者职权时。如果有人不指名道姓地揭露了我们现在生活中确实存在的各种习惯势力,难道就可以说这是嘲讽吗?难道不可以更确切地说这正是一种劝说和告诫吗?请问,难道我不是也非常彻底地在省察自己吗?再说了,如果有谁最终不放过任何不良的习惯势力,那么他针对的绝不是人,而是针对人的各种缺点而已。如果有人觉得自己受到了嘲讽,那么这正好说明,他承认自己有这方面的缺点,或者说,他害怕自己和这方面的缺点有染。圣哲罗姆在进行指桑骂槐的嘲讽时从不拘束，他也不怕偶尔指名道姓。而我实际上是避免对任何人指名道姓，并且我的言辞是如此委婉温和，以致一个明白的读者立刻就会觉察到，我是想给大家带来愉悦，而不是要讽刺谁。"这最后一段话是伊拉斯谟的自辩，但只能说明《赞美傻气》通篇语气戏谑诙谐，并不能说明该作品中果真没有针砭时弊的严肃内容，正如后来拉伯雷的《巨人传》和斯威夫特的《格利佛游记》一样，是借用说笑的手段以表达自己对社会的看法。

《赞美傻气》的艺术构思非常别致。伊拉斯谟设计了一个讲堂的场面和一个象征性的人物形象"傻女"，在作品中象征傻气。头戴丑角帽的傻女登上讲堂内的讲台，向讲台前的听众发表演说。听众也都头戴丑角帽，一副傻相。《赞美傻气》的全部内容就是假托这样一次讲演，直至傻女走下讲台，全文结束。

《赞美傻气》篇幅较长，全文约十余万汉字，原著不分章节，1765 年才由一名编辑将全文划分为六十八节，并标上序号，刘崇信的中译本采用这种格式，但多数德译本和英译本仍然不把章节标以序号。

傻女在开场白（第 8 节和第 9 节）中自我介绍说，她出生于"幸运者的岛屿"（英语：Fortunate Isles，德语：Inseln der Glückseligen），那里"无须播种，无须耕耘"而万物俱生，岛屿上不知什么是辛苦、衰老和疾病，遍地都是茂盛的庄稼和万紫千红的鲜花，令人感到芳香扑鼻，赏心悦目。由于她出生在如此其乐融融的环境之中，所以她不是以啼哭开始人生，而是迎着自己的生母甜蜜地微笑。两位仙女亲自给她喂奶——一位仙女是酒神巴克斯的女儿"陶醉"（希腊语：Methe，英语：Tipsy，德语：Trunkenheit），另一位仙女是畜牧神潘的女儿"无知"（希腊语：Apaedia，英语：Ninny，德语：Beschränktheit），在左右伺候她的两个侍女——一个是"奉承"（希腊语：Kolakia，英语：Flattery，德语：Schmeichelei），另一个是"自负"（希腊语：Philautia，英语：Self-Love，德语：Eigenliebe 或 Selbstliebe），追随其身边的侍女还有"遗忘"（希腊语：Lethe，英语：Forgetfulness，德语：Vergessen）、"懒散"（希腊语：Misoponia，英语：Laziness，德语：Trägheit）、"享乐"（希腊语：Hedone，英语：Pleasure，德语：Vergnügen）、"妄想"（希腊语：Anoia，英语：Madness，德语：Wahnsinn）、"奢侈"（希腊语：Tryphe，英语：Luxury，德语：Ergötzen）以及两个侍童"淘气"（希腊语：Comos，英语：Rowdiness，德语：Ausgelassenheit）和"酣睡"（希腊语：Negreton Hypnon，英语：Sound Sleep，德语：Siebenschläfer）。伊拉斯谟精通拉丁语和希腊语，常用拉丁语字母拼写希腊语。显然，这些拟人化的形象代表人的各种性情并和"傻气"有关。

接着，傻女（在第 21 节中）大肆夸耀自己的傻气。她说："当今的天下，没有我'傻气'从中维系，任何社会阶层的共同生活不可能愉快和持久。没有我'傻气'，国民不可能长时间地容忍自己的国君，没有我'傻气'，主人不可能容忍自己的仆人，丫环不可能容忍自己的贵夫人，老师不可能容忍自己的学生，朋友不可能容忍自己的朋友，妻子不可能容忍自己的丈夫，客栈老板不可能容忍房客，伙伴不可能容忍自己的伙伴。总而言之，如果他们相互之间不是时而彼此虚与委蛇，时而彼此奉承和时而彼此机敏地让步，如果各种事情最终不是借助于傻气而付之一笑，那么人与人之间就不可能互相容忍。"

而后，傻女（自 33 节起）对当时各色社会人群的傻乎乎行为进行调侃和讽刺。比如，傻女说，在各种行当中最受民众敬重的恰恰是最傻的行当：神学家会因为傻而吃不饱，哲学家会因为傻而穿不暖，占星术家会因为傻而被人嘲笑，雄辩术家会因为傻而一直完全被人轻蔑。唯独医生——"治病的人，像许多其他人一样值得受到重视"，而一个医生在自己的行当中越是无知，越是鲁莽，越是粗心大意，他的名气就越大，这主要是由于被挥霍无度的君主们吹捧，因为医术被绝大多数医生言过其实，尤其是在今天。傻女说，值得受到重视的人，除医生之外，排在第二位的应该是法学家。不过，哲学家们一致认为，法学家的行当和驴有异曲同工之妙而加以嘲笑。

傻女在对各色社会人群进行嘲讽之后，话锋一转，谈及当时的君主们。傻女说，扮演傻子的弄臣深得君主们的喜欢，因为君主们身边的谋士虽然足智多谋，但他们往往把不好的消息告诉君主们，使君主们苦恼不堪，而弄臣献给君主的则是笑话，笑料、逗乐和开心。这些正是君主们所需要的。此外，傻子所说的傻话常常是道出了事实真相，恰似不谙世故的孩子说实话和醉汉酒后吐真言一样。傻子说的真话会使听者感到津津有味，乐从中来。傻女（在第55节中）再次谈及君主。傻女说，君主的地位必然会引来许多诱惑，使他偏离正道，骄奢淫逸和听信谗言，所以，君主必须更加严于律己和更加谨言慎行，以免有损自己的天职。

傻女用戏谑的言辞描述世俗的人生百态之后，转而借用讽喻谈及主教、红衣主教和教皇。傻女（在第59节中）说，如果那些最高层的教士——代表耶稣基督的教皇们努力在生活中效仿耶稣基督——效仿耶稣基督的安于贫穷、辛苦勤劳、诲人不倦，效仿耶稣基督不惜自己的生命在十字架上受难的精神，也就是说，如果教皇们能时时刻刻想到"教皇"这个名字是教会之父的意思，或者能时时刻刻想到教皇是被尊称为"圣座"的人，那么，人世间难道还会有苦难深重的人吗？难道还会有谁愿意罄其所有，用赎罪券去买这样一种苦难深重的地位吗？难道还会有谁愿意用刀剑、毒药和各种暴力去捍卫自己用钱买来的这样一种苦难深重的地位吗？不过，你们想呀，倘若教皇们稍微明智一点，他们就会失去多少安逸舒适的生活嘞！……他们就会失去许多财富、荣誉和权力……你们看，我用寥寥数语讲述了怎样的名利场、怎样的收益、怎样的财富海洋呀。从另一方面看，倘若教皇们稍微明智一点，他们就会在宗教节日前守夜祈祷，他们就会斋戒、悲伤、做礼拜、布道、静思、痛惜、为千百件不幸的事情操劳。

接着，傻女突然抛弃"傻气"这个角色，清楚明白地向世人宣告即将来临的宗教改革的要求，傻女（在第64节中）说，耶稣基督的全部教诲从来都是反复强调温和、宽容，反复强调不在乎尘世生活。世人怎么会不清楚耶稣基督教诲的意思呢？耶稣基督愿意看到他在尘世的所有使徒真正秉承他的精神，要求他的使徒们像耶稣基督放下钱袋和脱下鞋履外衣以及赤身走上十字架一样，无牵无挂弘扬福音，随身只有一把剑，不是那种强盗和杀人凶手使用的剑，而是一把精神之剑——一把能深入人的灵魂深处、铲除各种欲望之剑。唯有虔诚永驻心间。

傻女对教会和教皇的讽喻是使《赞美傻气》受到保守派神学家非议的主要原因，而傻女要求教士乃至教皇效仿耶稣基督在生活中安于贫穷、辛苦勤劳、诲人不倦和遵循耶稣基督的宽容精神则反映伊拉斯谟温和的宗教改革思想，不同于马丁·路德激进的宗教改革。

伊拉斯谟本人并不十分看重《赞美傻气》，他说此书不足挂齿，不值得出版。由于此书遭到传统的神学家们的指摘，伊拉斯谟不得不始终为此书辩护，他说此书的目的无非是告诫世人要培养美德，绝无轻慢教会、教皇和旧的《圣经》文本的意思。1517年，他在致卢万一位友人的信中说，倘若他早知《赞美傻气》会得罪人，他很可能会将其束之高阁，不会出版。然而，研究西方文化史的学者普遍认为，《赞美傻气》是伊拉斯谟最成功的作品，也是基督徒人文主义者最优秀的文学作品。此书在16世纪有58种版本并被译成欧洲的多种语言。

1510　伊拉斯谟第三次在英国逗留。他先在英国友人托马斯·莫尔和安德鲁·安蒙尼乌斯（Andrew Ammonius）家中借居。然后去剑桥大学教希腊语，并往返于伦敦和剑桥之间，直至

1514 年 3 月。

1511　〔1〕7 月至 8 月间《赞美傻气》在巴黎由出版商吉勒·吉尔蒙出版。伊拉斯谟为此短暂访问巴黎。不久，斯特拉斯堡的印刷商雅各布·温普费林（Jacob Wimpfeling）未经伊拉斯谟同意重印此书。

〔2〕8 月，斯特拉斯堡出版商许雷尔（M.Schürer）再次重印此书。

〔3〕8 月 24 日，伊拉斯谟从剑桥致信科利特，抱怨自己从伦敦到剑桥简直是一场灾难：跛脚的马，沿途没有食品，风雨雷电交加。伊拉斯谟写道："但我几乎为此而高兴，我看到了基督徒贫困的踪迹。"

1512　〔1〕是年，伊拉斯谟的《丰富多彩的拉丁语词汇》（*De copia verborum ac verum*）一书在巴黎由巴迪乌斯（Josse Badius）出版。

〔2〕是年，刊印《赞美傻气》第五版。

〔3〕是年，发表有关教学方法的文章《论拉丁语学习方法》（*De ratione studii*）。

1513　〔1〕1 月 5 日，伊拉斯谟在伦敦完成《古代西方名言辞典》增订版新序。

〔2〕年初，教皇尤利乌斯二世驾崩。伊拉斯谟在极其秘密的情况下完成一篇韵文对话形式的讽刺作品《尤利乌斯被拒于天堂之外》（拉丁语题名：*Julius exclusus e coelis*，作品中有三个进行对话的人物：尤利乌斯、他的守护神、使徒彼得）。在这篇文学作品里，身披武功光辉的教皇尤利乌斯二世来到天堂门口为自己辩护，可是他却被拒于天堂大门之外。1506 年 11 月 11日，伊拉斯谟目击一身戎装的教皇尤利乌斯二世参加博洛尼亚的凯旋仪式，伊拉斯谟写下这样的文字："教皇尤利乌斯发动战争，他征服、获胜，他是名副其实的尤利乌斯（恺撒）。"伊

拉斯谟认为，教皇尤利乌斯二世是当时欧洲一切战争的根源，于是在其去世后写了这篇反战的讽刺作品。虽然该作品的手抄本在 1513 年流行一时，但讽刺一位去世的教皇，伊拉斯谟不得不小心行事。他固然半推半就地让人们传阅手抄本，却以谨慎的措辞否认是自己所作。该作品的第一版由出版商克拉坦达（Cratander）在巴塞尔印行，时间大概是 1518 年。

1514　〔1〕3 月，伊拉斯谟从剑桥回到伦敦。

〔2〕7 月上旬，伊拉斯谟离开英国，回到法国北部城市加来，在该城附近的哈姆斯城堡芒乔伊四世男爵家中做客，然后打算从那里回荷兰。

〔3〕8 月，巴塞尔出版商弗罗本推出伊拉斯谟译成拉丁语的普卢塔克的几部著作。伊拉斯谟从此和弗罗本印刷所关系密切。

〔4〕8 月下旬，伊拉斯谟初访巴塞尔，受到热烈欢迎，首次认识乌尔里希·察修斯，并成为朋友。德意志莱茵河上游地区的人文主义者把伊拉斯谟视为是世人的明灯。欢迎的信函、招待会、宴会应接不暇。当时流行的溢美之词就有"伟大的鹿特丹人"、"德意志人的光荣"、"世人的明灯"等。

乌尔里希·察修斯（Ulrich Zasius，1461—1535），德意志人文主义者，自 1506 年起任弗赖堡大学法学教授，反对马丁·路德的宗教改革。

〔5〕是年，伊拉斯谟编著的《古代西方寓言辞典》（*Parabolae sive similia*）出版。伊拉斯谟希望此书能成为《古代西方名言辞典》的续编。《古代西方寓言辞典》包括各种比喻、谚语、典故、诗歌寓言、《圣经》寓言等，全都采用类似于《古代西方名言辞典》的编纂方式。

1515　〔1〕是年，《基督徒军人之手册》刊印第 3 版。

〔2〕年初，佛兰德（今比利时佛来芒语地区）议会议长让·勒·索瓦热（Jean le Sauvage）推荐伊拉斯谟为当时尼

德兰（中欧西部低地国家历史地区名，包括今荷兰、比利时、卢森堡）君主查理一世的顾问。当时查理一世〔Charles I.，1500—1558，即后来任神圣罗马帝国皇帝的查理五世，1519—1556年在位，在德意志称卡尔五世（Karl V.）〕年仅16岁。这完全是名誉头衔，每年200荷兰盾俸禄。不久，伊拉斯谟受索瓦热鼓励，撰写完成《基督徒君主之教育》（*Institutio principis christiani*），并于次年（1516）5月将此书献给查理一世。

《基督徒君主之教育》全文共分十一章，依次是：第一章《基督徒君主之诞生与教养》；第二章《君主须远离佞臣》；第三章《和平之艺术》；第四章《岁入与税负》；第五章《君主之宽宏仁慈》；第六章《法律之执行或修正》；第七章《官吏与其职责》；第八章《条约》；第九章《君主之联姻》；第十章《和平时期君主之要务》；第十一章《论开战》。在正文（第一章）之前有伊拉斯谟写的一篇《献词》，明确说明此书是献给神圣罗马帝国马克西米利安一世（Maximilian I.）皇帝之孙——西班牙国王查理一世。落款是鹿特丹的德西德里乌斯·伊拉斯谟敬呈（1516年3月前写于巴塞尔）。

《基督徒君主之教育》的表述方式是旁征博引自古以来一系列箴言名句，用以敬赠虔诚信仰基督教的贤明君主，以期达到君主自省、自持、自律的目的。全书开篇（第一章）有言，倘若君主是通过投票进行选择，那么就应该选择那些谦虚谨慎、性情温和的人。可是，当时欧洲的君主多为世袭，因此伊拉斯谟笔锋一转，第一章的大部分篇幅是历举西方古代哲人——柏拉图、塞内卡、亚里士多德、普卢塔克、色诺芬、圣奥古斯丁、西塞罗等关于为君之道和实施仁政的方略。其中最重要的是敦促君主应将其对自己领土的统治视为是自己为国民服务的机会。伊拉斯谟写道："一旦您成为君主，千万不要以为您有多么荣耀，而必须时刻想到您有多么重要的担当，必须想到您要为此付出无尽的焦虑，您不仅要想到岁入和税负，而且更应该想到您必须付出心血。不要以为您成为君主就获得了掠夺的机会，而应该想到这是您尽力为国民谋福祉的机会。"第一章是全书篇幅最长的一章，阐明全书的主旨：君主的统治首先务必避免被指责为暴政。君主必须避免一切侵略行径。第二章论述君主必须会辨别佞臣与诤友，因为仁政能否实施和君主身边大臣们的谏言密切相关。恭维君主不仅有他周边的人所使用的言辞，而且还有为他歌功颂德的文学、绘画和塑像，乃至有"伟大的"或"国父"这一类的尊称。伊拉斯谟写道："当君主听到'国父'这样的尊称时，他应该想到，他的所作所为必须让人觉得他配得上这个尊称。如果他这么想，这个尊称就是一种提醒；如果他不这么想，这个尊称就是一种奉承。"第三章旨在说明君主在其疆域内维护和平所必需的一些策略。从中又直接引出有关征税的第四章。伊拉斯谟在这一章中写道："增加君主收入的最佳方式乃是减少他的开支，有句格言甚至对君主也很适用：节流就是最好的开源。"第五章《君主之宽宏仁慈》篇幅很短，仅三页，阐述君主养成谦逊宽宏的性情有诸多益处。此后的第六章和第七章讨论在君主的统治下如何正确执法，如何挑选官吏并监督官吏清正廉洁。伊拉斯谟赞同柏拉图的看法：仁政乃是贤明君主和完善法律的结合。但伊拉斯谟反对苛政峻法，反对将法律当作欺压百姓的统治工具。伊拉斯谟写道："法律越少越好；法律应当尽可能公正，促进公共利益；法律还应当尽可能被民众所了解。"第八章和第九章论述制定条约和联姻结盟，这是君主确保周边地区和平稳定而可利用的两种主要手段。不过，伊拉斯谟忧心忡忡地指出，联姻将一位外国血统的世袭君主强加给另一国的臣民，从而有可能使这一国的臣民变得命运多舛。第十章简要讨论君主在和平时期应当如何不事炫耀、谦逊谨慎处理自己的事务。第十一章（最后一章）的主题和第一章的主题相呼应：阐明君主如何有责任维护和平，不到最后不得已的关头尽量避免开战。

伊拉斯谟写道："虽说君主对任何事情都不会匆忙决策，但最犹豫不决或者说最审慎的周密考虑莫过于开战的决策。因为其他的事情都各有各的利弊，唯独战争带来的始终都是破坏。……即便战争无法避免，也应当仅限于作为一种暂时的手段，并尽可能节省开支，速战速决。"

伊拉斯谟在此书中树立了一个有教养、主持正义、爱好和平的统治者的理想形象，与此形成鲜明对照的是暴君的恣意妄为。伊拉斯谟深信，美德是可以培养的，精心的教育可以赋予君主解决困难问题的能力。

《基督徒君主之教育》对后世的政治思想具有重要意义，既由于伊拉斯谟在书中反复强调仁政的脊梁是道德信念，也由于他竭力主张用和平手段解决国与国之间的争端。此书问世之时，欧洲的政治格局动荡不安。欧洲最有权势的三大王族（意大利的梅迪奇家族、法兰西的瓦罗亚［Valois］王朝、德意志的哈布斯堡皇室）为称霸欧洲而争夺领土，战争连绵不断。为顺应时势，伊拉斯谟和马基雅维利先后撰写著作为君主献策。伊拉斯谟的《基督徒君主之教育》力谏和平，被后世称为"君王策"，马基雅维利（Niccolò Machiavelli, 1469—1527）的《君主论》（*il Principe*，1513 年完成，1532 年出版）主张强权，被后世称为"君王术"。

〔3〕5 月，伊拉斯谟从尼德兰第四次匆匆去了一趟英国，主要目的大概是要取回他留在英国的《圣经·新约》疏注手稿。他在从英国返回尼德兰时，途经德意志本土莱茵河地区，在科隆受到热情欢迎，在美因茨（Mainz）会见德意志人文主义者乌尔里希·冯·胡滕、约翰内斯·罗伊希林、乌尔里希·茨温利等人。

约翰内斯·罗伊希林（Johannes Reuchlin, 1455—1522），德意志人文主义者、研究希伯来语和古希腊语的先驱，著有《希伯来语基础》一书，为研究希伯来语和《圣经·旧约》做出贡献。

〔4〕是年夏，伊拉斯谟在巴塞尔短住，继续为弗罗本印刷所注

疏《圣经·新约》希腊语拉丁语双语文本。

〔5〕是年，弗罗本印刷所出版《古代西方名言辞典》修订版（*Chiliades adagiorum*），此为最后定稿本，辑录4151词条。伊拉斯谟为此版本的谚语词条"只有那些未经历过战争的人才觉得战争有甜头"所写的说明词实际上是一篇议论文，揭露和强烈谴责战争的残酷，以后成为名著，1517年起此文的拉丁语单行本出版，1519年此文的德语单行本在巴塞尔出版。以后被译成多种语言。

〔6〕是年，弗罗本印刷所出版伊拉斯谟编订的塞内卡著作和《圣哲罗姆书信集》。

1516

〔1〕年初，附有伊拉斯谟拉丁语译文和注疏的希腊语《圣经·新约》（*Novum Instrumentum*）在巴塞尔由弗罗本印刷所出版。此书面世的重大意义是使神学家们第一次有机会将《圣经·新约》的希腊语原文和《拉丁语圣经通用文本》（拉丁语原文 *Vulgata*，词义是：日常通用版本，由教会之父圣哲罗姆于公元400年前后主持译成拉丁语）进行对照比较，结果发现圣哲罗姆所译的 *Vulgata* 有明显的翻译失误和瑕疵。例如，《圣经·新约·马太福音》（4：17）"开始在加利利传道"一节中，原先 *Vulgata* 文本中的拉丁语译文是："天国近了，你们应当赎罪！"伊拉斯谟指出：希腊语原文应被译为"天国近了，你们应当悔改！"。这里的译文虽然仅仅是"赎罪"和"悔改"之别，但深层的内涵却相去甚远。"赎罪"明显指向补赎圣礼，而"悔改"是指基督徒个人的内在态度。这就意味着基督徒个人内在的宗教信仰比教会的圣礼仪式更重要。又例如，《圣经·新约·路加福音》（1：28）中天使加百列问候马利亚的话在原先的 *Vulgata* 文本中的译文是"普施恩典的人"（gratia plena），伊拉斯谟指出：希腊语原文仅仅是说"世人蒙恩的人"。原先的拉丁语译文符合中世纪神学家们关于马利亚是一个赐予世人恩典无穷的神的观念，而希腊语原

文更符合人本主义的理念。16 世纪的欧洲是重新认识基督教的时代，大兴探源溯流之风，伊拉斯谟的希腊语和拉丁语造诣又深孚众望，因此，伊拉斯谟的这一本希腊语拉丁语双语版《圣经·新约》一经问世，影响深远。1517 年 1 月，伊拉斯谟将此书敬献教皇利奥十世，得到教皇赞许。尔后，此书成为马丁·路德将《圣经·新约》译为德语的底本，罗马教廷也根据此书对原先的 *Vulgata* 作了修改。1546 年，天主教特伦托主教会议宣布修订后的 *Vulgata* 是《圣经·新约》的范本，欧洲各国均根据这个范本译成各国语言，从而使伊拉斯谟享有"全体基督徒的伊拉斯谟"（Erasmus of Christendom）的美名。

〔2〕是年春，伊拉斯谟稍事中断在巴塞尔的工作，趁机回尼德兰一趟。他在布鲁塞尔会见了佛兰德议会议长索瓦热（Jean le Sauvage）。议长再次确认伊拉斯谟被查理一世（即后来的神圣罗马帝国皇帝卡尔五世）任命为顾问。索瓦热议长不久担任勃艮第宫廷大教士，为伊拉斯谟争取到尼德兰的科特雷（Courtray）主教区神父的圣俸。接着，伊拉斯谟在安特卫普看望了自己的一位终身挚友：彼得·吉勒（Peter Gilles）。他是安特卫普的一名公务员，为卢万的出版商狄尔克·梅尔滕斯（Dirck Maertensz）做校对工作。伊拉斯谟每次到安特卫普都在他家借宿。彼得·吉勒是莫尔的《乌托邦》中水手的原型。水手在自己的花园里讲述自己在乌有之乡的经历。伊拉斯谟这一次借宿在吉勒家中时，后者正在为出版商梅尔滕斯校对《乌托邦》。

〔3〕5 月，伊拉斯谟的《基督徒君主之教育》在巴塞尔由弗罗本出版。而后，他将此书敬献给登上西班牙王位的查理一世（即后来的神圣罗马帝国皇帝卡尔五世）。

〔4〕8 月，伊拉斯谟第五次短暂访问英国，他借宿在莫尔家中，会见了科利特、坎特伯雷大主教威廉·沃勒姆（William Warham）、罗彻斯特主教约翰·费希尔（John Fisher）等朋

友。但他此次去英国，不仅仅是为了看望老朋友，而是为了完成一件更为迫切的重要事情：希望通过英国高级神职人员的帮助得到教皇利奥十世的赦免，恩准他豁免圣奥古斯丁修士会的教规。伊拉斯谟在伦敦和朋友安德鲁·安蒙尼乌斯（Andrew Ammonius）共同起草了一封致教廷的恳请信。信中详述了伊拉斯谟的生平，说他身在修道院外却心在教会：说他是迫不得已被别人送进修道院的，而修道院的生活使他的身体遇到了困难，环境迫使他不得不脱下修士的长袍。恳请信是一篇满怀激情的辩护词，语气哀婉，文辞华丽。恳请信本身没有直接提出什么请求，但其附件是用教廷内部使用的密码写的，并用另函送达。

〔5〕8 月底，伊拉斯谟从英国返回尼德兰。从这时起，他在安特卫普、布鲁塞尔和根特逗留，常常在彼得·吉勒家借住，直至 1517 年上半年。

〔6〕是年，弗罗本出版由伊拉斯谟校勘编订的九卷本《圣哲罗姆文集》。

双语版《圣经·新约》和九卷本《圣哲罗姆文集》均为极具胆略的神学著作，问世之后，伊拉斯谟便成为以细读《圣经》文本为依据研究神学的中心人物，也是研究鉴赏西方古代经典和古代文学的中心人物。伊拉斯谟在欧洲各国的声望大大提高。

〔7〕12 月 11 日，时任德意志萨克森选帝侯弗里德里希三世的图书馆馆长和秘书的斯帕拉提努斯（拉丁语名：George Spalatinus，德语名：Georg Spalatin，1484—1505）致信伊拉斯谟，信中写道："我们大家都很崇敬您，选帝侯收藏了您写的所有书籍，而且准备买您将来出版的一切书籍。"其实，斯帕拉提努斯写这封信是受马丁·路德托付。信中写道，一位圣奥古斯丁修士会修士很崇拜伊拉斯谟，他希望提请伊拉斯谟注意：伊拉斯谟在解释保罗的使徒书尤其是保罗的致罗马人书时，伊拉斯谟对辩护的理解不正确，对原罪的注意太少；如果伊拉斯谟读圣奥古斯丁的著作，或许就会有收获。这位圣奥

古斯丁修士会修士就是马丁・路德。斯帕拉提努斯的这封信（参阅何道宽译《伊拉斯谟传》第142—143页）是首次为马丁・路德和伊拉斯谟牵线搭桥。

1517

〔1〕1月，由红衣主教保罗・萨多莱（Paul Sadolet）署名的致伊拉斯谟的两函教皇通谕中告知，教皇利奥十世（Leo X.，1475—1521）宽恕了伊拉斯谟违背教会法的过失，准许他不必穿圣奥古斯丁修士会的道袍，特许他过世俗生活，并不因为他是非婚子而剥夺他任教士的资格。除了以上的赦免和特许外，教皇还接受了伊拉斯谟敬献的《圣经・新约》希腊语拉丁语双语文本，并通过萨多莱表达了教皇对伊拉斯谟此书的赞许。伊拉斯谟的盛名如日中天。

〔2〕2月，法国古典语言学者吉列尔姆斯・布多伊斯和巴黎大主教艾蒂安・蓬什等人致函伊拉斯谟，传达法国国王弗朗索瓦一世的邀请，如果伊拉斯谟定居巴黎，将赐予他一份优厚的教士俸禄。伊拉斯谟彬彬有礼地婉拒了，他没有去巴黎。

吉列尔姆斯・布多伊斯（Guglielmus Budaeus，1467—1540），又名吉列尔姆斯・比代（Guglielmus Bide），法国古典语言学者、法兰西学院创始人之一，外交官，两次出任法国驻梵蒂冈教廷大使，后任法国皇家图书馆馆长，著作颇丰，代表作有《希腊语言评注》。

艾蒂安・蓬什（Étienne Poncher，1446—1524），人文主义者，巴黎大主教，外交官。

〔3〕4月，伊拉斯谟从尼德兰赴英国短暂访问。4月9日，在伦敦威斯敏斯特教区的圣斯蒂芬教堂里为伊拉斯谟举行了教皇利奥十世的赦免礼，永远驱散了伊拉斯谟的噩梦。

〔4〕是年初夏，西班牙王室邀请伊拉斯谟陪伴年轻的查理一世（即后来的神圣罗马帝国皇帝卡尔五世）离开尼德兰去西班牙。伊拉斯谟谢绝了，因为倘若他去西班牙，他和巴塞尔、卢万、斯特拉斯堡、巴黎等出版中心的密切联系就会中断，从而就会

使他为之献身的著书立说成为泡影。

〔5〕7月，年轻的查理一世乘船离开尼德兰返回西班牙。伊拉斯谟则前往卢万，为当时的卢万天主教大学（Catholic University of Louvain）创建语言学院，该学院的任务是教授和研究希腊语、拉丁语和希伯来语。但是这项任务遭到卢万神学家们的抵制，因为研究古希腊古罗马文化有悖于承继传统的基督教教义。卢万天主教大学在16世纪是保守派神学的重镇。在该大学三一学院任神学教授的马丁·范·多普（Martin van Dorp）是伊拉斯谟的同乡，曾在1514年以神学院的名义指责过伊拉斯谟。多普在致伊拉斯谟的一封信中指责《赞美傻气》对神职人员的嘲弄是胆大妄为的攻击，伊拉斯谟则在回信中作了详细的自我辩护，说《赞美傻气》的目的只不过是告诫人们要培养美德。是年10月31日，马丁·路德将其《九十五条论纲》公之于世，震撼神学界。加之1515年德意志人文主义者乌尔里希·冯·胡滕（Ulrich von Hutten）和他人合写的《蒙昧人书简》问世，以声援研究古希腊语和希伯来语的德意志人文主义学者约翰内斯·罗伊希林（Johannes Reuchlin）（参阅本书第七章《强大的对手》注〔26〕）。卢万的神学界怀疑伊拉斯谟暗中支持马丁·路德和胡滕。因此，虽然伊拉斯谟在卢万住了四年并赢得广泛尊敬，但他心中始终清楚：卢万不是自己的最后归宿。

〔6〕是年，伊拉斯谟完成《和平之控诉》（Querela pacis），由弗罗本印刷所出版。这篇著作原是致乌得勒支主教、勃艮第的腓力的一篇献词。文章的艺术手法相当别致：文章通过象征和平的和平女神用感人的言辞控诉人世间的纷争和仇恨。和平女神最后强烈呼吁基督徒统治者们放弃战争，缔结和平。《和平之控诉》问世之时正是年轻的尼德兰君主查理一世（即卡尔五世）离开尼德兰去西班牙任西班牙国王之际，哈布斯堡皇室（统治德意志民族神圣罗马帝国的皇室）鼎盛兴旺。伊拉斯谟通过《基督徒君主之教育》和《和平之控诉》等著作委婉地告

诫卡尔五世不要穷兵黩武，为争夺领土和法兰西交战，给民众带来深重苦难。

1518　是年，伊拉斯谟编写的《拉丁语常用会话》（*Colloquia familiaria*）由其友人贝亚图斯·雷纳努斯（Beatus Rhenanus）背着伊拉斯谟在巴黎悄悄初次刊印。《拉丁语常用会话》是以伊拉斯谟于1496年在巴黎当家庭教师时为诺德霍夫的孩子们编写的《拉丁语常用会话范本》（*Familiarium colloquiorum formulae*）为底本。

1519　〔1〕是年，伊拉斯谟编著的《拉丁语常用会话》（*Colloquia familiaria*）第一版在卢万（Louvain）由出版商狄尔克·梅尔滕斯（Dirck Maertensz）正式出版。这第一版实际上除包括1518年由贝亚图斯·雷纳努斯悄悄刊印的《拉丁语常用会话》中的第一部分题目为《日常会话》（*Convivium profanum*）的通用交际会话外，其余篇目皆为反映当时社会风貌的短小对话，充满智慧和风趣，故很受欢迎。时至1522年，此书已印行25次，虽有新的增订，但主要是重印，印行的地方有安特卫普、巴黎、斯特拉斯堡、科隆、克拉科、德温特、莱比锡、伦敦、维也纳和美因茨。是年，伊拉斯谟50岁，斯蒂芬·茨威格称伊拉斯谟在他四十岁至五十岁的这段时期达到荣誉的顶峰。1509年，40岁的伊拉斯谟完成《赞美傻气》。在1509年至1519年期间，伊拉斯谟发表出版的重要作品还有：《古代西方寓言辞典》（1514）、《基督徒君主之教育》（1515）、《古代西方名言辞典》（增订版）（1515）、《圣经·新约》希腊语拉丁语双语文本（1516）等。

〔2〕3月28日，马丁·路德首次致函伊拉斯谟。信中写道："我经常听您说话，您也经常听我说话；我们谈到如何为天主增光，谈到我们的希望，但我们互相并不深知。……您是一位和蔼可亲的人，如果您认为合适，请您承认我这个信奉耶稣基

督的小兄弟吧。"不过，当时在卢万的伊拉斯谟没有直接回复
这封信。（马丁·路德的这封信可参阅何道宽译《伊拉斯谟传》
第 145 页）

〔3〕4 月，伊拉斯谟致信萨克森选帝侯弗里德里希三世。伊
拉斯谟在信中写道，路德的著作给卢万的蒙昧主义者提供了
攻击高尚学问和诋毁一切学者的理由。他伊拉斯谟本人并不
认识路德，只是翻阅过路德的书。……在不了解路德的情况
下就在百姓面前抨击他，不符合神学家的高尚精神！伊拉斯
谟写道："请选帝侯保护这一位无辜的人，以免他屈服于少
数人在虔诚的外衣下有不虔诚的举动。"与此同时，伊拉斯谟
竭力阻止弗罗本印行路德的著作，"以免路德的著作再次煽动
世人对高尚学问的仇恨"。伊拉斯谟重申：我不认识路德，我
没有读过他的著作。（参阅何道宽译《伊拉斯谟传》第 146—
147 页）

〔4〕5 月 28 日，马丁·路德再次致信伊拉斯谟。伊拉斯谟于 5
月 30 日回复马丁·路德（此信中译文参阅何道宽译《伊拉斯
谟传》第 238—240 页）。由于马丁·路德不知道自己的著作在
卢万引起的负面反应，所以伊拉斯谟在这封回信中写道："我
申明我不认识你，从来没有读过你的书，因此既说不上同意也
说不上反对其中的任何思想。"

1520 〔1〕年初，马丁·路德引起的争辩在卢万如火如荼进行。六
个月后，支持马丁·路德的激进改革派向伊拉斯谟发动第一
次攻击。感情冲动的乌尔里希·冯·胡滕态度陡变，从热情
歌颂伊拉斯谟转为抨击伊拉斯谟。胡滕为使马丁·路德的宗
教改革获得成功，并能使之成为德意志的民族事业，紧急呼
吁伊拉斯谟不要放弃支持马丁·路德的宗教改革，也不要采
取折中态度。胡滕在致伊拉斯谟的信中写道："您曾害怕别人
说您支持罗伊希林的主张；现在，在对待路德的事业中，您
竭力要让您的对手相信，您不喜欢马丁·路德的改革，但我

们知道您的底细。不要对我否认您的态度。您知道有人多么扬扬得意地传阅您的书信，您是想要把责任推给别人……如果您现在害怕因为我而引起别人小小的敌意，您至少要向我坦白承认，您不会出于害怕另一个人而禁不住会来责备我；您对我的事最好是不闻不问。"（参阅何道宽译《伊拉斯谟传》第 133 页）

伊拉斯谟对胡滕如此不客气的指责很生气，但没有耿耿于怀。伊拉斯谟寻求的是真谛，希望用爱心赢得世人，而不在乎宗派斗争的激情，审慎行事的伊拉斯谟貌似卑微，其实是他有宽大的胸怀。

〔2〕10 月底，神圣罗马帝国皇帝卡尔五世在德意志亚琛（Aachen）举行加冕典礼，伊拉斯谟在场。他请皇帝调解由马丁·路德所引起的神学家之间的分歧。

〔3〕加冕典礼后，伊拉斯谟陪同卡尔五世皇帝前往科隆。伊拉斯谟在科隆见到一位旧友希罗尼姆斯·阿莱安德（Hieronymus Aleander，1480—1542），此人是意大利人，天主教主教，人文主义学者，但反对宗教改革。他比伊拉斯谟年幼 11 岁，是印刷商阿尔杜斯的女婿。伊拉斯谟在威尼斯印书时，曾在阿莱安德家借住。阿莱安德此次是以教皇特使的身份来科隆会见卡尔五世皇帝，劝说皇帝在基督教重大问题上执行和教皇一致的政策，劝说皇帝发布敕令实现教皇把路德逐出教会的诏书。伊拉斯谟此次和阿莱安德见面，试图说服阿莱安德用温和宽容的方式化解教皇和马丁·路德的纷争，但未获成功。

〔4〕11 月 5 日，伊拉斯谟觐见萨克森选帝侯弗里德里希三世，面谈马丁·路德的宗教改革主张。

〔5〕是年，伊拉斯谟的著作《反对蒙昧主义》（*Antibarbari*）出版。

〔6〕自 1520 年起，伊拉斯谟开始修订教会之父们（德语：Kirchenväter）的著作直至 1530 年。

1521　〔1〕4 月 18 日下午，卡尔五世在德意志沃尔姆斯（Worms）召开神圣罗马帝国议会大会，旨在反对马丁·路德及其教义。伊拉斯谟没有出席这次会议。

〔2〕10 月 28 日，伊拉斯谟在他自己生日那一天离开度过四年难忘岁月的卢万。

〔3〕11 月 15 日，伊拉斯谟抵达巴塞尔，居住至 1529 年。

〔4〕是年，伊拉斯谟修订完成教会之父西普里安的著作。

西普里安（拉丁语名 Cyprianus，一译居普良，约 200—258），北非迦太基主教，拉丁语教会之父，为殉道而死。主要著作有《论主祷文》（*De dominica oratione*）、《论死亡》（*De mortalitate*）等，论题均为基督徒伦理道德。

1522　〔1〕3 月，伊拉斯谟亲自重新修订的《拉丁语常用会话》（第 2 版）在巴塞尔由出版商弗罗本印行，以后多次再版，每次再版都有新的增补。1523 年增补 10 篇，1524 年先后增补 4 篇和 6 篇。1526 年，《拉丁语常用会话》（第 3 版）的全名改为《拉丁语会话大全》（*Familiarium colloquiorum opus*）。其实，通常意义的日常生活会话在《拉丁语常用会话》中只是一部分内容，每次再版所增补的篇目皆为伊拉斯谟以会话形式所写的讽喻文学作品，从而使《拉丁语常用会话》成为一部内容丰富、多种样式的会话集。每一篇都是文学形式的拉丁语杰作，会话结构严谨，文字流畅，均可称是一出构思精巧的独幕剧。乍一看，《拉丁语常用会话》似乎是不带讽喻的风情画，然而从内容上看，《拉丁语常用会话》的讽喻更加深刻，更加直白。《赞美傻气》的讽喻是含有哲理性的普遍讽喻，《拉丁语常用会话》的讽喻则是针对那个特定的时代，如对蒙太古神学院的描写。

〔2〕是年，修订完成北非基督徒护教士与修辞学家阿诺比乌（Arnobius，约 248—约 327）的著作。阿诺比乌活跃于约 304 年至 310 年间，为基督教辩护，调和基督教信仰与异教哲学。

他所撰写的七卷《反异教徒》指出异教思想的谬误之处。然而，书中反映他对《新约》及《旧约》的知识不足，而且主要是以伊壁鸠鲁哲学为基础，故被正统派视为不足为训的见解。

〔3〕是年，伊拉斯谟编写的《拉丁语尺牍指南》(*De conscribendis epistolis*) 刊印。

〔4〕是年，伊拉斯谟和乌尔里希·冯·胡滕关系破裂。

1523　〔1〕8月29日，乌尔里希·冯·胡滕去世。

〔2〕是年，伊拉斯谟完成其著作《神学原理》(*Ratio verae theologiae*)。

〔3〕是年，伊拉斯谟为反驳胡滕的著作《忠告伊拉斯谟》(*Expostulatio cum Erasmo*)，完成著作《用海绵擦去胡滕的污蔑》(*Spongia adverus aspergines Hutteni*)，但此著作在胡滕去世后才印成小册子。

〔4〕是年，伊拉斯谟编订完成教会之父拉克坦西和希拉流的著作。拉克坦西 (Lactancius，约240—约320)，基督徒护教士，后来成为君士坦丁皇帝之子的教师，是第一位用拉丁语著文系统探讨基督徒对人生态度的人。

希拉流 (拉丁语名 Hilarius，约315—约367)，西方重要的教会之父，波提亚 (Poitiers) 主教。原是新柏拉图主义者，后改信基督教。主要著作有《论议会》(*De Synodis*)、《论三位一体》(*De Trinitate*) 等。

〔5〕小荷尔拜因完成最著名的三幅伊拉斯谟肖像。

〔6〕是年，伊拉斯谟发表自己写的《生平简述》。

1524　〔1〕4月15日，马丁·路德给伊拉斯谟写信请求："请您始终坚守您所渴望扮演的角色：始终只当我们这出悲剧的一名观众。"这句话的弦外之音略有讥讽的意思。不过，伊拉斯谟认为这封信"富有人情味"，为了能够问心无愧地和马丁·路德论战，伊拉斯谟挑选了一个神学理论问题作为论战的主题。这就是《论自由的意志》产生的背景。

〔2〕是年，伊拉斯谟的著作《论自由的意志》(*De libero arbitrio diatribe*) 出版。这部著作引发马丁·路德写了一部论著《论不自由的意志》(*De servo arbitrio*，1525 年发表)，尔后，伊拉斯谟又写了一部论著《驳马丁·路德所谓不自由的意志》(共两卷)(*Hyperaspistes diatribae adversus servum, Martini Lutheri*，1526 年出版第一卷，1527 年出版第二卷)。伊拉斯谟在《论自由的意志》中声称，根据《圣经》的教导、早期教士们的断言并经哲学家们证实，人是有理性的，因而人的意志是自由的。如果不承认人的自由意志，表达天主正义和仁慈的言辞就没有意义。倘若万物都是按照单纯而难免的必然发生，那么《圣经》(《提摩太前书》第三章) 里的教导、责备和告诫又有何意义呢？路德为了反驳伊拉斯谟的上述观点撰写了《论不自由的意志》，路德声称，人的意志就好比是一匹坐骑，介于天主与魔鬼之间，骑手可能是天主也可能是魔鬼，亦即人的意志可能被天主驾驭，也可能被魔鬼驾驭。人无自由的意志可言。伊拉斯谟认为：人行善或行恶，亦即能否救赎自己，可以由自己的意志决定。大多数正统的天主教徒和大多数德意志人文主义者支持伊拉斯谟的观点。

伊拉斯谟著《论自由的意志》的部分中译文可参阅《路德文集》第二卷载《伊拉斯谟〈论自由意志〉摘要》，上海三联书店，2005 年 3 月第 1 版第 1 次印刷，第 2 卷第 572—607 页。马丁·路德的论著《论不自由的意志》(香港学术界流行的中译名为《论意志的捆绑》)，译自英语 (*The Bondage of Will*) 的中译文可参阅《路德文集》第二卷，上海三联书店，2005 年 3 月第 1 版第 1 次印刷，第 297—571 页。

欧洲 16 世纪神学界关于意志的自由和意志的必然性的论战可参阅刘友古著《伊拉斯谟与路德的宗教改革思想比较研究》一书中的第八章《自由意志及必然性》，上海人民出版社，2009 年 12 月第 1 版第 1 次印刷，第 357—423 页。

伊拉斯谟和马丁·路德关于人的意志是否自由的讨论属于神学范畴，这个问题和另一个神学理论问题"得救预定论"（德语：Prädestinationslehre，英语：predestination）密切相关。

最早提出"得救预定论"的是基督教大神学家圣奥古斯丁，声称凡是灵魂得救之人都早已被天主预先选定。在基督教教义史上曾先后出现三种得救预定论。第一种得救预定论称，天主的预知是预定何人灵魂得救的根据：天主预知某些人会坚定信念、行为善良，因此天主预定他们的灵魂会得到救赎；第二种得救预定论是马丁·路德和加尔文等人发展圣奥古斯丁的"得救预定论"而成，声称世人是否得救是天主的永恒旨意，天主从泰初就已预定拯救何人和诅咒何人，根本不考虑被拯救者或被诅咒者有无信念、爱心和善行，而是预先确定某些人得到永生，某些人永远受罚，天主的这种旨意是天主的秘密。这种预定论一般被称为"永生预定论"（拉丁语：praedeatinatio ad vitam）。马丁·路德声称：人行善或行恶，亦即人能否救赎自己，是由天主决定。天主决定着被他抛弃的人去行恶，从而进入地狱。路德的这种观点又被称为"绝对决定论"。加尔文的预定论被称为"双重预定论"（拉丁语：praedestinatio gemina），因为加尔文声称，天主已通过某种方式预定了各人的命运——既预定了基督徒的命运，也预定了非基督徒的命运，所以加尔文的预定论比马丁·路德的预定论更偏激，更强调天主对所有世人拥有主权，令人对天主深感恐惧〔参阅〔法〕约翰·加尔文著、钱曜诚等译《基督教要义》中册第三卷第二十四章，（北京）三联书店 2010 年 3 月第 1 版〕。第三种得救预定论称，人之所以被天主弃绝是由于人的罪过。

1525　是年，马丁·路德的著作《论不自由的意志》出版。

1526　〔1〕是年，伊拉斯谟的论著《驳马丁·路德所谓不自由的意志》第一卷在巴塞尔由弗罗本印刷所出版。

〔2〕是年，伊拉斯谟发表题为《反驳马丁·路德过于恶毒的攻击》(*Hyperaspistes diatribae adversus servum arbitrium M.Lutheri*) 一书，这是他和马丁·路德论战的最后一部著作。

〔3〕是年，《拉丁语会话大全》(*Familiarium colloquiorum opus*，即《拉丁语常用会话》第3版)出版。

〔4〕伊拉斯谟在巴塞尔发表最富有教谕性质的论著之一《基督徒婚姻守则》(*Christiani marimonii institutio*)，这是为（西班牙）阿拉贡（一译：亚拉冈）王国的公主卡塔丽娜（Katharina von Aragon，旧译：凯瑟琳，1458—1536）而写。她是英王亨利八世的第一任妻子。亨利八世因和她离婚而导致与罗马天主教会决裂，并由此引发英国的宗教改革。

〔5〕是年，伊拉斯谟完成编订教会之父爱任纽的著作。

爱任纽（拉丁语名 Irenaeus，一译伊里乌，约130—约200），西方早期教会之父，里昂主教、神学家，生于小亚细亚，用希腊语写作，主要著作有《驳异端》(*Adversus Haereses*)、《使徒宣讲的明证》等。

1527　〔1〕伊拉斯谟的好友、出版商约翰内斯·弗罗本（Johannes Froben）去世。数月后，新教改革派在巴塞尔获胜。这两件事使伊拉斯谟觉得生活在巴塞尔很不愉快。

〔2〕是年，伊拉斯谟的论著《驳马丁·路德所谓不自由的意志》第二卷在巴塞尔由弗罗本印刷所出版。

〔3〕是年，伊拉斯谟编订完成神学家安波罗修的著作和神学家奥利金的著作。

安波罗修（拉丁语名 Ambrosius，约339—397），意大利米兰大主教（374—397年在位），是四位在传统上被尊称为"教会博士"(Doctors of the Church) 的神学家之一。用拉丁语写作，有91封书信传世，几乎全都以神学、道德或解释《圣经》为主题。

奥利金（Origenes，约185—约254），早期基督教希腊语教会之父。18 岁任亚历山大城基督教学院院长，后迁居巴勒斯坦。他不是犹太人，但通晓希伯来文。一生著作甚丰，最著名的是《论基本教义》（拉丁语书名 *De Principiis*）。奥利金试图根据《圣经》和柏拉图的思想建立比较完整的基督徒哲学。

〔4〕伊拉斯谟自 1527 年起编订大神学家圣奥古斯丁的著作，至 1529 年完成。

1528　〔1〕是年，伊拉斯谟的《论西塞罗的语言》（*Ciceronianus*）和《论拉丁语和希腊语的发音》（*De pronuntiatione*`）在巴塞尔出版。

〔2〕是年，伊拉斯谟的论战著作《反驳西班牙隐修士的辩护词》（*Apologia adversus articulos aliquot per monachos quosdam in hispaniis exhibitos*）在巴塞尔出版。这部著作是为回应西班牙隐修教士们对他的攻击而写，因为伊拉斯谟在《基督徒军人之手册》中写道"隐修未必虔诚"（拉丁语：Monachatus non est pietas），并指责隐修院是一个既得利益的宗教群体。

1529　〔1〕是年，由奥科兰帕迪乌斯领导的宗教改革在巴塞尔展开。在巴塞尔爆发破坏天主教堂内的圣像运动。伊拉斯谟深感失望。

〔2〕4 月 13 日，一大群巴塞尔人目送伊拉斯谟登船离别巴塞尔，移居信奉天主教的弗赖堡（Freiburg，今德国西南部城市），该城当年属奥地利君主费迪南德一世的领地，但弗赖堡地处当年德意志的克莱沃 - 于利希 - 贝格公国（Herzogtum von Kleve-Jülich-Berg），实际统治者是威廉公爵（Herzog Wilhelm von Kleve-Jülich -Berg，1516—1592）。伊拉斯谟为确保自身安全请费迪南德一世给他颁发一张在整个德意志民族神圣罗马帝国通行无阻的通行证和一封邀请函。但费迪南德一世并未邀请他直接去维也纳。伊拉斯谟在弗赖堡居住六年，直至 1535 年重返巴塞尔。

〔3〕是年，伊拉斯谟发表《一封反对斯特拉斯堡假福音派的书

信》（*Brief gegen die Pseudo-Evangelischen in Straßburg*）。

〔4〕是年，完成修订神学家圣奥古斯丁的著作。

〔5〕是年，《伊拉斯谟书简》（*Opus epistolarum*，1529 年版）刊印，此书收录 1000 件伊拉斯谟写给当时风云人物的书信，其中有多位国王、教皇尤利乌斯二世、利奥十世、著名人文主义者和宗教改革家，如马丁·路德、梅兰希顿、胡滕、茨温利等人。后来，由 P.S. 艾伦、H.M. 艾伦、H.W. 加罗德在 1906—1958 年编辑的《伊拉斯谟书简》（P. S. Allen, H. M. Allen, H. W. Garrod: *Opus epistolarum Des Erasmi Roterodami*, Oxford, 1906—1958）共收录书信 3165 件，分 12 卷。

〔6〕伊拉斯谟在弗赖堡时，经德意志人文主义者康拉德·黑雷斯巴赫（Konrad Heresbach，1496—1576）推荐成为当时年约 15 岁的克莱沃公爵的继承人威廉（Herzog Wilhelm von Kleve，1516—1592）的教师。是年，伊拉斯谟将自己的文章《论对儿童进行早期普通教育的必要性》（*Declamatio de pueris statim ac liberaliter instituendis*）献给年幼的威廉。

1530　〔1〕是年，伊拉斯谟完成编订神学家克里索斯托姆的著作。克里索斯托姆（Johannes I. Chrysostomos，约 347—407），神学家，古代基督教希腊语教会之父，生于安条克（Antiochia），准确日期不详。398 年起任君士坦丁堡主教，以讲道闻名，享有"金口"（chrysostomos，希腊语原本词义）之誉。主要著作有《哥林多前后书讲道集》（*Homilies on the two Epistles to the Corinthians*）、《使徒行传讲道集》（*Homilia in Acta Apostolorum*）等。407 年 9 月 14 日在黑海之滨的开塞利（Kayseri）附近的科马纳（Komana）去世。

〔2〕3 月，伊拉斯谟以解读《圣经·旧约》中《诗篇》（*Psalms*）第 28 首的形式发表《关于向土耳其人宣战》（*Consultatio de bello Turcis inferendo*）一文。1529 年，土耳其人奥斯曼帝国苏丹（国王）苏莱曼一世（Suleyman I.，1520—1566 年在位）率

军围攻当时属于神圣罗马帝国版图的维也纳,久攻不克,乃撤兵回国。《关于向土耳其人宣战》是伊拉斯谟少数论及时事的文章之一,但也只是用道德教谕方式提出问题,本人态度并不鲜明,此文只说战争会使生灵涂炭,却未说明是否要向土耳其人宣战。

〔3〕6月25日,神圣罗马帝国议会大会在奥格斯堡(Augsburg)召开,讨论由梅兰希顿起草的《奥格斯堡信纲》。虽然《信纲》语气温和,但最终未获通过。伊拉斯谟没有出席这次大会。

〔4〕是年,发表有关教育的文章《论培养儿童的品德》(*De civilitate morum puerilium libelius*)。

1531　〔1〕2月26日,伊拉斯谟给克莱沃公爵的继承人——年幼的威廉写信,说自己将会一如既往把即将出版的《古代西方箴言辞典》(*Apophthegmata*)献给他,故这封信被称为《敬献函》(*Epistula nuncupatoria*)。伊拉斯谟在《敬献函》中详述了自己编纂《古代西方箴言辞典》的宗旨和该辞典的主要内容。后世往往将《敬献函》作为该辞典的序言。德语版《敬献函》全文,参阅黑里贝特·菲利普斯译、伊拉斯谟编《古代西方箴言辞典》德语版第18—25页(Erasmus von Rotterdam: *Apophthegmata*, herausgegeben, eingeleitet, übersetzt und mit Anmerkungen versehen von Heribert Philips, Würzburg: Verlag Königshausen & Neumann 2001, s.18-25)。

〔2〕3月,伊拉斯谟的《古代西方箴言辞典》(*Apophthegmata*)在巴塞尔由弗罗本印刷所出版。全书分6卷,辑录约2900词条,内容包括机智诙谐的趣闻轶事和古希腊古罗马的智慧言行。但此书出版后不久有人指出,此书和普卢塔克(Plutarch)所编的《箴言辞典》(*Apophthegmata*)有许多雷同。为了回应这样的指责,伊拉斯谟很快增补了许多内容,将该辞典分为8卷。

1532　是年，伊拉斯谟编纂的 8 卷本《古代西方箴言辞典》出版。伊拉斯谟称，编纂该辞典的意图之一是能对克莱沃公国公爵的继承人——年轻的威廉有所教益。因此，可以说此书是《基督徒君主之教育》的姊妹篇，不仅期盼能使这位年轻的未来君主从中受到教育和培养自己的品德，而且也能成为他完成未来君主使命的思想武器。此书辑录约 3000 则古代西方著名人物的趣闻轶事和训世典故以及古希腊古罗马的智慧言行，内容涉及伦理、政治、经济和军事，为君主的实际行为提供榜样和借鉴。伊拉斯谟认为，国家的领袖人物由于工作繁忙而无暇细读古代经典，此书成为他们在特定的情景中找到自己行为的指南。除了这样一种实际用途，伊拉斯谟希望此书能给读者带来愉悦，在典雅中消闲。读者会清楚感觉到，此书非常类似伊拉斯谟编纂的《古代西方名言辞典》（Adagia），不过，诠释名言警句和谚语需要表述清楚和注疏详尽，而叙述趣闻轶事则可用轻松和简洁的笔调。《古代西方箴言辞典》是继《古代西方名言辞典》之后，伊拉斯谟的又一部经典名著，对后世的影响经久不衰，时至 2005 年，德国彼得·朗（Peter Lang）出版社仍继续刊印此书。

1533　是年，伊拉斯谟发表《论教会的和睦》（De sarcienda ecclesiae concordia）一文。此文以解读《圣经·旧约》的《诗篇》（Psalms）第 83 首的形式写成。同年，又发表《论教会的统一》（De sarcienda ecclesiae unitate）一文。

1534　是年，伊拉斯谟发表《论准备死神的来临》（De praeparatione ad mortem）一文。

1535　〔1〕1 月，伊拉斯谟给 1534 年起任教皇的保罗三世（Paul III., 1468—1549）写信表示祝贺。是年 5 月 31 日，教皇回信表示答谢，语气亲切。教皇在信中表示，希望伊拉斯谟助天主教会一臂之力，一道捍卫天主教的信仰。不久传来的消息表明，罗马教廷的友好感情是真诚的，已有人考虑在即将召开的主教会议上提议任命伊拉斯谟为红衣主教。不过，伊拉斯谟请罗马的朋友们停止积极为他张罗各种奖赏。他什么也不期待，他已精疲力竭，他心中明白，不知哪一天他就会撒手人寰。

保罗三世是文艺复兴时期意大利籍教皇，资助文艺事业，承认耶稣会，主持召开特伦托主教会议（1545），为日后教会改革奠定了基础。

〔2〕6月，伊拉斯谟应好友博尼费修斯·阿默巴赫（Bonifacius Amerbach）的邀请和考虑到自己年迈多病，再度移居巴塞尔。当地许多健在的旧友热情欢迎伊拉斯谟回去。老弗罗本的儿子希罗尼姆斯·弗罗本（Hieronymus Froben）继承了家业。小弗罗本请伊拉斯谟在他自己的寓所安居。寓所是一幢名为"朝向空旷"（Zum Luft）的三层楼房，地址是巴塞尔，小树巷18号（Basel, Bäumleingasse 18.），为伊拉斯谟新修的住房早就准备好。伊拉斯谟发现，巴塞尔的新教改革风暴已经平息，社会秩序也已恢复平静。

〔3〕是年，伊拉斯谟的著作《论布道艺术》（*Ecclesiastes sive de arte praedicandi*）在巴塞尔出版。

1536　〔1〕1月，伊拉斯谟将自己以解读《圣经·旧约》中的《诗篇》第14首的形式写成的文章《论基督教会的纯洁》（*De puritate ecclesiae*）赠予克里斯托弗·埃申费尔德（Christopher Eschenfelder）。此人是莱茵河畔博帕德（Boppard）海关的一名关员。1518年，伊拉斯谟通过博帕德海关时惊喜地发现他非常崇拜伊拉斯谟和爱读伊拉斯谟的书，且相当有文化修养，于是两人结下友谊。1535年年底，暮年的伊拉斯谟想起此人曾请求伊拉斯谟能惠赠一些解读《诗篇》的文稿，终于欣然命笔。《论基督教会的纯洁》在内容和形式上并不特别引人注目，但这是伊拉斯谟的最后一篇著作。

〔2〕3 月，加尔文的《基督教要义》（*Institutio religionis christianae*）拉丁语第 1 版在巴塞尔出版。

〔3〕7 月 11 日至 12 日夜间，伊拉斯谟在弗罗本家中逝世。遗体安葬在巴塞尔大教堂。

伊拉斯谟一生并不在某个国家定居。他出生于荷兰，长期居住法国，五次旅居英国，经常去意大利，1517 年至 1521 年在尼德兰的卢万，1521 年至 1529 年居住瑞士巴塞尔，1529 年至 1535 年居住弗赖堡，1535 年 6 月重返巴塞尔直至病逝。

〔4〕伊拉斯谟编订的《奥利金文集》（*Origenes*）在伊拉斯谟去世后不久出版。伊拉斯谟身后留下百余部著作和三千多封信函皆已出版，影响深远，后世众多名人在思想上受其宽容、理性、和平等人文主义精神感召，延续伊拉斯谟的影响力。

1913   鹿特丹伊拉斯谟大学成立，跻身世界前 30 名大学。

1987   欧盟设立伊拉斯谟奖学金，嘉惠众多学子。

《伊拉斯谟年谱》系根据各种图书资料编写而成，其中有下列尚未译成中译本的外语版图书：〔美〕罗兰·班顿著《全体基督徒的伊拉斯谟》（Roland Herbert Bainton: *Erasmus of Christendom*, Charles Scribner's Sons, New York 1969）；〔德〕安东·J.盖尔著《鹿特丹的伊拉斯谟》（Anton J.Gail: *Erasmus von Rotterdam*, Rowohlt Taschenbuch Verlag, Hamburg 1974）；〔荷〕科内利斯·奥古斯丁著《鹿特丹的伊拉斯谟——生平、著作、影响》（德语版，德译者马尔加·E.鲍默尔，Cornelis Augustijn: *Erasmus von Rotterdam, Leben-Werk-Wirkung*, aus dem Holländischen übersetzt von Marga E.Baumer, Verlag C.H.Beck, München, 1986）；〔德〕乌韦·舒尔茨著《鹿特丹的伊拉斯谟——人文主义者之王》（Uwe Schultz: *Erasmus von Rotterdam—Der Fürst der Humanisten*, Deutscher Taschenbuch Verlag,

München, 1998)；［德］威廉·里布黑格著《鹿特丹的伊拉斯谟》(Wilhelm Ribhegge: *Erasmus von Rotterdam*, Wissenschaftliche Buchgesellschaft, Darmstadt, 2010)；［德］罗伯特·施图佩里希著《鹿特丹的伊拉斯谟和他的世界》(Robert Stupperich: *Erasmus von Rotterdam und seine Welt*, Walter de Gruyter, Berlin·New York, 1977)；中文版图书有：［荷］约翰·赫伊津哈著、何道宽译《伊拉斯谟传——伊拉斯谟与宗教改革》，桂林：广西师范大学出版社，2008 年 10 月第 1 版；刘友古著《伊拉斯谟与路德的宗教改革思想比较研究》，上海人民出版社，2009 年 12 月第 1 版；［荷］伊拉斯谟著、李康译《论基督君主的教育》，上海人民出版社，2003 年 11 月第 1 版；［荷］伊拉斯谟著、许崇信、李寅译《愚人颂》，南京：译林出版社，2010 年 1 月第 1 版。

译者后记

今天的中国读者对奥地利著名作家斯蒂芬·茨威格已不再陌生。他的经典名著《人类的群星闪耀时》传遍大江南北。时至二十一世纪初，中国内地翻译和出版斯蒂芬·茨威格的作品数量仅次于德国大文豪歌德。这一事实胜于一切赞美之词。斯蒂芬·茨威格作为诗人和翻译家开始其文学生涯。然而，使他蜚声世界文坛的，则是他的小说和传记文学。呈献给中国读者的拙译《鹿特丹的伊拉斯谟——辉煌与悲情》[1]是斯蒂芬·茨威格的著名人物传记之一。但是，诚如他在本书的开篇中所言：

> 我们无可否认，我们今天几乎已不再知道鹿特丹的伊拉斯谟这个人的名字，而他当年可是他自己的那个世纪最负盛名和最受推崇的人。他的数不胜数的著作今天静悄悄地安睡在各家图书馆。这些著作是用人文主义者的语言——当时超越国界而今已被忘却的拉丁语写成的。这些著作当时遐迩闻名，却几乎没有一本走进我们今天这个时代。

不过，此书的写作始自一九三三年五月。一九三三年年初，希特勒上台后，战争阴云密布欧洲上空，斯蒂芬·茨威格的作品在德国和奥地利被禁。一生呼吁和平、反对战争的伊拉斯谟的著作也同样在欧洲遭到冷遇，甚至被官方强行下架。所以，斯蒂芬·茨威格说，伊拉斯谟的著作在当时遐迩闻名，却几乎没有一本走进我们今天这个时代。但是，在那些尚未出现战争阴霾的西方基督教国家——美国和加拿大等国，阅读和研究伊拉斯谟的著作从未中断，有关他的学术专著不胜枚举。

鹿特丹的伊拉斯谟原名德西德里乌斯·伊拉斯谟，约于一四六九年的十月二十七日至二十八日夜间出生在荷兰的鹿特丹。他被誉为欧洲中世纪最伟大的人文主义者、杰出的拉丁语大师，集诗人、古典语言学家、辞书编纂家、神学家、教育家于一身，著述卷帙浩繁，一生辉煌。然而，他的一生同时充满悲情。

伊拉斯谟的辉煌

伊拉斯谟是超越国界的天才，能体现这一点最具象征意义的是：他没有自己的家园，没有真正的父母之家，也几乎不知道自己是在什么地方出生。原来他是一个教士的非婚子。父母因鼠疫双亡后，十六岁的伊拉斯谟于一四八五年[2]进入在荷兰豪达附近斯泰恩的圣奥古斯丁诵经会修道院当修士。他选择这座修道院并不完全出于宗教信仰，而是因为那里有当地最好的古典文献图书馆。伊拉斯谟天资聪慧、勤奋好学，在修道院除做必要的功课外，主要是饱读古代经典和学习钻研拉丁语。一四九三年，二十四岁的伊拉斯谟成为康布雷教区主教贝尔根的亨利的拉丁语秘书。

十六世纪的欧洲各国之间，边界完全不像今天似的壁垒森严，不需要护照，不需要办理任何手续，就可以自由来往和自由居住。文人学士都用拉丁语写作，在著作和书信中引用古代希腊语和拉丁语经典著作中的名句成为时尚。所以，伊拉斯谟的声名鹊起首先得益于他编写的《古代西方名言辞典》在一五〇〇年的出版。此书是古代希腊语和拉丁语经典作家的名言和《圣经》名句以及基督教教会之父名言的拉丁语版汇编。初版时有八百十八词条，一五一五年出版的最后定稿本有四千一百五十一词条。此书主要以道德训词为主题，介绍古代思想家的生平及其思想，既有古代基督教的思想，也包括古代非基督教的思想，充分体现伊拉斯谟的"善与圣"相结合的理念，即"人性从善与基督教信仰相结合"的理念。此书在伊拉斯谟生前约有六十种版本，在十六世纪共计有一百三十七种版本，几乎成为人人必备的手册，因为此书既迎合当年用拉丁语写作的文人学士们的需要，也符合基督徒坚定自己信仰的需要。

如果说，《古代西方名言辞典》和《古代西方寓言辞典》使伊拉斯谟一举成名，那么他以后相继出版的著作则使他享誉全欧洲。其中有旨在提高拉丁语水平的著作，如《丰富多彩的拉丁语词汇》、《拉丁语常用会话》、《拉丁语尺牍指南》等；也有在弘扬基督教博爱和宽容思想的同时向基督徒传递非传统神学新观念的著作，如《基督徒军人之手册》，以及被西方文化史学家誉为伊拉斯谟最成功的作品《赞美傻气》。这是一部熔戏谑和诙谐于一炉的讽喻作品，貌似为了逗乐，实际上是寓教于乐，具有针砭时弊的严肃内容，尤其是书中要求教士乃至教皇效仿耶稣基督在生活中安于贫穷、辛苦勤劳、诲人不倦和遵循耶稣基督宽容精神的诸多言辞披露了伊拉斯谟温和的宗教改革思想，不同于马丁·路德激进的宗教改革。此书在十六世纪有五十八种版本并被译成欧洲的多种语言。时至一五一四年八月下旬，四十五岁的伊拉斯谟初访瑞士巴塞尔途经德意志莱茵河上游地区时，赞美之声就不绝于耳。当时流行的溢美之词就有"伟大的鹿特丹人"、"德意志人的光荣"、"世人的明灯"等。但是，伊拉斯谟并未在赞美声中陶醉，而是继续笔耕不辍，先后有《基督徒君主之教育》、《圣经·新约》希腊语拉丁语双语文本、九卷本《圣哲罗姆文集》等问世，使伊拉斯谟成为研究鉴赏西方古代经典和古代文学的中心人物，更是一位以细读《圣经》文本为依据研究神学的中心人物，从而使他享有"全体基督徒的伊拉斯谟"的美名。他在德意志、英吉利、法兰西、意大利、尼德兰的声望如日中天。令人瞩目的是，他的著作也同样征服了西班牙和葡萄牙。这两个国家地处欧洲西南部的伊比利亚半岛，面临大西洋。公元一九七年，这两个国家成为古罗马帝国的一个省。但是自公元七一一年起这两个国家被北非的阿拉伯人征服。北非的阿拉伯人于公元七五六年在伊比利亚半岛建立独立的科尔多瓦伊斯兰王国（Kalifat von Córdoba）。西班牙人和葡萄牙人改奉伊斯兰教，以后经过历史的变迁，重又回归基督教世界。正因为此，西班牙人和葡萄牙人特别忠于罗马教廷。所以，含有温和的宗教改革思想的伊拉斯谟著作在西班牙和葡萄牙被广泛阅读，不免令人感到意外。一五二二年，一个心仪伊拉斯谟的西班牙人这样写道："这太让人惊叹了。所有不同阶层的西班牙人，无论是知识渊博的文人学士还是文化水平不高的黎民百姓，无论是教会的神职人员还是世俗的基督徒，都成了伊拉斯谟的拥戴者。"另一个西班牙人在向伊拉斯谟汇报时写道："他们说，他们读了您的著作才感到自己受到了天主神灵的启示。他们说，只有您才知道如何传播耶稣基督的教诲，从而获得心灵的安宁和慰藉。"一五二四年，《基督徒军人之手册》被译成西班牙语，大获成功，连译者本人都感到意外。这位西班牙语译者写道："在国王的朝廷里，在小镇，在教堂，在修道院，甚至在小酒馆和路边，《基督徒军人之手册》如今几乎是人手一册，而此前只有少数文人学士才能读到此书的拉丁语版本，况且还不是全都明白。如今各行各业的人都在读此书的西班牙语版本。那些以前从未听说过伊拉斯谟的西班牙人现在通过这本小册子都知道了这个名字。"鹿特丹的伊拉斯谟就这样在整个欧洲[3]名震一时。

伊拉斯谟享年六十七岁，在一五三六年逝世前完成的著作还有《古代西方箴言辞典》《论自由的意志》《驳马丁·路德所谓不自由的意志》《反驳马丁·路德过于恶毒的攻击》《用海绵擦去胡滕的污蔑》，以及《反驳西班牙隐修士的辩护词》等，编订完成大神学家圣奥古斯丁和教会之父（西普里安、拉克坦西、希拉流、爱任纽、安波罗修、奥利金、克里索斯托姆）的著作等。伊拉斯谟的著作迎合时

代的需要，在当年不胫而走，就其著作的种类之多和版本
之多而言，世间很少有人能与之比肩。所以，后世称伊拉
斯谟为首屈一指的人文主义者和拉丁语大师，可谓实至名
归。德国学者乌韦·舒尔茨于一九九八年出版的学术专著，
书名就是《鹿特丹的伊拉斯谟——人文主义者之王》（Uwe
Schultz:*Erasmus von Rotterdam ——Der Fürst der Humanisten*,
München 1998）。这是伊拉斯谟的辉煌。

伊拉斯谟的煊赫

在一个注重精神世界的时代，著作等身的伊拉斯谟
必然会受到权贵们的青睐。一五〇四年——《古代西方名
言辞典》拉丁语版问世之后的第四年，拉丁语大师伊拉斯
谟已名扬四海，当年他正在荷兰，时值尼德兰君主美男
子腓力一世在西班牙和自己的岳父母——西班牙两国王相
聚后返回尼德兰。为庆祝其回国，时任卢万大学发言人
的让·德马雷委托伊拉斯谟撰写一篇赞美腓力一世的《颂
词》。一五〇四年一月六日，《颂词》由伊拉斯谟在腓力一
世的布鲁塞尔行宫宣读，在场的除腓力一世和阿拉斯主教
外，还有一大群高贵的听众。《颂词》果然文辞华美，非
同凡响。腓力一世是德意志神圣罗马帝国皇帝卡尔五世的
父亲。当时卡尔五世才五岁。十一年后，一五一五年年初，
佛兰德议会议长让·勒·索瓦热推荐伊拉斯谟任十六岁的
卡尔五世的顾问，这完全是名誉头衔，但可领取俸禄。不
久，伊拉斯谟受索瓦热鼓励，撰写完成《基督徒君主之教
育》，并于一五一六年五月将此书献给卡尔五世，从此两人

关系特殊。一五一六年，时任西班牙国王的费迪南德二世
（腓力一世的岳父）驾崩后无嗣，十七岁的卡尔五世以外孙
身份继承西班牙王位。一五一七年初夏，西班牙王室邀请
伊拉斯谟陪同年轻的卡尔五世前往西班牙，伊拉斯谟婉言
辞谢了。是年七月，当卡尔五世乘船离开尼德兰去西班牙
时，伊拉斯谟则前往卢万。他离不开自己著书立说的生涯。
一五一九年，卡尔五世继承德意志民族神圣罗马帝国的皇
位，一五二〇年十月底，卡尔五世的加冕典礼在德意志的
亚琛举行，伊拉斯谟在场，而后他陪同卡尔五世前往科
隆。当时，人人都知道在伊拉斯谟背后有权倾一时的卡尔
五世——既掌握德意志世俗政权又左右德意志天主教会的
主人撑腰。可是，当一五二一年四月十八日卡尔五世在德
意志沃尔姆斯城召开帝国议会大会责问马丁·路德时，伊
拉斯谟却在卢万自己的书斋里编订教会之父们的著作。除
卡尔五世外，在德意志宗教改革时期举足轻重的萨克森选
帝侯弗里德里希三世也同样十分看重伊拉斯谟。一五一六
年十二月十一日，时任弗里德里希三世的秘书和图书馆馆
长的斯帕拉提努斯致信伊拉斯谟，信中写道："我们大家
都很崇敬您，选帝侯收藏了您写的所有书籍，而且准备买
您将来出版的一切书籍。"一五二〇年十一月五日，弗里
德里希三世约见伊拉斯谟面谈马丁·路德的事态，时值弗
里德里希三世在参加卡尔五世加冕典礼之后在科隆稍事逗
留。伊拉斯谟应约将此次谈话内容整理为《关于马丁·路
德的二十二句箴言》呈献弗里德里希三世。箴言中有几
句是非议马丁·路德的，如"马丁·路德滥用了教皇的容
忍"，但是在关键性的论点上伊拉斯谟是站在受到危险威胁

的马丁·路德这一边。伊拉斯谟说："在德意志的所有大学中只有两所大学责难马丁·路德，而这两所大学并未将马丁·路德驳倒，所以，如果马丁·路德期盼进行公开讨论和期盼不偏袒的裁判者，这只不过是理所应当的要求。"于是第二天——一五二〇年十一月六日，弗里德里希三世向教皇特使阿莱安德要求：马丁·路德应该有公正的、独立的、不偏袒的裁判者们公开审判；马丁·路德的书籍不应该在此前被焚毁。伊拉斯谟就这样通过自己悄悄的帮助向处在关键性时刻的宗教改革提供了决定性的帮助。他理应赢得一座纪念碑，而不是得到后来激进的宗教改革向他投掷的石块。

伊拉斯谟不仅受到德意志权贵们的青睐，同样受到欧洲其他大国国王们的崇敬。一四九九年五月，伊拉斯谟初访英国时，有一次在托马斯·莫尔陪同下散步至埃尔特姆宫，巧遇英国王室成员簇拥着九岁的小亨利（后来的英国国王亨利八世）。不久，伊拉斯谟敬献颂诗给这位小王子。一五〇八年岁末，伊拉斯谟旅居意大利博洛尼亚期间，十八岁的亨利八世用拉丁语致信伊拉斯谟，使他感到不胜荣幸。一五一七年二月，法国古典语言学者布多伊斯和巴黎大主教蓬什等人致函伊拉斯谟，传达法国国王弗朗索瓦一世的邀请，如果伊拉斯谟定居巴黎，将赐予他一份优厚的俸禄，伊拉斯谟彬彬有礼地婉拒了，他没有去巴黎。

掌握世俗政权的君王们如此，罗马的教皇们也同样如此。一五〇六年一月四日，教皇尤利乌斯二世特许伊拉斯谟在修道院外过世俗生活，清除了伊拉斯谟在英国接受神职俸禄的障碍。一五一七年一月，由红衣主教保罗·萨多

莱署名的致伊拉斯谟的两函教皇通谕中告知，教皇利奥十
世宽恕了伊拉斯谟违背教会法，准许他不必穿圣奥古斯丁
修士会的道袍，特许他过世俗生活，并不因为他是非婚子
而剥夺其任教士的资格。除了以上的赦免和特许外，利奥
十世还接受了伊拉斯谟敬献的《圣经·新约》希腊语拉丁
语双语文本，并通过萨多莱表述了利奥十世对伊拉斯谟此
书的赞许。同年四月九日，在伦敦威斯敏斯特教区的圣斯
蒂芬教堂里为伊拉斯谟举行了教皇利奥十世的赦免礼，永
远驱散了伊拉斯谟的噩梦。第二十二任罗马教皇阿德里安
六世和伊拉斯谟的关系更是不一般。阿德里安在荷兰的乌
得勒支出生，是伊拉斯谟的大同乡，曾介绍伊拉斯谟在卢
万大学教课，两人时有书信往来。一五三五年一月，伊拉
斯谟给一五三四年起任教皇的保罗三世写信表示祝贺，同
年五月三十一日，保罗三世回信表示答谢，并希望伊拉斯
谟能助天主教会一臂之力，一道捍卫天主教的信仰。不久
传来消息表明，罗马教廷考虑提议任命伊拉斯谟为红衣主
教。不过，伊拉斯谟请罗马的朋友们停止积极为他张罗各
种奖赏，他什么也不期待，他已精疲力竭，他心中明白，
不知哪一天他就会撒手人寰，果然，次年——一五三六年
他就溘然与世长辞。

　　此外，在欧洲宗教改革时期，反对罗马教廷的风云人
物也不断向伊拉斯谟示好。一五一九年三月二十八日，马
丁·路德首次亲笔致函伊拉斯谟，信中写道："我经常听您
说话，您也经常听我说话；我们谈到如何为天主增光……
您是一位和蔼可亲的人，如果您认为合适，请您承认我这
个信奉耶稣基督的小兄弟吧。"这封信完全是为了这一句话

而写："请您承认我这个信奉耶稣基督的小兄弟吧。"因为当时马丁·路德已向世间最有权势的人——教皇宣战。罗马教廷已发出将他革出教门的通谕。在这样一场斗争中有伊拉斯谟作为道义上的紧急援手，对马丁·路德的事业来说十分重要。不过，当时在卢万的伊拉斯谟并没有回复这封信。而后，马丁·路德于一五一九年五月二十八日再次致函伊拉斯谟，后者才于五月三十日回复马丁·路德。不过，伊拉斯谟却在这封信中说："我申明我不认识你，从来没有读过你的书，因此既说不上同意也说不上反对其中的任何思想。"瑞士宗教改革家茨温利在一五一六年写道："瑞士人认为一睹伊拉斯谟的风采不胜荣幸之至。"德意志宗教改革家梅兰希顿在其用拉丁语写的颂扬文章中说，伊拉斯谟是思想界、学术界、文学界和普及知识的无可置疑的权威。然而，尽管如此，伊拉斯谟既没有成为叱咤风云的政治人物，也没有成为轰轰烈烈宗教改革运动的领袖。他始终是一个人文主义者、一位文化名人。

伊拉斯谟的悲情

历史没有忘却这位文化名人。时至二十一世纪，比较著名的《世界文化史》、《西方文明史》或《西方文化史》都有专门的章节介绍这位文化名人[4]。这类图书一般都将伊拉斯谟视为文艺复兴后期北欧基督徒人文主义者之王，重点介绍其《圣经·新约》希腊语拉丁语双语文本和《赞美傻气》。是斯蒂芬·茨威格首次在本书中指出：伊拉斯谟的一生既有辉煌亦有悲情。他在书中写道：

> 伊拉斯谟个人命运的悲情恰恰在于：他——这位众人之中最不狂热的人和最反对狂热的人被卷入到历史上群众性宗教狂热最野蛮的一次发泄之中。[5]

伊拉斯谟说，我不愿意属于任何一派。他说："人就是要为自己而思想独立。"[6]对此，斯蒂芬·茨威格写道：

> 个人的意志在民众疯狂和世人分成宗派的时刻无能为力。有识之士想要远离尘嚣静心观察思考，纯属徒劳。时代会迫使他卷入乱哄哄的纷争之中，不是属于右派就是属于左派，不是加入这一派就是加入另一派，不是赞成这一派的口号就是赞成另一派的口号；所以，凡是遇上这样的时代，在数十万乃至数百万的好斗者中间，已不再会有人还有勇气、还有力量、还有道义上的决心愿意成为一个公正的人——一个不愿意屈服于宗派疯狂的人和一个不愿意屈服于思想偏激的人。而伊拉斯谟个人命运的悲情正是在这样一种状态中开始。[7]

伊拉斯谟的悲情之一是：欧洲宗教改革时期的对立双方——宗教改革家和福音派新教徒；罗马教廷和天主教徒——都将伊拉斯谟视为异己。

一五一九年，马丁·路德首次致函伊拉斯谟时还说："请您承认我这个信奉耶稣基督的小兄弟吧。"可是五年之后，马丁·路德的口气已和先前大不相同。他在一五二四年四月十五日致伊拉斯谟的信中写道：

正因为我们看到：天主尚未赐予您这样一种勇气——一种坚定不移的秉性，能使您赞同反对罗马教廷这个庞然大物的斗争和毫无顾忌地站在我们这一边挑战罗马教廷，所以，我们不愿要求您做连我本人也觉得您力不从心的事……虽然您凭借您自己的地位和您的能言善辩可以办成许多事情，但是我更愿意看到：您会把您的天赋才能搁置一边，不干涉我们的行动。这样会更好一些，因为您和我们不是一条心。您只要用天主赋予您的才能侍奉天主就是了……请您始终坚守您所渴望扮演的角色：始终只当我们这出悲剧的一名观众。[8]

由于伊拉斯谟和卡尔五世的关系特殊，加之他和当时教皇们的关系非同一般，所以，伊拉斯谟生前并未受到罗马教廷的责难。但是，伊拉斯谟生前就已受到西班牙隐修士们的抨击和天主教正统派神学家们的挑战。然而，时过境迁，一五三五年打算任命伊拉斯谟为红衣主教的教皇保罗三世于一五四九年辞世。一五五二年，卡尔五世（伊拉斯谟的保护伞）被德意志新教诸侯联军击败，被迫于一五五五年缔结《奥格斯堡宗教和约》，确立信仰天主教或新教由各国自定的原则——基督教世界从此一分为二。具有讽刺意味的是，当年竭力维护基督教世界统一的伊拉斯谟被罗马教廷视为路德分子。伊拉斯谟的全部著作于一五五九年被罗马教廷列入《禁书目录》，伊拉斯谟的著作从此只能在新教国家被阅读，而在天主教国家被禁绝，直至近代才开禁。虽然此时距伊拉斯谟离世已有三十年，但这毕竟是他的最大悲哀。

伊拉斯谟的悲情之二是：伊拉斯谟的人文主义并未获得成功。

人文主义（Humanismus）一词是由德意志教育家尼特哈默尔（F.J.Niethammer）于一八〇八年首创，因为十九世纪初的德意志中等教育日益强调自然科学和工艺技术，这引起尼特哈默尔的忧虑，他认为这样的课程设置忽略了对人的德育，而教育首先是要教会如何做人，要培养人的精神品质，所以尼特哈默尔首创的"人文主义"的实质含义原本是提倡学习古代经典，学习古希腊语和拉丁语，因为如何做人的许多训谕在希腊语和拉丁语的古典名著中早已有之。学习古代经典固然是兴起于意大利的文艺复兴的显著特征，但在文艺复兴时期没有人使用"人文主义"这个术语。人文主义者也仅仅在学习古代经典这一点上达成共识，而并非他们有共同的意识形态。例如，许多人文主义者信奉柏拉图主义，也有不少人文主义者推崇亚里士多德。有些意大利人文主义者表现出近似反宗教的态度，而另一些意大利人文主义者则是非常虔诚的基督徒。有些人文主义者是共和主义者，而另一些人文主义者则坚决拥护君主制。

伊拉斯谟是基督徒，他认为基督教的核心内涵是教人从善，而在古希腊古罗马哲人们的著作中早就有教人从善的训谕，他们的思想是和基督教的核心内涵相通的，尽管他们均非基督徒。因此，伊拉斯谟不将基督徒的信念称之为"基督徒的神学"，而称之为"基督徒的哲学"[9]——即把基督教信仰和崇尚古希腊古罗马的经典相结合——这是伊拉斯谟的基本理念，并身体力行，他为此编写了《古代西方名言辞典》等书籍[10]，从而赢得"人文主义者之王"的美名。

诚然，生活在文艺复兴后期和宗教改革风暴之中的伊拉斯谟并非是一位单纯的辞书编纂家或者训诂学家，他是一位思想精英。他编纂辞书是为了弘扬自己的基本理念："善与圣"的结合——"基督徒的哲学"，这在当年是对经院神学的挑战和突破，况且他在自己编纂的辞书中同时也传播自己的思想。譬如，在一五一五年出版的《古代西方名言辞典》（最后定稿本）中辑录一则谚语词条"只有那些未经历过战争的人才觉得战争有甜头"，伊拉斯谟为此词条所写的说明词实际上是一篇议论文，揭露和强烈谴责战争的残酷[11]。不言而喻，伊拉斯谟阐发自己的思想主要不是在自己编纂的辞书中，而是在自己撰写的著作中，如《赞美傻气》等[12]。伊拉斯谟在自己撰写的著作中所阐发的思想是伊拉斯谟个性化的人文主义，被后世称为"伊拉斯谟精神"[13]。其基本理念是：讴歌人性、弘扬良知，倡导"人性从善和基督教信仰相结合"；反对暴力、反对动乱，坚持内部改革；反对战争、呼吁和平，倡导人与人之间和睦相处、国与国之间相安无事；崇尚思想自由，反对盲从；崇尚理性，反对狂热；崇尚公允，反对偏激；崇尚宽容，反对心胸狭隘；倡导世人互相理解，反对强权；主张社会的稳步进化，反对天翻地覆的社会变革，等等。从这些基本理念中又衍生出其他理念或期望，譬如，以一种共同的文化和共同的文明统一欧洲。不过，伊拉斯谟期望"欧洲统一"的内涵有两层意思：第一，维护基督教的统一，如果欧洲有一个统一的基督教会（天主教会），也就有了一个统一的欧洲；第二，有一个统一的欧洲，也就消除了欧洲各国之间的战争。可见，伊拉斯谟期望欧洲统一的理念并不等同于今天的"欧洲同盟"。今天的欧盟是一个经济共同体和一个战略伙伴集团。又譬如伊拉斯谟提出"世界公民"的理念，但是，伊拉斯谟所谓的"世界"是指欧洲，并非是指今天的"全球"。所谓"世界公民"实际上是指"要成为欧洲的公民"，这和"欧洲统一"的理念一脉相承。而"世界公民"最深层的内涵则是倡导人与人之间的平等和期望人与人之间的和睦相处，消除种族歧视和民族歧视以及社会等级的歧视。伊拉斯谟的各种理念固然美好，但是在他生前并未实现。究其原因，除当时的历史条件外，还因为：

　　　　、伊拉斯谟过高评价文明——教育、读书等——所起的作用。正如斯蒂芬·茨威格在本书中所写：

> 　　伊拉斯谟及其信徒们认为，唯有通过教育和书籍才有可能提升世人身上的善良人性，因为只有缺乏教养的人——没有受过教育的人才会毫无顾忌地放纵自己感情用事。一个有教养的人——一个受过文明教育的人就不再可能粗野地动用暴力。一旦有教养的人——有文化的人和受过文明教育的人占了优势，那么动乱和暴行自然就会渐渐减少，战争和思想迫害就会成为不识时务。——这可是伊拉斯谟精神酿成悲情的错误结论呀！[14]

　　二、伊拉斯谟及其信徒们脱离没有受过教育的广大民众。对此，斯蒂芬·茨威格写道：

在他们看来，一个没有受过教育的人和一个未成年人的无知是同一回事。虽然他们笼统地宣称，他们热爱所有世人，但是他们却竭力避免和鄙俗的百姓交往。[15]

马丁·路德懂得用慷慨激昂的言辞鼓动农民和城市平民，伊拉斯谟没有，所以，马丁·路德获得成功，伊拉斯谟没有。

伊拉斯谟精神永驻人间

话又说回来，马丁·路德获得成功，除了得到部分想扩大自己地方势力的封建诸侯的支持外，主要是依靠受教育较少、文化水平较低的农民和城市平民。而缺乏教育和缺乏文化始终是盲从和狂热的温床。所以，用盲目的信仰煽动狂热而引发的任何动乱乃至天翻地覆的变革是否真的推动了社会进步，从来就是历史学家们反思的命题。正因为此，伊拉斯谟虽然生前未能实现自己的各种理念，但是在其身后，阅读和研究伊拉斯谟著作的人却有增无减。其中有一位所享盛名可以和他旗鼓相当的人，那就是斯蒂芬·茨威格。他们两人的命运十分相似：一生充满辉煌与悲情。斯蒂芬·茨威格在其《昨日的世界》中写道："我从不愿意为那些所谓的'英雄人物'歌功颂德，而始终只着眼于失败者的悲情。在我的传记文学中，我不写在现实生活中取得成功的人物，而只写那些保持着崇高道德精神的人物。譬如，我不写马丁·路德而写伊拉斯谟。"[16]相似的命运引起斯蒂芬·茨威格的无限感慨和共鸣。所以他在一九三三年五月至一九三四年上半年撰写的《鹿特丹的伊拉斯谟——辉煌与悲情》中不仅写伊拉斯谟，同时也尽情披露自己的心声。

　　一九三三年年初，希特勒上台后，斯蒂芬·茨威格的作品被禁。一九三四年，斯蒂芬·茨威格在萨尔茨堡的寓所被搜查，随后斯蒂芬·茨威格移居英国。斯蒂芬·茨威格是在颠沛流离中完成此书。他在一九三三年五月十五日致克劳斯·曼[17]的信中写道：

　　　　我现在打算写鹿特丹的伊拉斯谟，他也是一位真正的人文主义者，像今天一切具有人文主义思想的人遭到希特勒的迫害一样，他遭到马丁·路德的非难。我想以伊拉斯谟为例，用大家都能接受的比喻方式描述我们这种类型的人。

　　斯蒂芬·茨威格在同年十二月九日致赫尔曼·黑塞[18]的信中进一步披露自己撰写这部人物特写的意图：

　　　　我几个月来像走投无路似的进行自我保护……我选择了鹿特丹的伊拉斯谟作为自己的救星。他中庸、明智、被夹在新教徒和天主教徒之间，恰似我们今天被夹在各种对立的政治运动中一样，他处境艰难，但并不孤立，……这是对我的小小安慰。

　　斯蒂芬·茨威格在一九三七年秋致约瑟夫·罗特[19]的信中坦率承认，自己写伊拉斯谟是为了捍卫自己不受侵犯的自由。约瑟夫·罗特则非常赞赏这部作品，他在一九三四年八月十日致斯蒂芬·茨威格的信中写道："您写了您的一本最高尚的书……这是影射您自己的一本传记。"

斯蒂芬·茨威格用小说家的笔调所写的《鹿特丹的伊拉斯谟——辉煌与悲情》深受读者欢迎，时至二〇〇六年德语原著已再版二十次。斯蒂芬·茨威格把自己的传记文学成就归功于他自己独创的"戏剧性叙事文体"。他把自己所写的人物传记称作"历史散文"而不是学术专著。

西方在伊拉斯谟身后从未中断对他的研究，出版伊拉斯谟的著作也从未中断[20]。学术专著更是不胜枚举。在二十世纪受到普通重视的学术专著中，美国学者罗兰·班顿编著的《全体基督徒的伊拉斯谟》[21]深受好评。罗兰·班顿在其上述专著的《序言》中写道：

> 鹿特丹的伊拉斯谟从未得到过应有的重视。部分原因是他没有创立一个会永远纪念他的教派。结果是他虽有自己的全集修订版问世，但他的名声不仅在那些主要的宗教改革家——马丁·路德、加尔文、茨温利、梅兰希顿之后，而且也在那些不太著名的宗教改革家——如，卡斯帕·施文克费尔德[22]和再洗礼派之后。诚然，他的来往书信已由艾伦夫妇[23]编辑成《伊拉斯谟书简》的出色版本问世。《伊拉斯谟选集》由霍尔本夫妇[24]编辑出版，但是这些仅仅是他的全部作品中的极小部分。现在终于着手准备出版他的全集修订版，但不是由某个教会出版，而是由荷兰王家科学院出于民族意识而出版，可是，伊拉斯谟却没有这样的民族意识。

有关伊拉斯谟著作的解读并非符合实际。他的著作被天主教徒斥之为危害社会，被新教徒斥之为逃避现实。而阅读伊拉斯谟著作的大多数人皆为理性主义者，他们敬重他，主要是因为伊拉斯谟用他自己的讽喻调侃批评他的那个时代的种种错误观念。有关伊拉斯谟的大量专著在最近几年大量涌现，使伊拉斯谟重新实至名归。然而，这些成果尚未在一本书中进行综合评述。要在一本书中涵盖如此之多的学术见解简直是一种大胆的冒险行为，本书是在傻女[25]的庇护下才敢作这样的尝试。

　　出于种种不同的缘由，我长久以来被伊拉斯谟深深吸引。伊拉斯谟厌烦纷争、憎恶战争、对一切不可能得到证实的事物持审慎的怀疑态度——这些都引起我的共鸣。与此同时，伊拉斯谟虔诚信奉天主的热忱也温暖我的心。我确信：伊拉斯谟除继承基督教之外还出色地继承了古典文化，他理所应当在西方世界的精神遗产中占有一席之地。我欣赏伊拉斯谟善于戏谑的灵感。我认同他的信念：语言仍然始终是传递思想的最佳媒介——人们不仅可以阅读语言，而且还可以听到其中的心声和领略清晰精确的观点。

　　确实，假如伊拉斯谟对我们今天这个时代不重要，我可能绝不会承担这样的任务。伊拉斯谟的著作对在天主教徒和新教徒之间展开对话十分重要，按照伊拉斯谟的愿望，这样的对话从来不应该停止。伊拉斯谟的思想对策划和引导变革是使用暴力或者不使用暴力极其重要。伊拉斯谟自己决心在言论和行动中放弃一切暴力，但是他不能肯定：其他各种关键性的变革是否也可能不通过骚乱而达到。他自己当然不愿意去煽动和出谋划策任何骚乱。参与纷争的人越不宽容，伊拉斯谟就会离得越远，并努力进行调解。伊拉斯谟作为一个失败的宽容之人终其一生。难道还能有其他结局吗？这也正是我们今天这个时代的问题。

罗兰·班顿　一九六八年冬于康涅狄格州纽黑文[26]

读者从以上罗兰·班顿这样一番言论中不难看出，身为历史学家的他和身为文学家的斯蒂芬·茨威格视角固然不同，但他们对伊拉斯谟的辉煌与悲情认知相同，可谓相得益彰。

伊拉斯谟是一位令人瞩目并和现代人思想相通的人物，同时又是一位超越时代的人物。伊拉斯谟精神代表民众的心声，所以，但凡政治风云诡谲变幻和战争来临的时代，伊拉斯谟精神永远具有现实意义，世人会重温伊拉斯谟的各种理念，尤其是重中之重的理念：一、反对暴力，坚持内部改革，避免社会动荡；二、狂热是历史的厄运；三、不遗余力维护和平。

当今世界并不太平，举目四望：极端组织惨无人道的恐怖袭击，乌克兰危机的火拼，军国主义阴魂不散，霸权主义无处不在……而世界各国的民众祈求和平，期盼安居乐业，珍惜与左邻右舍和睦相处。世人在这样的时代会永铭伊拉斯谟的告诫：

战争通常不是殃及那些煽动和进行战争的人，

而是几乎毫无例外地将战争的全部重担强加在无辜者——可怜的老百姓身上，无论是战胜或者战败给他们带来的皆是灾难……绝大多数人和战争毫不相干。即便在战争中获利的少数人，他们的好运道也是以他人的损失和厄运为代价。[27]

拙译《鹿特丹的伊拉斯谟——辉煌与悲情》于二○一六年四月面世后，台湾师范大学历史学刘德美教授在（台湾）《中国语文》月刊第七一四期发表题为《辉煌与悲情——介绍人文主义大师伊拉斯谟》[28]的文章介绍此书，文中除简明扼要概述此书的思想内涵外，还将斯蒂芬·茨威格在此书中的叙述手法归纳为：（一）叙事主轴，（二）明显对比，（三）比喻形象生动，（四）铺陈真实的人际关系，（五）描述生活细节。文中写道：

作者斯蒂芬·茨威格以饱满感情、丰富词汇、诙谐文风与生动笔调，娓娓陈述伊拉斯谟的辉煌学术成就，惋惜他未挺身出席一五二一年神圣罗马帝国的沃尔姆斯帝国会议及一五三○年神圣罗马帝国的奥格斯堡帝国会议，实践调解新旧两教冲突的理想，终于导致基督教一统世界长期分裂的悲剧。全书以“伊拉斯谟的辉煌与悲情”为叙事主轴，一方面作者斯蒂芬·茨威格身处纳粹崛起掌权时代，其遭遇与伊拉斯谟生前所遇纷争有相似之处，借伊拉斯谟以影射自况，浇心中块垒。读者由字里行间可领会伊拉斯谟绝非冷漠、保守、怯懦的学者，而是有温度、个性、见识的大师形象；另一方面，读者也会深思伊拉斯谟在大时代里跌宕起伏的原因与对后代的影响，理解在动荡的时代里，人应该勇于承担责任，积极表现的必要。因此，斯蒂芬·茨威格笔下的伊拉斯谟在历史上的定位，不是一位开创新局的英雄，而仅仅是开风气之先的人文主义者。[29]

为方便读者从全方位认识伊拉斯谟，笔者为本书编写了《伊拉斯谟年谱》。

笔者能将此书呈献给华语读者全靠在德国慕尼黑大学汉学系执教的陈钢林博士鼎力相助。本书《伊拉斯谟年谱》中所列各种外语图书和作为翻译此书底本的德语原著皆由他馈赠。对他这样一位真挚的好友，笔者永怀感激之情。

笔者同样衷心感激刘德美教授和她的同窗好友——现在美国的学者张凤女士，她们不远万里从美国将多伦多大学英语版《伊拉斯谟选集》[30]中有关《古代西方名言辞典》的内容制成光盘馈赠笔者，盛情可感。

拙译《鹿特丹的伊拉斯谟——辉煌与悲情》于二〇一六年四月由（北京）三联书店印行第一版。本书是二〇一八年版。

《论衡·自纪篇》有言：大简必有不好，良工必有不巧。拙译中不当之处恐或难免，祈望海内外方家和广大读者多多赐教，不胜盼祷。

舒昌善

二〇一八年元旦

识于北京师范大学文学院

注 释

〔1〕 本书以 2006 年 7 月德国菲舍尔袖珍书出版社印行的德语原著为翻译底本 ——Stefan Zweig:*Triumph und Tragik des Erasmus von Rouerdum*, Frankfurt am Main:Fischer Taschenbuch Verlag, Juli 2006. 此书德语原著第 1 版于 1934 年在维也纳由赫伯特·赖希纳出版社印行——Stefan Zweig:*Triumph und Tragik des Erasmus von Rotterdam*, Wien:Herbert Reichner Verlag, 1934.

〔2〕 由于斯蒂芬·茨威格依据的文献不同，故他在本书正文中记述的年份和本书《年谱》略有不同。

〔3〕 参阅 M. 马塞尔·巴塔永著《伊拉斯谟与西班牙》（M.Marcel Bataillon: *Frasme et l'Espagne*，Paris，1937）；M. 马塞尔·巴塔永著《人文主义时期的葡萄牙》（M.Marcel Bataillon:*Études sur le Portugal au temps de l'Humanisme*，Paris，1937）；玛格丽特·曼著《伊拉斯谟与法国宗教改革的开端》（Margaret Mann: *Erasme et les Debuts de la Reforme Francaise*，Paris，1934）；奥古斯丁·雷诺代著《伊拉斯谟与意大利》（Augustin Renaudet:*Erasme et l'Italie*，Genf，1934）。

〔4〕 参阅［美］菲利普·李·拉尔夫等著、赵丰等译《世界文明史》，北京：商务印书馆，1998 年 5 月北京第 1 版（此书译自英语版 Philip Lee Ralph, Robert E.Lerner, Standish Meacham, Edward McNall Burns: *World Civilizations*, 8th edition, W.W.Norton & Company, Inc., 1991）；英语版Thomas F.X.Noble:*Western Civilization-Beyond Boundaries*, Sixth Edition, Wadsworth, Boston，2011；姜守明、洪霞著《西方文化史》，北京：科学出版社，2004 年 10 月第 1 版。

〔5〕 这是指文艺复兴后期兴起的宗教改革，在狂热的天主教徒和狂热的福音派新教徒之间展开激烈的流血斗争。参阅本书第一章《使命感和人生的意义》第 9 页。

〔6〕 参阅本书第一章《使命感和人生的意义》第 12 页和本书第一章注

〔25〕。

〔7〕 参阅本书第一章《使命感和人生的意义》第10页和本书第一章注
〔20〕。

〔8〕 参阅本书第九章《大论战》第216页和本书第九章注〔1〕和《年
谱》1524年记事〔1〕。

〔9〕 基督徒的神学，拉丁语原文：Theologie Christi；基督徒的哲学，拉
丁语原文：Philosophie Christi。

〔10〕 伊拉斯谟编写的《古代西方名言辞典》拉丁语第1版于1500年在
巴黎印行。1514年，伊拉斯谟编著的《古代西方寓言辞典》出版。
此书包括古代西方的各种比喻、谚语、典故、诗歌寓言、《圣经》
寓言等，采用类似于《古代西方名言辞典》的编纂方式。1531年，
伊拉斯谟编写的《古代西方箴言辞典》（共6卷）出版，此书辑录
约2900词条，内容包括机智诙谐的趣闻轶事和古希腊古罗马的智
慧言行，1532年出版此书的增订版共8卷。

〔11〕 《只有那些未经历过战争的人才觉得战争有甜头》自1517年起
出版拉丁语单行本，1519年出版德语单行本，以后被译成多种
语言。

〔12〕 伊拉斯谟酣畅淋漓阐发自己思想的书是风格独特的讽刺戏谑作品
《赞美傻气》，借古喻今阐发自己思想的著作是《基督徒军人之手
册》、《基督徒君主之教育》以及对话形式的讽刺作品《尤利乌斯
被拒于天堂之外》和著名的反战文章《和平之控诉》。伊拉斯谟
重译和注疏的《圣经·新约》希腊语拉丁语双语文本纠正了圣哲
罗姆《拉丁语圣经通用文本》的失误和瑕疵，旨在强调基督徒个
人内在的宗教信仰比天主教会的圣礼仪式更重要，这是宗教改革
的先声之一。

〔13〕 伊拉斯谟精神，德语原文：das Erasmische。参阅本书第一章《使命
感和人生的意义》第4页和本书第一章注〔6〕。

〔14〕 参阅本书第六章《人文主义的伟大与局限》第134页和本书第六
章注〔32〕。

〔15〕 参阅本书第六章《人文主义的伟大与局限》第135页和本书第六
章注〔33〕。

〔16〕 参阅斯蒂芬·茨威格著、舒昌善译《昨日的世界——一个欧洲人的回忆》，（北京）三联书店，2017 年袖珍版第 222—223 页。

〔17〕 克劳斯·曼（Klaus Mann, 1906—1949），德国作家，著名作家托马斯·曼的儿子，1933 年流亡国外。作品有《梅菲斯托》（*Mephisto*, 1936）、《转折点》（*Der Wendepunkt*, 1942）等。

〔18〕 赫尔曼·黑塞（Hermann Hesse, 1877—1962，一译海塞），瑞士德语作家。1946 年获诺贝尔文学奖。小说《荒原狼》在黑塞作品中备受西方青年喜爱。其他作品有《彼得·卡门青》、《在轮下》、《玻璃球游戏》等。

〔19〕 约瑟夫·罗特（Joseph Roth），和斯蒂芬·茨威格同时代的奥地利人，诗人，两人来往密切，1939 年去世。

〔20〕 时至 20 世纪，西方出版伊拉斯谟著作的著名版本有：拉丁语和德语对照双语本 8 卷本《伊拉斯谟选集》（Erasmus von Rotterdam: *Ausgewählte Schriften*, Ausgabe in acht Bänden Lateinisch und Deutsch, Herausgegeben von Werner Welzig, Wissenschaftliche Buchgesellschaft, Darmstadt, 1975）；多伦多大学出版社编辑出版的《伊拉斯谟选集》（*Collected Works of Erasmus*, University of Toronto Press, 1992—2006, Toronto/Buffalo/London, Printed in Canada）。

〔21〕 Roland H.Bainton: *Erasmus of Christendom*, New York:Charies Scribner's Sons, 1969.

〔22〕 卡斯帕·施文克费尔德（Kaspar Schwenckfcld, 1489—1561），德意志神学家、布道师，访问过马丁·路德，但两人对圣餐的教义有认识分歧，后自立教派，该教派今在德意志土地上已消失，仅在美国仍有施文克费尔德教派的教会。

〔23〕 *The correspondence* by Percy S.Allen and Helen M.Allen.

〔24〕 *Ausgewählte Schriften* by Hajo and Annemarie Holborn.

〔25〕 傻女是《赞美傻气》中的女主人公。此书是伊拉斯谟于 1509 年在伦敦莫尔家中完成的戏谑讽喻作品，1511 年出版。罗兰·班顿此话的意思是说，他编著这样一本书有点傻。

〔26〕 Roland H.Bainton in New Haven, Connecticut, Winter 1968. see Roland H. Bainton: *Erasmus of Christendom*, printed in Great Britain, Collins Clear-

Type Press, London and Glasgow 1972 pp.7-8：Preface.

〔27〕 参阅本书第六章注〔28〕，这段引文出自伊拉斯谟的著作《基督徒君主之教育》。

〔28〕 刘德美:《辉煌与悲情——介绍人文主义大师伊拉斯谟》，载（台湾）《中国语文》月刊第 714 期第 114—119 页，台北 2016 年 12 月 1 日出版。

〔29〕 在这段文字之后，刘教授分别举例说明其余的叙述手法特点，恕不一一转述。

〔30〕 *Collected Works of Erasmus, Adages,* translated and annotated by R.A.B.Mynors, Toronto/Baffalo/London:University of Toronto Press 1992.Printed in Canada.